未
知
·
未
止

一旦有了能乘天上微风而行的船与帆，
必将有人会勇敢地踏入那片虚空。

开普勒（Johannes Kepler）

ONE HUNDRED REASONS
TO BE A SCIENTIST

成为科学家的100个理由

20周年纪念版

［意］国际理论物理中心 编

赵乐静 译

上海科学技术出版社
SHANGHAI SCIENTIFIC & TECHNICAL PUBLISHERS

图书在版编目（CIP）数据

成为科学家的100个理由：20周年纪念版 / 国际理论物理中心编；赵乐静译. -- 上海：上海科学技术出版社, 2025. 1. -- ISBN 978-7-5478-6985-7

Ⅰ. K816.1

中国国家版本馆CIP数据核字第20248G8V48号

One Hundred Reasons to be a Scientist

© 2004 by The Abdus Salam International Centre for Theoretical Physics (ICTP)
Chinese (Simplified Character) copyright © 2025 by Shanghai Scientific & Technical Publishers
All rights reserved. No part of this book may be reproduced or transmitted by electronic, or mechanical means, including photocopying, recording, or by any information storage and retrieval system, without written permission from the ICTP. The ICTP is not responsible for any errors in translation.

成为科学家的100个理由（20周年纪念版）
[意] 国际理论物理中心　编
赵乐静　译

上海世纪出版（集团）有限公司　出版、发行
上海科学技术出版社
（上海市闵行区号景路159弄A座9F-10F）
邮政编码201101　　www.sstp.cn

常熟高专印刷有限公司印刷

开本 787×1092　1/16　印张 24.5　插页 3
字数：300千字
2025年1月第1版　2025年1月第1次印刷
ISBN 978-7-5478-6985-7/K·61
定价：99.00元

本书如有缺页、错装或坏损等严重质量问题，
请向工厂联系调换

代 序
我如何走上科学之路

《成为科学家的100个理由》是国际理论物理中心（ICTP）于2004年编撰的一部独特的科学家文集。当时正值该中心成立40周年，ICTP邀请世界顶尖科学家、数学家等撰文，讲述他们是如何走上科学之路的，以及他们的科学感悟。这是一本对青少年大有裨益的理想读物，可以激发他们去探索科学、培养他们的科学素养。很快，本书的中文版就由上海科学技术出版社出版。转眼间，20年过去了，ICTP也迎来了它的60周年纪念，但这本文集的价值依在，甚至历久弥新。因此，上海科学技术出版社决定出版《成为科学家的100个理由（20周年纪念版）》，ICTP欣然同意并授权。上海科学技术出版社邀请我为本书写一些话，面向年青学子谈谈我的科学之路。我的科学生涯是中国科学从落后到强盛的见证，希望我的故事能给予年青一代一些启迪和帮助。

我1937年8月出生于江苏镇江，在家乡受到很好的教育。记忆最深的是中学物理老师朱经之先生，他教课深入浅出、引人入胜，培育了我对物理的特别兴趣，让我萌生了成为物理学家的梦想。1956年，我有幸到苏联哈尔科夫大学留学5年，论文导师希望我继续攻读博士学位，但由于中苏关系破裂而未能实现。1961年，我回国到中国科学院物理研究所（后文简称"物理所"）工作，开启了我成长的新路。物理所固体理论室主任李荫远先生发现我对多体、超导等新课题有兴趣，就成立了一个新的超导组，让我当组长。对于一个年仅24岁、刚毕业的大学生，这是难得的机遇，更是巨大的挑战。幸好，室里有几位充满科学激情、志同道合的年轻同事，带头的是陈春先。他1959年初从莫斯科大学毕业回国，在博戈留波夫（N. Bogoliubov）组受过熏陶，在苏联顶级期刊上发表过论文。此外，还有我在哈尔科夫大学的师兄郝柏林、北京大学毕业的霍裕平和复旦大学毕业的陈式刚。我们都胸怀大志、敢想敢闯，用边干边学、互教互学的办法，很快走到学科的前沿。除了陈春先在改革开放初期率先"下海"，成为"中关村民营科技第一人"，其余4人都先后当选中国科学院院士。

我之前没学过超导，作为"练手课题"，我研究了杂质对超导体的影响。这个课题是当时很热门的研究方向，许多凝聚态物理的"大咖"——从美国的安德森（P. W. Anderson）到苏联的阿布里科索夫（A. Abrikosov）、戈里科夫（L. Gor'kov），都参与其中。我没有跟着他们的路子走，试图探索一条新路。当时想，半导体中有能隙，杂质可以导致束缚态，超导体中也有能隙，掺杂后会不会也有束缚态？苏联学者用微扰论研究磁性杂质效应，没有考虑束缚态。我在组里讲了自己的想法，同事们都支持我试试，我就做了个"大习题"，通过计算得出：确实有个束缚态，只是能级位置很靠近能隙的边缘，要探测它不容易。我将结果写成了论文《含顺磁杂质超导体中的束缚态》，1963年投到《物理学报》，1965年发表。多年后得知，日本的斯波弘行（H. Shiba）、苏联的鲁西诺夫（A. I. Rusinov）分别于1968年和1969年发表了类似的文章，比我晚几年，与他们的工作相比，我的想法更直观。1997年，IBM实验室的亚兹达尼（A. Yazdani）用扫描隧道显微镜观测到由于磁性杂质而形成的束缚态电子密度分布，证实了我们的预言。1994年，我到美国洛斯阿拉莫斯实验室访问，那时俄罗斯的巴拉茨基（A. Balatsky）正在研究杂质对 d 波超导体的影响,我告诉他我 20 世纪 60 年代做的磁性杂质对 s 波超导体影响的计算,并把文章给他。他当即请中国访问学者将文章译成英文,读后觉得对他的工作有帮助,并在自己的文章中详细转述,后来就出现了很多对我文章的引用。另外,很幸运,60 年前做的这项工作对当前的热门研究领域——在凝聚态体系中"捕捉"马约拉纳费米子,还很有用,同行把我们讨论的束缚态称为"Yu-Shiba-Rusinov 态"(简称"YSR 态")。当时怎么也没想到,自己的"习作"在 60 年后还能引申出一些有趣的前沿研究,这也圆了少年时代的梦:要是有一件事我先搞明白,那该多好!

可惜,好景不长,1966 年"文革"开始,研究中断,我后来去了"五七干校"。1971 年回京后情况有好转。1971 年杨振宁先生开始回国访问,1972 年周总理接见他,特别讨论了要加强基础研究。周培源先生根据总理指示,在《光明日报》上发表了长篇文章,强调基础研究的重要性。我们敏锐地意识到:现在又可以做基础研究了。1972 年,物理所施汝为所长带领一个四人小组到加拿大参加物理协会年会,郝柏林是成员之一。在会上,他听到费希尔(M. E. Fisher)关于相变理论和威尔逊(K. G. Wilson)重正化群的报告,回国后,马上告诉组里同事,赶紧到物理所图书馆查找资料——幸好"文革"期间期刊没停。我们惊讶地发现,相变和临界现象的研究正经历翻天覆地的变化,强烈地感觉到:我们落后了!没有别的办法,只有"强补",花功夫下力气,把所有重要的文章,一篇一篇看,一篇一篇算,一篇一篇讲。讲稿摞起来很厚。

1982 年,威尔逊因临界现象重正化群理论获得诺贝尔物理学奖。他发现,原来的理论在 4 维以上空间正确,而对 3 维情形他发明了数值重正化群方法,后来他和费希尔引入一个"小"参量 $\varepsilon = 4-d$,其中 d 是空间维数。布雷赞(É. Brézin)等用卡伦-西曼齐克(Callan-

Symanzik）方程计算临界指数，恒藤敏彦（T. Tsuneto）和亚伯拉罕斯（E. Abrahams）用"拼花图"（parquet diagram）计算，宣称可推广到 ε 的 3 阶。我们仔细研究规则，发现他们考虑的是二分量模型，不能直接用于任意分量数。我们找到了系统的算法，得到了正确的结果。在我们整理算稿准备写文章时，发现布雷赞等在《物理快报 A》（*Physics Letters A*）上发表的两页短文，宣布了临界指数计算到 ε 3 阶的结果。那时我们既高兴，又遗憾，有人验证了我们的计算，但别人抢了先。考虑到我们是用不同方法独立完成的计算，直接计算了比热临界指数，就整理成文《连续相变临界指数的骨架图展开》。1973 年投到《物理学报》，1975 年发表。根据当时期刊的规定，没有英文标题和摘要。

1975 年 9 月，美国固体物理代表团访问中国，十位成员里有四位诺贝尔奖得主。访问过程中，我结识了施里弗（B. Schrieffer）等著名科学家，向他们介绍了我与郝柏林合作的计算。在代表团正式发表的总结报告中，专门提到我们的工作："……这项研究运用重正化群理论和图形分析，这类在西方和苏联现代最前沿研究中使用的方法……在中国固体理论学者普遍只关注经典、半经典的唯象描述的背景下，这些研究是引人注目的例外。"

改革开放后，国际交流开始恢复。1978 年，我赴布鲁塞尔参加第 17 届索尔维（Solvay）会议。索尔维会议在 20 世纪初是国际物理学界的顶级学术活动。会议现场，我们有机会向国际同行介绍自己在"文革"期间的工作，并赠送他们《连续相变临界指数的骨架图展开》一文的抽印本（附上标题和摘要的英文翻译），受赠者包括安德森、卡达诺夫（L. P. Kadanoff）和哈佛大学的马丁（P. Martin）。后来马丁邀我到哈佛大学去做访问学者。这样的交流机会对我非常难得。1981 年，施里弗邀我到加州大学圣巴巴拉分校新建的理论物理所工作半年,参与了导电高分子中孤子和极化子的研究,后来我还编写了该方面的英文专集。

1983年,我应伦德奎斯特(S. Lundqvist)邀请访问了在意大利的国际理论物理中心(ICTP),他是ICTP的学术委员会主任。ICTP由巴基斯坦出生的粒子物理学家萨拉姆(A. Salam)在1964年创建,是联合国教科文组织领导下主要服务于发展中国家青年科学家的国际学术机构,大部分资金由意大利政府提供。萨拉姆把毕生精力贡献给这个伟大创举,让青年科学家既能从事一流的研究,又不离开自己的祖国,避免重复他自己的"两难"遭遇:为了继续在剑桥的研究,不得不移民英国。那次访问中,我积极参与学术交流,得到同行认可,当年就被选拔为ICTP协联成员(Associate Fellow),6年中可访问ICTP 3次,每次不超过3个月。1984年,我作为协联成员第二次访问,除学术交流外开始参与学术活动的组织,与当时主持凝聚态物理的同事有了更深入的接触。访问期间得知,由于意大利政府增加了对ICTP的支持力度,可设立固定编制的科研职位,伦德奎斯特向萨拉姆推荐我担任凝聚态物理部主任一职。1985年这项任命落实,萨拉姆给我写了一封不寻常的委任信,让我震撼。他说:"我们期待通过你的任职和影响,在发展中国家的凝聚态研究中产生第二次革命。"看到这番话,我诚惶诚恐,如履薄冰。1986年1月,我赴意大利负责ICTP凝聚态物理部,是第一个来自发展中国家、全时任职的研究员。除了努力从事研究工作,我兢兢业业完成中心委托的重任,精心策划组织学术活动,邀请国际顶级专家在ICTP的学术会议和讨论班上做报告、授课,让发展中国家有才华的青年学者能参与一流的研究,从中选拔优秀的博士后和访问学者。他们中的佼佼者逐步成长为发展中国家的杰出人才。ICTP对我国人才的培养发挥了很重要的作用,特别是在20世纪八九十年代和21世纪初。根据截至2012年的统计,超过5 000位中国学者访问过ICTP,近200人被选拔为协联成员。我国许多资深的科学家都曾从ICTP的学术活动中受益,多位参与了学术活动的组织和授课。通过ICTP-SISSA(ICTP与SISSA即国际高等研究院合作、相互支撑的国际研究生院)平台,培养了许多优秀的中国青年学者,帮他们走到国际科学前沿。在萨拉姆、伦德奎斯特两位先驱的鼓励、带领和ICTP同事、访问学者的支持下,我完满地完成了所委托的任务,得到国内外同行的广泛认可。2007年,我被美国物理联合会(American Institute of Physics)授予"John Tate国际物理领导才能奖",以表彰我"四十年来为荟集世界凝聚态物理学界、扶持青年科学家、创办重要国际会议所做的里程碑式贡献,及对理论物理学界的国际领导才能"。1978年萨拉姆教授曾获此奖项。

最近70年,我们国家发展壮大,从落后走向强盛,我有幸成为见证者。回顾我的科学生涯,之所以能够多少做点事情,确实得益于一些重要的机遇。特别是,在关键的节点上,党和国家、中国科学院及其物理所提供的优越条件不可或缺。我特别感激那些曾经提携、帮助过我的贵人和合作者。

于　渌

中国科学院院士
ICTP凝聚态物理部原主任

序 1

自我将本书中的文章集结成册，大约 20 年过去了。我怀着愉快的心情回忆起编辑这本合集时与所有杰出作者的交流——这本书后来非常受欢迎（并成为其他同类作品的典范）。我要感谢中国的同仁坚持要求我撰写这篇新序。

本书最初面世之时，以廉价复印件形式分发给任何想拥有的人，我安排仅收取印制成本，当时是 2 欧元。后来，这本书被翻译成不同语言——有些是完整翻译，例如中文、印地语、意大利语和挪威语；有些是选摘翻译，例如孟加拉语和葡萄牙语。其中有些翻译附有我专门写的注释，而有些则没有。有的翻译版本希望我撰写新序言，我欣然提笔；而另一些则未添加新序言出版。当资料可以上传互联网时，我安排将本书上传，供人们自由下载。对我来说，信息是科学；国际理论物理中心（ICTP）只是传递信息的使者。我坚信，让尽可能多的年轻人爱上科学是非常重要的，而我将这项努力视为我（以及 ICTP）实现这一目标所能做的事情之一。因此，作为本书的唯一发起者，我对其个人使用没有设限，并且至今仍认为这是正确的。

在过去的 20 年间，许多事情发生了变化，但也有许多未变。参与科学事业的机会依然不均等；科学家群体（虽有例外）仍然屈从于政治立场的诱惑；不可撼动的国家安全和军民两用技术观念阻碍了人们对科学知识获取公平性的天然认知；科学为科学本身而存在的追求，与其意外（甚至常常是故意）带来的社会和环境后果之间的张力仍未缓解；科学欺诈似乎有上升的趋势——有些专家认为我们所知的仅是冰山一角。然而，科学仍是一项令人惊叹的事业，它将创造性的想象力融入自然运行的原理中，振奋人心。尽管为本书撰稿的约100名科学家中已有40人不在世，但他们传递的积极信息依然清晰响亮。

2003年，我刚担任ICTP主任时，为联合国教科文组织准备了一份关于科学事业根基薄弱地区的非正式备忘录。我概述了一些建议，主要用作后续行动的粗略指南。回首过往，我很高兴地看到一些我曾担忧的地区出现了新的科学机构，例如沙特阿拉伯的阿卜杜拉国王科技大学（KAUST）、阿布扎比的纽约大学阿布扎比分校（NYUAD）和卡塔尔基金会。不幸的是，一些国家——在此不便点名——经历了挫折。当然，自2003年以来——当时它已达成了一些重要的里程碑，中国的科学事业发展得更为强劲。

技术依然是每个国家最想要的东西，而科学则较少受到青睐。这令人遗憾，但或许可以理解。并非每个国家都必须开展前沿科学研究，尽管我急于补充道：若一个国家有从事科学的意愿和选择，便不应剥夺其机会；虽然，从事科学研究的主要责任应由该国承担。然而，在全球范围内营造一种浓厚的科学氛围则是另一回事，这是一个需要共同承担的责任。如果不能在一定竞争规模上实际开展科学研究，该如何建立这种氛围，是一个重大问题。ICTP通过对许多国家的科学家进行为期几年（其中每年几个月）的严格培训，帮助许多国家创建了科学文化，即便在一些无法从事顶尖科学研究的国家也如此。这些受训科学家如同"千万盏明灯"般引领方向，但很明显，仅依靠个人是不够的，要使变革有效，必须将科学事业制度化。

ICTP在对发展中国家科学家个人的影响方面被视为成功。成百上千的科学家——无论意大利人还是非意大利人——都对此功不可没，有些人贡献更为显著。像 ICTP 这样已有 60 年历史的机构，必然拥有成功的故事，但重要的是意识到如何在任何特定时间最有效地利用其资源。这需要不断反思和调整策略。我希望 ICTP 能应对这一持续的挑战——特别是在当前的政治环境下，再创立类似机构几乎不可行。

回到这本书，我从许多赞赏的评论中得知，它激励了成千上万初出茅庐的科学家。我也知道，看似微小的灵感源泉可能会产生持久的影响。我希望这一新版本能为更多中国学生提供这样的机会。

Katepalli R. Sreenivasan

斯里尼瓦什

ICTP 原主任

序 2

ICTP 肩负着一项独特的使命，即让先进的科学在全球范围内得以普及。这一理念源自其创始主任阿卜杜勒·萨拉姆的信念：科学思想及其创造是全人类共同拥有的宝贵财富。

自成立以来，ICTP 已经发展为世界领先的理论物理中心，吸引了来自全球各地，尤其是发展中国家的科学家。他们在这里更新知识、建立研究合作，并获取在本国难以获得的资源。这种国际化、多学科的环境为物理学多个领域带来了新发现和重要突破，从弦论到量子物理，再到气候科学，等等。

2024 年，ICTP 庆祝其成立 60 周年，重点展示其卓越的科学成就以及对发展中国家科学发展的深远影响。11 月的周年庆典是庆祝活动的高潮。这些成就的取得离不开几十年来无数科学家的努力，他们中包括诺贝尔奖、菲尔兹奖、沃尔夫奖和狄拉克奖的获得者。这些前沿科学家不仅在科学领域作出了重大贡献，还带来了一个疑问：是什么激励他们探索宇宙的奥秘？他们对科学的兴趣又是从何而来？

为回答这些问题，ICTP 在成立 40 周年之际出版了《成为科学家的 100 个理由》。这本书汇集了许多世界顶尖物理学家和数学家的个人故事，其中包括众多诺贝尔奖等重量级奖项的获得者。如今，这本书已被翻译成多种语言，彰显了其对全球科学家和读者的广泛吸引力。

在庆祝 60 周年之际，ICTP 依然秉持其最初的使命，继续作为国际科学的纽带，突破地理、文化和社会所带来的限制。同时，ICTP也在展望未来，为应对全球新挑战、迎接科学的崭新前景做好准备。

Atish Dabholkar

达博尔卡

ICTP 主任

原 序*

我们的时代正处于某种自相矛盾的境况。一方面,人类社会对技术进步的依赖空前增强;另一方面,人们对基础科学的关注和兴趣却在持续衰减。尤其令人沮丧的是,优秀的中学生越来越远离基础科学。他们对科学之求索、研究之艰辛、发现之喜悦变得陌生而漠然。此话绝非危言耸听!无论对发达国家还是对发展中国家,这都是一个需要正视的问题。

位于意大利的里雅斯特(Trieste)的"国际理论物理中心"如今为纪念其创始人而冠名为"阿卜杜勒·萨拉姆国际理论物理中心"(The Abdus Salam International Centre for Theoretical Physics,ICTP)。在过去的岁月里,该中心在传播科学知识、培养研究人才方面积极开展工作,作出了贡献。值此中心成立40周年之际,我们组织编写这样一本独特的文集,邀请当今健在的众多著名科学家撰文,向后来人讲述他们成功的历程与感悟——对科学的热爱缘何萌生,又怎样保持至今;想象力如何为科学插上翅膀;取得了哪些主要的科学成就;对社会人生作何思考;还有就是向年轻人提出期望和忠告。

选择作者时以科学成就为主要依据,同时考虑他们与中心曾有过的交流和互动。近百名作者欣然接受了邀请,在百忙之中慷慨赐稿。编者在此满怀感激、十分欣喜地向您推荐这一共同努力的结晶。虽然每篇文章的侧重点不尽相同,但所有作者都尽量避免用过分专业化的

---

* 本文作者斯里尼瓦什(Katepalli R. Sreenivasan)是当时ICTP主任。见"序1"作者介绍。

词句言说。不少作者直抒胸臆，毫无保留地道出他们科学人生的苦涩甘甜、教训经验。我必须说，这些作品真切地反映了作者对我们邀约的重视以及对 ICTP 的肯定和支持。如果没有各位作者善解人意的配合与认真协作，岂能有这样一本杰出的作品集奉献于斯！编者对此铭感至深。

希望读者至少能从中获得同我一样多的启迪。就我而言，若年轻时能读到类似的作品，也许会改变自己的人生路途。我想，高中生、大学生应该是本文集最大的受益者。无论在明辨事理还是树立信心方面，成功者之成功总有原因。即便对那些正处在收获季节的年轻科学家而言，文集中诸多前辈精英的心得体会也未尝不是一份丰厚的"滋养品"。

良好坦诚的合作还充分体现在本文集的组织和编辑过程中。若不是加蒂（A. Gatti）夫人卓有成效地开展工作，便不可能将荟萃如此众多名家之言的设想付诸实现。ICTP 图书馆的弗拉特尼克（E. Fratnik）先生也为文集的种种技术性工作奉献了时间与精力。编纂本文集的最初设想则是在与拉奥（C. N. R. Rao）教授的谈话中形成的。在此，我谨向为该文集出版付出辛勤劳动的每一位人士，致以由衷的谢忱和敬意！

ICTP 是在意大利政府、国际原子能机构（IAEA）以及联合国教科文组织（UNESCO）三方共同支持下独立运作的机构。

目录

萨拉姆 Abdus Salam	发展中国家的科学和科学家	001
阿克里沃斯 Andreas Acrivos	我的科学生涯	006
阿德勒 Stephen L. Adler	从无线电元件到基本粒子物理学	011
阿洛蒂 Francis K. A. Allotey	非洲物理学家，世界公民	015
奥尔特曼 Sidney Altman	RNA 与生命起源	019
阿蒂亚 Michael F. Atiyah	数学：跨越专业的想象力飞跃	021
巴伦布拉特 Grigory I. Barenblatt	21 世纪的科学	024
贝里 Michael Berry	与物理学同行	029
布隆伯根 Nicolaas Bloembergen	我为什么要做物理学家	033
邦奇内利 Edoardo Boncinelli	改善"公众理解科学"的责任	036
布拉德肖 Peter Bradshaw	六十余载"流体"梦	039

布雷赞 Édouard Brézin	电的发明并非改善蜡烛之结果	042
布罗姆利 D. Allan Bromley	我的文学、科学、工程、商业、 公共服务人生	045
卡勒松 Lennart A. E. Carleson	数学证明的魅力	049
科恩-塔诺季 Claude Cohen-Tannoudji	冷原子世界探险	053
克罗宁 James W. Cronin	时刻都在诞生着的科学家	056
克鲁岑 Paul J. Crutzen	一个科学家的成长之路	059
达斯古普塔 Partha Dasgupta	一个经济学家的自白	063
德迪韦 Christian de Duve	成为科学家意味着什么	069
德热纳 Pierre-Gilles de Gennes	物理世界漫步	073
德雷斯尔豪斯 Mildred S. Dresselhaus	薪火传承话物理	075
戴森 Freeman J. Dyson	快乐的数字游戏	079
爱德华兹 Sam Edwards	我的科学人生	084
芬恩 John B. Fenn	如何走上成功之路	087
弗里德曼 Daniel Z. Freedman	超新星和超引力	092

金兹堡 Vitaly L. Ginzburg	教育、科学和机遇	098
戈德哈贝尔 Maurice Goldhaber	倾听你的心声	102
格林 Michael B. Green	激动人心的弦理论	103
格林菲尔德 Susan Greenfield	测量"意识"	107
格里菲思 Phillip A. Griffiths	一个数学家的回顾与反思	110
希策布鲁赫 Friedrich E. P. Hirzebruch	拓扑学中越来越多的数论	114
霍普菲尔德 John J. Hopfield	在科学中成长	118
亨特 Julian C. R. Hunt	科学生涯之人生感悟	123
约瑟夫 Daniel D. Joseph	大器亦有晚成时	127
卡达诺夫 Leo P. Kadanoff	科学家与真理	134
卡斯图里兰甘 Krishnaswamy Kasturirangan	突入天文学、技术和宇宙空间	136
凯利斯-博罗克 Vladimir I. Keilis-Borok	拯救人类的科学事业	142
凯勒 Joseph B. Keller	学会享受科学	147
哈拉特尼科夫 Isaak M. Khalatnikov	我们时代的伟大同伴	149

科恩 Walter Kohn	寻求穿越逆境之路	152
兰 Serge Lang	责任问题	159
拉克斯 Peter D. Lax	对问题开放	163
莱博维茨 Joel L. Lebowitz	关注宏观现象的微观起源	165
莱德曼 Leon M. Lederman	科学家犹如探险者	168
莱格特 Anthony J. Leggett	物理学就是理论与实验相符	170
莱恩 Jean-Marie P. Lehn	与责任同行	172
勒韦·森格斯 Johanna M. H. Levelt Sengers	什么吸引我献身科学	175
莱文 Simon A. Levin	我喜欢猜谜	179
真锅淑郎 Syukuro Manabe	气候模型的数字化历程	183
芒德布罗 Benoit B. Mandelbrot	粗糙、孤独与激动	188
梅农 Mambillikalathil G. K. Menon	走向真正自由的研究	192
莫法特 Keith Moffatt	与流体力学的终身之约	197
莫申斯基 Marcos Moshinsky	加入一个好团队	201

芒福德 David B. Mumford	我的科学生涯	205
南部阳一郎 Yoichiro Nambu	25 岁以后仍可大有作为	210
纳拉辛哈 Roddam Narasimha	我是如何成为科学家的	213
纳尔利卡尔 Jayant V. Narlikar	激动人心的科学事业	219
诺维科夫 Sergey P. Novikov	从数学到理论物理	225
纳斯 Paul M. Nurse	完全因为好奇心	230
奥谢罗夫 Douglas D. Osheroff	探索宇宙之谜	232
帕利 Jacob Palis	成为科学家的快乐	236
珀尔 Martin L. Perl	热爱实验科学的理由	239
菲利普斯 William D. Phillips	与日俱增的研究乐趣	243
波利亚科夫 Alexander M. Polyakov	开始点	246
奎因 Helen R. Quinn	你能成为一名数学家	249
拉奥 Chintamani N. R. Rao	无限追求的快乐	255
里斯 Martin Rees	科学是无止境的求索	259

雷杰 Tullio E. Regge	我们必须改善自己的形象	264
鲁宾 Vera C. Rubin	我们需要你	267
吕埃勒 David Ruelle	知识的魅力	271
萨拉希克 Myriam P. Sarachik	为何选择物理学	274
施瓦茨 John H. Schwarz	超弦	278
西奈 Yakov G. Sinai	超越国界的科学自由	282
辛格 Maxine F. Singer	艰辛而欣慰的科学人生	284
斯梅尔 Stephen Smale	实迷途其未远	288
所罗门 Susan Solomon	科学是社会选择的重要输入项	290
索洛 Robert M. Solow	技术是经济增长的先导	294
苏达山 E. C. G. Sudarshan	我对理论物理的贡献	297
特·胡夫特 Gerardus 't Hooft	自然界的奇妙逻辑	300
汤斯 Charles H. Townes	回眸激光诞生之初	304
崔琦 Daniel C. Tsui	好奇心成就了我	307

瓦默斯 Harold E. Varmus	战胜癌症的希望	310
比库尼亚 Rafael Vicuña	回报丰厚的科学生活	313
冯·克利青 Klaus von Klitzing	超越自我的科学家	316
温伯格 Steven Weinberg	红色科迈罗轿车	318
韦斯曼 Mariana Weissmann	一位拉美女物理学家的回忆	321
维尔切克 Frank Wilczek	享受科学的美妙自由	325
威滕 Edward Witten	我的回忆	328
丘成桐 Shing-Tung Yau	我学习数学的经历	332
约克 James A. Yorke	阅读是最好的老师	335
泽韦尔 Ahmed H. Zewail	一切皆有可能	339

作者名录	345
译者的话	361

Abdus Salam

萨 拉 姆

国际理论物理中心

发展中国家的科学和科学家

我1926年生于章马吉亚纳,当时为英属印度的辖地,如今属于巴基斯坦。我的家庭出身很平凡。父亲先为教师,后在当地教育部门任职;母亲是家庭妇女。我有六个兄弟和一个姐姐。虽然家境并不宽裕,但父亲极为重视我的学业,望子成龙之心甚切。他非常希望我能在竞争激烈的印度公务员考试中脱颖而出,谋得一份好工作。不过,父亲的愿望因为战争等原因而落空了。但对我而言,没有成为公务员却是我今生几次重要的人生转折之一。

我还记得1936年前后上学时的一些事情,尤其是当时老师讲解自然界基本力时的情形。他首先提到的是大家熟悉的引力,然后他说:还有一种被称作电的基本力,这种力在我们家乡见不到,它"生活"在东面离我们一百英里远的拉合尔。这位教师也曾听说过核力,但他告诉我们,核力仅仅存在于欧洲。听听,多么形象的描述!真可谓发展中国家科学教育的生动写照。

14岁那年,我以旁遮普大学(位于拉合尔)历史上入学考试最高分的成绩,赢得了这所公立大学的奖学金。当我从拉合尔骑自行车返家时,家乡人倾城而出迎接我。16岁时,我完成了自己的第一篇研究论文,并发表在一份数学刊物上。不过,应当说直到进入剑桥大学后,我才真正迷上了科学研究。

我很庆幸自己有机会获得奖学金,并进入剑桥大学深造。当时的情况是:战争中断了颇有影响力的印度公务员考试,但恰好旁遮普地区的行政长官用一笔战争时期未用完的经费设立了一项奖学金。该奖学金共有五个名额,用于资助到海外留学的印度学生。1946年,我在印度独立前夜挤上了一艘满载着举家回国的英国人的轮船。现在回想起来,如果那年我没有走的话,恐怕就再也不会有进入剑桥大学的机会了,因为在接下来的一年,随着印巴分治成为现实,这项刚刚设置的奖学金便也不了了之,结束了其短暂的历史使命。

在剑桥,我仅用两年时间即通过了数学荣誉学位考试,并获得第一名。这样,我还有一年带奖学金的学习机会。是用这一年时间继续深造数学,还是去修物理学课程?我的导师霍伊尔(F. Hoyle)对我说:"如果你想成为一名物理学家,即使是理论物理学家,你也应当在卡文迪什实验室接受实验物理课程训练。否则,你将永远无法坦然面对实验物理学家。"于是,我进入了卡文迪什实验室。那时候,卢瑟福已经完成其关于原子结构的实验。对实验物理学家而言,卡文迪什实验室无疑是他们心目中的圣地,是当时世界物理研究的中心。不过,我不大喜欢摆弄实验仪器。无疑,要想成为一名优秀的实验者,你必须有足够的耐心去面对许多不在你掌控之中的事物。我觉得,虽然理论物理学家同样需要极大的耐心,但那主要是就其自身的创造、自身的理论构建乃至自身的执迷不悟而言的，与实验物理学家所需的耐心并不完全是一回事。

我在卡文迪什被要求做的第一个实验，是测量钠光谱两条 D 线波长的差异。我当时推断，如果在坐标纸上画一条直线的话，则直线的截距会给出我想要的测量值。从数学上讲，两点确定一直线。如果取得第三个读数，那在数学上就足够了。也即是说，两点定一直线，第三点确认之。按此思路，我用了三天时间配置仪器，然后测得了三个数据并将其标注出来。在那时候的卡文迪什，学生实验课的分数直接取决于他们的实验记录。我们当时的实验导师是威尔金森（D. Wilkinson）爵士。当我将实验结果交给他后，他看着我的直线问："你是学什么的？"我回答说："数学。"他盯着我说道："啊哈，我想是的！你觉得用三个点就能代表所有的读数了，是吗？因此就通过三个点画了一条直线。"面对他的问话，我当时真感到无地自容，恨不能立刻找个藏身之处。在此后余下的学期里，我尽量避免见到威尔金森爵士。直到今天，我对 1949 年物理成绩公布时的情景依然记忆犹新。那天，当我正看着挂在卡文迪什实验室里的成绩公告板时，威尔金森爵士走到了我身后。他问我："你得的哪个等第？"我非常谦虚地答道："甲等。"随后，他以脚后跟为支点在地上转了 360°——一个完整的圆，并对我说："你看，你对我的看法多不'公平'！"

1951 年，我回到拉合尔并在旁遮普大学任教。在此期间，我几乎与世界物理学界完全隔绝：极难看到新的专业期刊，完全找不到可以讨论交流的同行。最终，为了我所热爱的物理学，我不得不再走他乡。一直以来，我都痛切地感到，阻碍发展中国家年轻才俊成为优秀科学家的最大障碍，主要在于他们极度缺乏与够资格同行的交流。事实上，许多在发达国家的科学家看来是理所当然的研究条件，对深受经费匮乏、交流机会稀缺之苦的发展中国家科学家而言，却是一个不可企及的奢望。正是基于对这种状况的切肤之痛，我们在1964年创立了国际理论物理中心（ICTP）。该中心采用"特约研究员制"，即邀请那些长期工作于发展中国家而有培养潜力的年轻科学家到中心进行三个月左右的研修，并尽可能为他们与同行和学科带头人的交流创造机会。我们对这些既有培养前途又与世界科学前沿接轨的年轻人充满期盼，希望他们在返回各自的国家后，能够担负起在其祖国彰显科学技术之力量和形象的重任。

1954年，我回到剑桥大学，担任圣约翰学院的讲师和研究员，三年后成为帝国理工学院理论物理学教授。在这里，我成功地组建了当时世界上最好的理论物理小组之一。

1979年，我的物理学生涯达到了巅峰。这一年，我与格拉肖（S. Glashow）、温伯格（S. Weinberg）因对电磁相互作用与基本粒子弱相互作用的统一理论（1978年我构造了一个词"electroweak"，即"电弱"之意）之贡献，分享了当年的诺贝尔物理学奖。这一理论被认为是20世纪物理学的最重要成就之一。证明该理论预言的关键是要在极高能量状态下找到某些新粒子存在的证据。我们为此说服实验物理学家建造新的高能加速装置。理论上讲，这种装置应能创造类似于宇宙诞生初期前几分钟的状态。1983年，鲁比亚（C. Rubbia）与范德梅尔（S. van der Meer）完成了一项重要实验：发现我们所预言的中间矢量玻色子。这些被称作W^+、W^-和Z^0的猜想中的粒子，在欧洲核子中心（CERN）加速器所模拟的宇宙初创状态下显现了踪影。尽管只是转瞬即逝的短暂显现，却足以证明这一统一理论是关于物质基本性质的精确描述。发现这些粒子的上述两位科学家，也因此而获1984年度的诺贝尔物理学奖。

我已经不止一次地表明，在发展中国家从事科学研究面临诸多困难与困扰。在此，我还要再次呼吁：发展中国家一定要加大对科学研究的投入力度；一定要切实提升科学共同体的地位；一定要充分认识到：科学家是一个国家最宝贵的财富，他们应当被给予更多的机会，在国家科技进步方面发挥更大的作用。改变当今由科技实力强弱所决定的不均衡、不平等的世界格局，应当成为发展中国家的心之所思、力之所向！

（本文根据萨拉姆多次发表的谈话辑录而成，绝大部分内容取自他的原话。我们认为，读者通过了解萨拉姆创办国际理论物理中心的动机，或许会受到教益。）

Andreas Acrivos

阿克里沃斯

美国纽约市立大学-城市学院列维奇研究所*

我的科学生涯

  1928年，我幸运地诞生在雅典一个和睦宽容、鼓励创造的家庭，并度过了幸福的童年。我的父亲毕业于雅典大学，之后在比利时从事纺织工程。我的母亲虽然与她同时代的大多数妇女一样没有正式上过大学，却有着良好的教养与深厚的文化底蕴。她可以流利地讲好几门外语；而且像父亲那样，母亲也精通音乐。同样值得庆幸的是，我上的中学非常优秀。它是一所由美国人创建的学校，当时被称作雅典学院。在那里，我接受了最好的中学教育，特别是在数学与经典力学方面。中学时我是个"书呆子"，除了体育课，其他每一门功课都是最高分。可能是某种先天的原因，我从儿时起就对运动有一种天生的畏

---

* 此处为作者撰写此文时所属单位。关于作者的最新信息，见书末"作者名录"。本书后文同样如此。

惧，对所有体育锻炼都不感兴趣。当时我最喜欢的是历史，特别是希腊史令我心醉神迷，因而我以极大的热情学习和钻研了许多与之相关的内容和知识。尽管德国在二战时的占领使我们经历了苦难深重的岁月，但由于学校老师勇敢无私的努力和奉献，我们的学校生活整体而言还算正常。不过在科学教育中实验仪器和设备极度匮乏，还是影响了我们这些年少学生对科学的更多认识和切身感受。

我要由衷地感谢雅典学院院长戴维斯（H. Davis）先生对我的帮助。由于他的不懈努力，我争取到了美国锡拉丘兹大学的奖学金。1947年8月，我乘坐一艘满载移民的军队运输船，与众多流离失所而渴望到"机会之地"开始新生活的人一起抵达美国。我至今还记得第一眼瞥见纽约和自由女神像时的激动心情。在意识到不可能靠做历史学家谋生之后，我决定转向更具实用性的专业，并最终选择了化学工程。这既是我父亲上大学时所学的专业，同时我也认为该专业能够较好地实现化学和数学的结合，从而把谋生和学术兴趣尽可能联系起来。当时，大学生人数多而资源有限，许多时候得靠自己学习和尝试各种可能。我依然保持了中学时的"书呆子"风格，刻苦学习，仅用三年时间就完成了学业。除了机械制图和机床操作两门课程之外，其余所有科目的成绩都是"A"。我直到今天都认为，那两门课是我一生所学中最没意思的。

为了进一步深造，同时也为了更多地了解这个我还不太熟悉的国家，我选择了去明尼苏达大学读研究生。虽然选择多少有些偶然，却开启了我人生的又一扇机遇之门。在新的环境里，我遇到了包括阿蒙森（D. Amundson）在内的许多优秀教师。我师从阿蒙森，受益匪浅，后来与之亦师亦友，结下了深厚的友谊。在研究生的热力学课上，我遇到了一位来自古巴名叫爱丝贝蒂亚的国际交流学生，后来我们俩结为夫妻，如今算起来已是五十载有余了。我的博士论文主要是关于多成分蒸馏的数学研究（这是当时化学工程领域非常热门的课题）。在研究中，我提出了一种解决相关数学方程的积分变换，但有些遗憾的是，此发明后来似乎并未得到广泛的推广和应用。

研究生毕业后，我决定设法永久留在美国，可是在1954年的美国，非本国居民的就业环境颇为艰难，找到一份适宜的工作并非易事。好在当时任加州大学伯克利分校化工系主任的维尔克（C. Wilke）为我提供了一个为期三个学期的临时讲师职位。他写信告诉我，我的合约在随后几年里不会有任何更改，始终有效。因这一便利，我在第二年的聘任中顺理成章地续签了聘用合同。在伯克利期间，我对流体力学产生了兴趣，它成为我此后相当长一段时期的主要研究领域。不过说实话，我当时对流体力学知之甚少，之所以有勇气涉足此领域，很大程度上得益于我在壳牌公司工业实验室任职的朋友巴伦（T. Baron）。他认为，我在应用数学方面的才能对掌握流体力学大有帮助。面对他的鼓励，我从流体力学的最基础内容学起，并迅速消化、掌握了该领域的重要知识和关键思想。与此同时，在我身边还围绕着一批年轻有为的研究生。很快，我们便开始发表高质量的论文了，其中许多文章至今仍为流体力学界所频繁引证。稍后，我在英国剑桥大学度过了我的第一个带薪休假，其间我的研究生涯又一次发生了重要的转折。在那里，我遇到了当时流体力学界冉冉升起的新星——巴彻勒（G. Batchelor），他后来成为了我的导师和终生朋友。

1962年，我与雇用我的上司梅森（D. Mason）以及布达尔（M. Boudart，他跟我从加州大学伯克利分校来）三人一起到了斯坦福大学。在那里，我们成功地创立了化学工程系。这个系虽然规模不大，办学质量却非常高，并在几年之内很快赢得了承认，成为当时世界一流的化工系。我的研究也在斯坦福大学达到了空前的辉煌。究其原因，很大程度上应归功于我身边一批杰出的研究生。我深深感到，流体力学是一项激动人心而饶有趣味的事业，它的一个重要特征便是直观生动。在流体力学中，人们总能看到数与形的完美组合，看到种种美丽、迷人的景象，其中许多令人叹为观止；还能看到复杂的应用数学，例如渐近分析，以及如今日益增多的高性能数值计算。自1982年之后的16年里，我一直负责编辑《流体力学》杂志。该杂志每年9月号所刊载的"流体运动图片集萃"可谓美妙绝伦、气象万千，都是在其他地方很少有机会能够欣赏到的美丽场景。多年来，我的研究涉及边界层、液滴、气泡领域，以及诸如熔融聚合物等所谓"非牛顿流体"方面的专业问题。不过，我最能给人留下深刻印象的研究是在悬浮力学领域。有些让人纳闷的是，虽然此问题是爱因斯坦博士论文中的一章，但在它被提出之后的数十年间却始终未引起更多人的重视。我和我的学生纯粹受好奇心的驱使，尝试着做了一些实验，便发现了某些完全出乎人们意料的结果。更进一步的实验、数值计算以及定性和定量的分析表明，悬浮力学远比爱因斯坦当时所思考的要有趣得多。事实上，在过去20年间，我在世界范围内就此论题进行了不计其数的演讲和交流，例如名为"悬浮力学：爱因斯坦主题的最新变体"的话题便讲了许多次。不过，即使演讲题目相同，所讲的内容却在不断更新、与时俱进，始终跟随该领域的最新发现和最前沿探索。

1988年，在斯坦福大学工作、研究25年之后，幸运之神再次引领我步入新的境界。我受聘担任纽约州设立的爱因斯坦讲座教授，并出任纽约市立大学-城市学院的列维奇研究所所长。我实现了又一次的"幸运转移"，因为我发现，纽约绝对是一座令人神往的学术乐园。在这个城市，才智非凡、雄心勃勃的研究生比比皆是，我身边再一次聚集了一批顶尖的研究生。我也开始涉足流体力学领域的新问题，如运动粒子在电场中的效应等，同时继续悬浮力学方面的探索。

我与我的许多研究生一直保持着密切的关系,他们中的许多人已经赢得了种种奖励和国际声誉。近年来,有两件事令我特别高兴,而且两者都是意外之喜。一是被选为美国国家科学院院士;二是获得了美国国家科学奖章,就在 74 岁生日的前一天,我在白宫接受了美国总统的颁奖。

Stephen L. Adler

阿 德 勒

美国普林斯顿高等研究院

从无线电元件到基本粒子物理学

我1939生于纽约市,父亲是数学老师,母亲在大学时也曾主修数学。从我很小的时候起,父母即有意识地培养我的科学兴趣。两岁时,父亲给我制作了一个小工具箱;大约与此同时,母亲特意为我编写了一本"家庭版"的《轻拍小兔子》(*Pat the Bunny*)。母亲自编的这本书,每一页都配有教我触摸、操作不同物体的示意图。我年纪稍大后,父亲开始带我制作一些玩具,如简易电报机、开门时会发出响声的"防盗门铃"、微型交通灯等。我们在大自然中也找到了许多乐趣,抓蝴蝶、捕蛇是我喜爱的活动。8岁时,我参加了纽约自然史博物馆为青少年举办的天文学讲座。我对那些历史久远的化石发生了浓厚兴趣,一度曾想当一名古生物学家。不过,这种热情并未持续太久,想做古生物学家的念头很快便打消了。

回想起来，我的科学之路或许开始于小学六年级。那时，一位同学向我大谈他所感兴趣的无线电，并邀请我看了他的那些"宝贝"装置和工具。我一下子迷上了无线电，对电学和电子器件产生了浓厚的兴趣。一段时间内，我热衷于制作各种各样的电子装置。例如，把从罐头盒上剪下的薄铁皮和从老式麦克风里拆下的永久磁铁组装成电动机（至今在我普林斯顿高等研究院办公室的书柜里，还保留着儿时的一件"杰作"）。在父亲鼓励下，我还阅读了亚伯拉罕·马库斯和威廉·马库斯二战时写的经典读本：《无线电元器件》。父亲在向我讲解书中的一些代数知识时，说我完全可以成为我们家的"无线电专家"。父亲还建议我，要是零件不够，不妨向邻居们寻找帮助。于是我拖着一辆小四轮车，挨家挨户地向邻居收集他们废弃或准备扔掉的旧电器产品和零配件，有时还能要到旧电视机。我从旧电器上拆下还可继续使用的元件，做成收音机、扩音器，甚至把一台老式 7 英寸电视机改装成了示波器。为了取得业余无线电技师证书，我学习了足够的摩尔斯电码，并用废弃的战斗机接收器建立了一个小型发射架和家庭发射机。小学阶段的业余无线电活动毕竟有限；上中学后，随着各种科学知识的增长，我还制作了更多的电子装置。

既然如此痴迷电学、电器，投身电气工程本来是再自然不过的选择了，然而就在刚上高中之际，我却对高能物理"一见钟情"。连续两个暑假，我们全家都到纽约伊萨卡附近的国家公园度假。我父亲的老朋友莫里森（P. Morrison）带领我们参观了康奈尔大学的物理实验室。当时，威尔逊（R. Wilson）已在那里建造了一系列粒子加速器。我非常喜欢实验室的研究氛围，并被一个想法所深深打动：如果选择物理学为业，我也将会学习和应用电子学，而选择电气工程为业，就不一定会学习到物理了。可以说，在进入中学不久，我便立志成为一名实验物理学家了。

我最初的实验物理经验来自高中阶段。当时，我在布鲁克林综合技术学院参加了一个为期两周的 X 射线衍射技术培训班，主要对象是工业工程师，组织者是著名的范库肯（I. Fankuchen）。他的一个令人称道的做法是在每次举办培训班时，选拔一名优秀的中学生参加。我便是那一期的幸运者。在培训中，我可以做所有感兴趣的理论和实验研究。同时，我学到了许多闻所未闻的知识，例如晶格结构以及傅里叶变换之类物理学家的标准工具。培训结束后，很快我又去了曼哈顿的贝尔实验室，与另外八名杰出的高中毕业生一道从事暑期科学实践活动。在得知他们大都已学过微积分后，我决定立刻开始自学微积分。

父亲给我找出了他以前用过的微积分课本，并颇有心得地告诉我：练习最好隔题而做——因为不解题不可能掌握所学的知识，但我的时间又很有限，而且做题太多也很乏味。于是，我充分利用乘坐通勤车、课业之余的时间，学习和解题。结果，在秋天进入哈佛大学的时候，我便直接开始学习高等微积分课程了。事实上，正是数学上的"先走一步"，使我的物理学学习很快超越了其他同学。

我怀着成为实验物理学家的志向进入大学，但我和许多同学的交流和友谊，特别是与后来的菲尔兹奖获得者奎伦（D. Quillen）的交往，使我对数学的兴趣大增。我发现自己虽然也有实验才能，却缺乏成为天才实验物理学家的那种直觉。我真正擅长的是处理理论问题。因此，在大学一年级期中时，我决定将学习的重点转移至理论物理方面。与戈德哈贝尔（F. Goldhaber）一起，我在哈佛念大学期间便修完了理论物理学的全部研究生课程。后来在普林斯顿大学读研究生，我和戈德哈贝尔一年级时住同一宿舍。在哈佛期间，许多老师给我留下了深刻的印象，特别是珀塞尔（E. Purcell）、皮普金（F. Pipkin）、马丁（P. Martin）以及施温格（J. Schwinger）。有了在哈佛打下的坚实基础，进入普林斯顿大学的第一年期末，我便顺利通过了博士研究生资格考试；接着，第二年在特雷曼（S. Treiman）指导下，开始了博士论文课题的研究。

特雷曼建议我在当时刚刚兴起的"加速器中微子实验"方面寻找课题，我由此步入高能物理研究领域。论文研究的主要部分是计算中微子束引发的核子（质子和中子）产生 π 介子的过程。虽然这是个时间长而单调的项目，却使我对那些通过中微子与核子相互作用所涉及的"矢量"和"轴矢量"流有了详尽的了解。随着研究的深入，我在该领域积累的数据和知识迅速增长，因而在 1964—1972 年间屡有建树。此期间所取得的研究成果大都与"矢量"和"轴矢量"流相关，其中包括：基于"部分守恒"轴矢量流假设的各种低能 π 介子发射定理，与核子耦合的轴矢量的阿德勒-魏斯贝格尔求和规则（Adler-Weisberger Sum Rule），深度非弹性高能中微子散射截面的求和规则，以及与贝尔（J. S. Bell）和雅基夫（R. Jackiw）共同发现的轴矢量流的"反常"发散性。关于反常的理论分析，导致了对中性 π 介子衰变为 γ 射线的更深入理解，为每一夸克具有三种变体（如今称为三种"色"）的思想提供了最初的证据，并对近 35 年来多项物理学相关研究产生了影响。

1972 年以来，我对理论物理的其他众多相关课题都有涉猎，包括中性流唯象学、强场电磁过程（如脉冲星附近的光子分裂）以及蒙特卡洛模拟算法的加速方法。在最近整个 20 年间，我用自己一半的研究时间探索将标准量子力学纳入更普遍数学框架之内的可能性，其中一项涉及量子力学中以四元数取代常规复数的具体研究。此外，更近一段时间以来，我还探索了基于矩阵迹性质的某种可能的"前量子力学"。这意味着，量子力学可能以某种热力学的形式得到表达。我已写了几本描述以上研究的书。在最近数年内，我打算回归我最初工作的粒子唯象学领域，在超对称模型的背景下，进一步探索统一基本粒子及其所受作用力的途径。

Francis K. A. Allotey

阿洛蒂

加纳国家数理科学中心

非洲物理学家，世界公民

1932年8月9日，我出生于加纳的索尔特庞德。该镇地处西部非洲，濒临大西洋，位于现在通常称作几内亚湾的地方。我的父亲是商人，拥有一家商店，主要出售书籍、乐器和渔具。母亲是裁缝，外祖母是鱼贩。小时候，每过一段时间，母亲总会带上我和一些日常用品去看外婆。她住在埃库米菲一个名叫埃杜玛法的渔村，大约位于索尔特庞德东面6英里。那个时候，埃杜玛法与索尔特庞德之间根本没有公路，每次到外婆家都得走上一阵子。在那里，我常帮舅舅们打渔。

在索尔特庞德，我上的是罗马天主教创办的小学。每天放学后，还要到父亲开的商店里帮着整理书籍、打扫卫生。在父亲的店里，我有机会读到许多著名科学家如牛顿、爱因斯坦、金斯、哈密顿、伽莫夫、伽利略、麦克斯韦和卢瑟福等人的传记。贝尔（E. T. Bell）的《数学家》一书对我影响最大。在这种熏陶下，我很小就立志做一名伟大的科学家，探索宇宙的奥秘，为人类的知识大厦添砖加瓦。小学毕业后，我进入位于海岸角的加纳国家学院上中学，它是由加纳第一任总统恩克鲁玛创办的。高中毕业后，我去了英国，进入伯勒综合技术学院，即今天的南岸大学，之后考入了帝国理工学院。在这里，我的老师中有萨拉姆（A. Salam）、布莱克特（P. M. Blackett）、琼斯（H. Jones）以及伊迪（E. Eady）等知名教授。大学毕业后我返回祖国，在恩克鲁玛科技大学教了两年数学。

1962年，我到普林斯顿大学攻读数学物理学博士学位。当时的普林斯顿大学物理系是一个人才济济、名教授云集的物理学"圣地"。著名教授魏格纳（E. Wigner）、惠勒（J. A. Wheeler）、迪克（R. H. Dicke）、霍普菲尔德（J. Hopfield）、巴格曼（V. Bargmann）和戈德伯格（M. L. Goldberger）等人都在此任教，而来自普林斯顿高级研究院的奥本海默（J. R. Oppenheimer）、狄拉克（P. A. M. Dirac）、杨振宁等人也不时到普林斯顿大学物理系访问和讲学。就在我做博士论文期间，菲奇（V. L. Fitch）领导的小组正在进行后来使他们获得诺贝尔奖的CP破坏实验（中性K介子衰变中基本对称性原理的破坏），迪克和他的合作者正在测量太阳扁平率、宇宙背景辐射以及精确到千亿分之一的引力常数。我当时作为一名研究生，偶尔也为迪克小组的测量做些辅助工作。

我早期主要从事"由大气热量和角动量所致空气运动的准静态理论"研究，后来转向凝聚态物理学。我曾率先将电子-空穴散射共振效应引入软X射线光谱学研究，此效应在金属锂的实验中已被观察所证实。我还对包括手性碳纳米管在内的超晶格和微结构进行了理论研究，并取得了一定成果。

我始终对科学研究情有独钟，近年来仍在不断发表论文，如《超晶格中特超声的光致衰减》《半导体超晶格中的非线性声电效应》以及《手性碳纳米管的微分热电势研究》等。我的科学研究、管理和服务活动遍及国内与国际。在国内，我担任恩克鲁玛科技大学科学院院长、数学系主任。同时，我也是计算机科学系的创办者和最早的负责人。我曾担任过三届加纳原子能委员会主席、国家科学和工业研究委员会主席，并且是加纳能源研究小组的创立者和召集人。

在国际上，我是国际原子能机构（IAEA）委员会成员，曾参与编写《关于全面理解核武器的研究》一书，这本书同时也是联合国秘书长1979年的专题报告。我担任国际理论物理中心（ICTP）科学委员会委员，以及非洲物理学家和数学家协会会长，并积极推进信息技术的研究和应用。在过去30年间，我曾服务于非洲、澳大利亚、欧洲、美国和拉丁美洲的多项活动，曾担任1986年"国际信息经济学大会"（弗吉尼亚）主席，1980年国际信息处理联盟（IFIP）主办的"发展中国家计算机教育大会"（墨尔本）组织者和主席，1975年IFIP主办的"计算机教育的金融、定量研究讨论会"（马赛）主席。

什么是科学？除了理解宇宙奥秘、认识新的可能性之外，科学还是满足社会对食物、洁净水、运输、通信、能源、环境、医疗、社会保障、居住、安全和消除贫穷等多种需求的根本手段和途径。例如，借助科学，发达国家以不到3%的农业人口可产出满足其国民需要的足够食物；而在非洲，由于缺乏科学意识，虽有65%的农业从业人员，却无法生产出足以养活其国民的农产品。我以为，南北国家的差距，关键在于技术差距。

20多年前我曾经写道："我们（生活在发展中国家的人们）正在为错过18世纪后期的工业革命付出惨痛代价，因为当时我们没有机会看看欧洲究竟发生了怎样的巨变。如今，我们看到了信息、通信技术已经日益成为无所不在的工具。因此，我们不能再错过这一次技术革命了！"

为此，我积极投身地区和国际可持续发展事业，为改善发展中国家的科技和教育事业而奔走呼号、寻求支持。我曾协助相关部门，在加纳中部地区的埃杜玛法和奥沃马斯新建了两所小学。我还在索尔特庞德创建了迄今唯一的一座图书馆。

我还是多家专业和学术团体的成员，包括发展中国家科学院、英国计算机协会、尼日利亚太阳能学会、英国物理研究所、加纳科学与艺术研究院、加纳工程师协会等。同时，我是非洲科学院的创立者之一，也是加纳信息技术研究所的奠基人。此外，我还是加纳计算机协会、科学教师协会、物理学生协会以及非洲数理科学研究所（南非）等组织的赞助人。

为表彰我对非洲数理科学发展所作出的贡献，非洲数学家联合会授予我荣誉奖章。我还接受过如下奖项：加纳数学协会、象牙海岸数学协会的奖励，因对物理学的贡献由加纳科学院颁发的菲利普王子奖章（1973），加纳科学协会的杰出科学家奖，第一世界银行-IMF非洲俱乐部奖（1999）。在密歇根大学安娜堡分校，获马丁·路德·金访问教授奖（1997），以肯定我对物理学和对促进国际科学交流所作出的努力。

1979年，我应印度政府之邀，对该国进行了为期一个月的访问，并在孟买、新德里、加尔各答、海得拉巴、马德拉斯、班加罗尔和特里凡得琅的研究机构进行交流和讲学。

当年我在伦敦求学期间，与来自巴巴多斯的钱德勒结为夫妻，她于1981年去世；之后再娶阿夸莫亚为妻。我有四个孩子，两个儿子、两个女儿。当然，还有四个可爱的孙子、孙女。

Sidney Altman

奥尔特曼
美国耶鲁大学

RNA 与生命起源

大概在 6 岁时，我便感受了战争的残酷；应用科学对结束太平洋战争所发挥的巨大作用，更是在我稚嫩的心灵中产生了强烈的震撼。那些成功设计和制造具有神奇威力原子弹的科学家，成了我心目中的英雄。当时我甚至觉得，"核科学家"是所有科学家中最具吸引力、最伟大的人物。与此同时，我对太阳和恒星也比较感兴趣，并阅读了一些有趣的作品。

12 岁时，我读到了一本介绍核物理知识的书。让我感到新奇的是，该书结合门捷列夫元素周期表谈论核物理。书写得通俗易懂，我理解起来毫不费力。尽管如今已忘了是谁给我这本书，但阅读时的激动与兴奋至今仍然记忆犹新。特别是门捷列夫在设计元素周期表时，将许多当时尚未发现的元素列入周期表的做法，简直令我佩服得五体投地。对我而言,这可谓是体验知识之力量、感受科学之美的生动一课。我由此受到了极大的鼓舞和激励,想象着自己有朝一日也能成为一名伟大的核物理学家。长大后,我先学物理,进而又转向分子生物学以及生物物理学领域。

需要指出的是,我出身于一个移民家庭。我的父母认为,教育的最重要目的在于完善自我,所以他们丝毫不干涉我的专业选择,这样我就有机会接受真正自由的大学教育。

对于科学,我能给人们留下些许记忆的贡献主要是 RNA 方面的研究。生物细胞内的 RNA 是 DNA 某些区域的一种精确复制。基因由 DNA 组成。长期以来,人们尽管知道某些 RNA 片段在细胞内执行的功能并非酶促反应(即它们不控制细胞内的化学反应),却认为 RNA 是 DNA 中遗传信息的表达。我与我的合作者在 1983 年发现:某些 RNA 片段实际上具有催化作用,即它们控制着细胞内的化学反应。此项工作以及其他研究者的相似发现成功地表明:在细胞内部存在着许多"酶促"RNA 片段。这一发现还改变了关于地球上生命起源的认识,找到了"最初的化学反应和酶促反应(细胞内的催化)的起始点"。

Michael F. Atiyah

阿 蒂 亚

英国爱丁堡大学

数学：跨越专业的想象力飞跃

数学是一门具有挑战性的神奇学科。千百年来，不同文明、不同国度的人们都把数学作为锻炼思维能力的重要手段，而数学使我着迷的魅力，在于其所蕴含的智力挑战。数学思考要求严谨审慎，因此只有真正入乎其内才能体验那种令人心醉的享受。那些将数学视作枯燥计算者，实在很难感受数学的奇妙。在我看来，数学之美犹如绵延的山脉；或许有的山峰怪石嶙峋、粗糙险峻，但整体看来却又气势恢宏、风光无限。

跟许多人一样，刚上中学时最令我着迷的是魔术般的化学。我常常乐此不疲地在试管里配制各种彩色混合液。不过，这种热情很快便消退了，因为与数学严格的逻辑一致性相比，中学化学实在是太缺乏挑战性了。

就在此时，正好数学老师向我们介绍了四元数——一种由19世纪伟大数学家哈密顿爵士发现的神奇的数。当年，有感于复数 $x+iy$ 的数学魅力及其在科学上的精彩应用，哈密顿花了很长的时间探索将复数推广到三个实数变量（x, y, z）的可能性。这一想法能够实现的话，可为空间的物理提供全新的架构。事实证明，对三个实变量而言，无法实现这种推广。幸运的是，哈密顿发现在四维（x, y, z, t）情况下，可以得到最初被称作"超复数"（今天被称作"四元数"）的系统。不过，其乘法运算已不再适用交换律。也就是说，对两个四元数 q_1 和 q_2 而言，$q_1 \cdot q_2$ 可能不等于 $q_2 \cdot q_1$。

哈密顿发现四元数的故事堪称数学史上的一段传奇。他回忆说，发明四元数的灵感来自他的一次乡间散步。1843年的一个黄昏，他陪伴妻子在都柏林的皇家运河边散步时，突然意识到，如果舍弃乘法交换律，就可以得到一种新的数系了。对"虚数" i、j、k 而言，有 $i^2 = j^2 = k^2 = -1$，$ij = -ji = k$，等等。此发现令他兴奋不已，于是他把结果刻在了自己正通过的布鲁姆桥上。

我完全被四元数迷住了，哈密顿的发现传奇无疑更增添了它对我的吸引力。我怀着极大的兴趣阅读了哈密顿及其同事的作品，看看他们是如何将四元数应用于三维几何学和数学物理学的。

几年后我进了剑桥大学，但悲伤地发现，这里没有任何提到四元数的地方。我对此表示不解，得到的回答却更令人失望——四元数并非哈密顿自认为的伟大发现，那不过是他的即兴之作。

大约30年后，我已是一名有所建树的数学家，在数学和物理学的交界处兴起了一个崭新而激动人心的前沿领域。我在自己所钟爱的这一边缘地带纵横开拓，如鱼得水。您瞧，我早年所挚爱的四元数很快便成了新思想的中心（将时间解释为神奇的第四个实变量）！

这一戏剧性的转变，引出了数学和科学为何总是如此迷人的诸多思考。其一，杰出的思想有着强劲的生命力。尽管它们可能沉寂多年、明珠投暗，但那些真知灼见迟早会拨云见日，引来世人一片惊叹。其二，杰出的思想往往是跨学科、跨专业的。例如，四元数就是从代数开始，然后进入几何学、物理学领域。其三，杰出的思想既是优秀人才的个人创造，同时也是人类知识财富的组成部分。

正是由于在研究中实现了代数、几何、分析以及物理学的有效结合，我的数学研究生涯才更加耀眼。我的贡献之一是以一个公式（如今称作阿蒂亚-辛格指标定理）将上述领域联为一体，即以几何方式给出微分方程的解的数量。这种联结的结果往往出人意料，使旧的问题在新思路下重新焕发出智慧的光芒。应当说，数学对我有强大吸引力，原因正在于它允许我横跨专业而作出充满想象力的飞跃。我相信，迷人的数学一定会吸引更多的有志青年。

Grigory I. Barenblatt

巴伦布拉特

美国劳伦斯伯克利国家实验室

21 世纪的科学

21 世纪的强国将是那些国家，其民众密切关注并理解人类所面临的地区性及全球性挑战。这些国家的民族英雄将是那些既有远见卓识，又能说服、动员政府和个人努力应对上述挑战的科学家。

我对自己成为应用数学家的最初选择仍然记忆犹新。我本想做一名历史学家，为此甚至进入了莫斯科外交学院，但有一天晚上，上床前我随手翻阅了祖父送我的一本书。祖父是著名的几何学家，他希望我能从事数学研究。我在书中看到，一个非常简单的数学模型居然能解释一套复杂化工设备的运行原理。突然间，我倍感鼓舞和兴奋。直觉告诉我，这正是我向往的思考方式。我被一种强烈的震撼推动着：给现实生活中的重要现象建立数学模型，用数学模型解决具体问题。

回想起来，历史爱好对我人生的重要影响，应当是让我养成了阅读《名人榜》（*Who Is Who*）的习惯。历史表明，视界高远且有卓越组织能力的伟大科学家总会在历史的转折点上脱颖而出。他们因势而生，影响人类历史的进程。一个典型的例证是匈牙利裔美籍物理学家西拉德（L. Szillard）的故事，他起草了建议罗斯福总统尽快组织研制原子弹的著名信件。当时，爱因斯坦也在上面签了名，不过似乎比较勉强。罗斯福看到信后，却立刻拒绝了提议——至今都令人难以置信！西拉德找到了总统的一位私人朋友，并向他表明启动这一研制是何等重要，请他务必说服总统。这位朋友去见罗斯福时并未多言，只是问道："弗兰克，你觉得1812年拿破仑如果不拒绝发明蒸汽船的富尔顿的话，今天的世界版图将会怎样？"就这样，罗斯福总统下令开始研制原子弹。那便是如今众所周知的曼哈顿工程，其规模与价值都曾震惊世人。

值得注意的是，当今一些人，甚至包括一些科学家都认为，我们现在再也没有如曼哈顿工程般关乎民族生死、人类存亡的大项目了，公众也不可能像理解曼哈顿工程那样支持新的大规模研究了。他们觉得，面对这种情形，再有远见的科学家也无能为力。这些看法绝对是错误的！危及人类文明的危险依然存在，而且也能被公众所理解。首当其冲的问题便是大规模的自然灾害。我举两个例子说明：

一是热带飓风。这些灾害规模巨大，所造成的物质损失和精神创伤令人生畏。如今，气象学家已经能够非常准确地预测热带飓风的发生，这是令人欣慰的。建立热带飓风模型的最重要一步是由英国伟大的数学家莱特希尔（J. Lighthill）爵士迈出的。可以说，他也是将自然灾害当作应用数学家最重要课题的第一人。莱特希尔邀请我参与他关于飓风的研究。基本的出发点是：能否阻止飓风或至少人为地削弱飓风的强度？答案是肯定的。热带飓风有一个特征：海平面之上总有一个厚度常达百米且充满大水滴的空气层。非常重要的是，水滴极大地降低了空气层中的湍流，从而使海面对风的阻力变得很小，仿佛海面变得又光又滑。这意味着，没有水滴层时仅能产生较弱或中等大风的大气压力差，就可能引发飓风。其中的技术问题是：如何在敏感区域抑制水滴的形成？虽然在原理上很清楚，也是可以实现的，但真正实施起来却颇为不易。我举此例是为了强调，正如曼哈顿工程一样，科学家在此仍然应当是解决问题的领袖。

二是地震预报。同飓风一样，地震不仅造成巨大的生命财产损失，也使受害者承受惨痛恐怖的心灵伤害。现在有许多地震研究机构，从业人员中不乏高学历和知识渊博的专家。他们唯一的目标便是预告地震。不过我想问的是：这些专家能否真正提前预测三场、两场或哪怕是一场大地震？请注意，我说的是震前预测，而不是大地震发生之后的分析。如今研究地震的文章几乎全是"马后炮"式的解释，而且总说得头头是道。例如，大地震来临之前，甚至震前半小时，某些地方会有种种预示征兆。可是在地震发生前，文章的作者在干什么呢？为什么狗、蛇等动物能够事先预感到危险的来临，而我们的专家却无法预先获悉呢？我认为，解决地震预测问题需要新的领军人物；欲担此重任，他必须学养敦厚、思维超前，能够带领众多研究人员团结协作。地震显然是多种因素综合作用的结果，应当抓住主要因素并建立监控和应变的机制。这是一项巨大但可以完成也必须完成的工作！还有，其结果究竟如何，必须要能够成功地预测若干次大地震发生的时间和地点，才能让人们接受和信服。情况再次与曼哈顿工程以及苏联的类似工程相似：成功的爆破是唯一的标准。这是一项需要经过多年努力，甚至一二十年工作的事业。当然，时间再久也不会长到数百年。

人类今天如饥似渴地希望从科学中有所收获，其中许多未解之谜虽然非常有趣，却长期以来未向普通人解释和说明，甚至根本就没有这种准备。对此，我有一段亲身经历。我曾受命回答如下的问题：飞碟究竟完全是一种传说和想象的产物，还是确有其事？我们进行了严肃的理论和实验研究，并收集了不少相关信息。我们的结论是：这是一种人们以前并不知道的大气现象。我们建立了一个关于飞碟现象的模型，据此能较好地解释被观察物的特征——通常是铁饼状、能反射光，等等。经过科学院院长及数名资深专家的审慎讨论后，我们的研究结果以中性的标题发表于俄罗斯科学院的一流杂志。我将该模型收录进我的应用数学著作中。媒体闻讯后的情况可想而知：应接不暇的面对面访谈、电话采访预约等。不过，我可不想让自己多一顶"飞碟专家"的帽子；在公众看来，这是个与严谨、专业科学家的声誉和身份不相称的头衔。我尽量避免跟那些自称是飞碟专家的人接触。尽管小心谨慎，我还是与他们打了一回交道。那天我接到一个电话，打电话者称自己是"莫斯科自然探索者协会"的代表，这是一个古老而受人尊敬的组织。他告诉我，该协会想请我为其会员讲解飞碟——当然，是一次纯粹的科学演讲，所以我同意了。在约好的时间，一辆豪华轿车如约来到我的楼下。我上了车，但很快发现车子驶向了相反的方向。"为什么朝这边开呢？""哦，改在另一个地方了，我们的办公楼正在维修。"车开了很长时间，然后消失在一片黑暗中。最后，我们来到靠近莫斯科公墓的一所教堂前。门卫礼貌地为我打开车门，引导着我进入了教堂。这时我注意到，教堂里坐满了等待听讲座的人。我明白了，这是飞碟专家的"领地"！我现在唯一能做的事情，就是拿出幻灯片盒（这里有很好的投影机和屏幕），开始纯科学地介绍我们的数学模型和相应的观察证据。台下的人听得聚精会神，表现都非常礼貌得体。很快，我忘了自己是在哪里讲飞碟，也忘了是如何来到这里的。讲完之后，又用了大约一个半小时回答听众的提问并作一些解释说明。他们提的许多问题很有趣，也很到位。一位听众还向我指出，有一幅我自认为是照片的图，其实是由一位数次观察到飞碟的艺术家手绘的。这一纠正对我只是个细节问题，但我认真地思考了。会场气氛很好，绝对没有敌意。最后，会议主持人——退休海军准将阿兹哈扎，同时也是莫斯科顶级飞碟专家——总结说："我们非常感谢巴伦布拉特教授为我们澄清了许多问题。我相信，98%的飞碟现象都可以用这数学模型解释，但剩下的2%属于我们和那些'绿色小人'。您能同意吗，教授？"我的回答也颇似外交辞令："我不知道，也许还不止2%，但我还没有关于它们的证据！"我深深感到，很多类似于此的群体都渴望科学，而将他们对知识的渴望引向真正的科学理解又是多么重要。这正是我们科学家所肩负的光荣而艰巨的使命。

我要再次重申的是，人类正面临着关乎生存的巨大挑战，拯救的希望在于伟大科学家领导的科学团体与人民共同努力。因此，这些远见卓识者应得到当局更多的支持，应被赋予选择恰当问题、调动合适人员的权利。这样的科学领袖，无疑将是21世纪领先国家的真正英雄。

Michael Berry

贝　　里
英国布里斯托尔大学威尔斯物理实验室

与物理学同行

　　如果你主要从电视节目中获取科学知识的话，也许会对科学是如此神秘的一种活动产生深刻印象——它似乎离大多数人所关注的问题颇为遥远。但事实上，科学离我们一点儿都不远。世界不正是以奇妙的方式联结为一体的吗？想想你的CD播放机：你可以带着它登山踏浪，穿越森林，深入沙漠腹地，直到天寒地冻的极地。甚至听着音乐分娩，也未尝不是一件乐事。这些可都是人类历史上前所未有的事情。若干世纪前，要想听音乐，你得到现场去看演出；而如今，我们有了令人神往的自由，世界上任何地方的人都可分享那份体验和经历。这是一种真正的民主：以往只能为少数人所独占的领域，如今成了人人可接近的福地。上面说的一切是如何实现的呢？答案似乎有些令人不解：源于一位物理学家的梦想。

每台 CD 播放机内都有激光。激光扫过光盘上的"坑洼"与"凸起"来获取信息，再经过电子元件转化为声音。激光并非纯粹偶然的发现，它是人们借助量子力学对光波及粒子的理解而有意设计出来的。量子力学是人类理解原子内部以及更微观层次之奇异世界的最重要理论。激光的工作原理是爱因斯坦大约在一百年前发现的。当时纯粹是一种理论思考——几乎可以说是一种白日梦。他从未想到，50年后，其他科学家会运用有关原理创造出如此纯净、明亮的光。当然，工程师不能单用激光来播放音乐，还需要其他技术。将音乐信号转换成声音的集成电路，包含了千百万个晶体管——那也是运用量子力学的结果。不仅物理学家和工程师为此作出了贡献，为了在光盘上存储和读取音乐，还需要数学家的努力。算术、三角、代数，这些你耳熟能详的科目都在发挥着作用。你可能觉得奇怪，它们真有这样大的用处吗？

激光与晶体管的应用并非只在 CD 播放机上。每一家超市的收款机里都有激光，每一部移动电话中有数以千万计的晶体管。显然，这些"量子物理装置"都是将抽象思想应用于具体发明的生动例证。

我是一名理论物理学家，工作的领域是从科学到应用之"线条"的最抽象一端——一名梦想者和整天写写算算的人。当然，大多数时候要用到很抽象的数学。有人认为，只有数学家才研究数学，这其实是个错误。很多时候，物理学家甚至需要发明新的数学工具。此时，物理学家只好自己动手研究数学，数学家则跟随其后，整理、规范物理学家的"数学发明"。还有其他的情形，例如物理学家需要某种新的计算方式，结果发现数学家早在一百多年前就已经发明了。当然，数学家所作的是纯理论的思考，他们并不关心是否有朝一日会被实际应用——正如激光最初只是一种纯粹的理论成果一样。我的研究领域主要是波——光波、水波、量子力学中的波，以及其他各种类型的波。许多时候，对某种波的研究往往可能导致意料之外的联系和发现。例如，以寻求大型望远镜成像模糊原因开始的研究，结果却解释了游泳池底明亮、耀眼光线的成因。

我早已习惯和喜欢这种与世无争的研究生活。一些人可能觉得奇怪。媒体不是说，科学家大都神经紧绷、相互竞争激烈吗？不是争分夺秒地工作，以便抢在别人之前公布新的发现、争取更多的研究经费吗？如同其他人类活动一样，科学有时候的确如此，但就我个人的研究经历而言，情况并非总是这样。事实上，研究者之间的关系并非媒体渲染的那样紧张敌对。科学家更多时候愿意友好合作，共享成果。这倒不是因为他们较常人品德更高尚。在世俗生活中，科学家与普通人并没有太大不同。我们之所以合作，是因为自然界的存在与演化相互关联而且纷繁隐晦，任何单独的个人都无力仅靠自己揭示自然的奥秘，因而必须协同作战。合作研究可以横跨不同文化、国家、种族、宗教，无论我在莫斯科、美国、非洲、中国、黎巴嫩还是以色列，都与当地同行有着直接的交流与理解。（感谢上帝，每位科学家都能讲英语！）

在我刚开始物理学研究生涯时，我对科学界的这些梦想、交流、旅行、合作一无所知。我的家族中，只有一位表亲受教育超过了16岁。我出生在一个境况欠佳的家庭：父亲是出租车司机，脾气暴躁；母亲整日为人缝制衣服，所得的微薄收入往往又被父亲赌博输掉了。母亲终日操劳，后来患上了严重的眼病。不过，我很幸运地生长在一个即使你不富裕也能受教育的社会，因而我深知，接受教育是何等重要。

很久以来，我在写作时都用"他或她"。这个世界有一半是女孩子，为什么要让这么多有创造性的人才埋没掉呢？我特别想说的是，不少人认为，科学似乎更是男性的事业，这其实是错误的。前面我提到了科学家之间更多的是合作而非竞争,这在传统上是更接近女性而非男性的做事方式。

此外,科学的形象往往与男性的才干及用具联系在一起:玩具和男孩。我喜欢烹调,也很高兴有一位专门从事烹饪化学研究的同事在探讨"分子烹饪学",其中既涉及物理学也包括化学,甚至用到了所谓"软凝聚物质"的概念。他和一位著名厨师合作,发明了许多神奇的食品和菜肴,例如在液态氦中制成的速凝冰淇淋。

我在从事科学的同时还得兼顾家庭。我妻子是眼科医院的生物学家。在她研究一种严重的眼睛干涸疾病期间,我们的孩子出生了。没办法,我只好在办公室里把孩子带到了一岁半。这真是一次有趣的经历,一般男人可能很少有机会体验。我学会了不少东西,例如怎么换一次性尿布。

应当说女性的境遇在不断改善。去年,我参加了两个委员会举办的相关遴选、推荐活动。一个是英国数学界的主要奖项评选。在设奖大约150年后,这项数学奖首次授予了一位女性。另一个委员会决定资助欧洲最有希望的年轻数学家,其中的前两名均为女性。在英国,我们杰出的伦敦皇家学会所有学科最好的工作机会都向年轻人开放,各学科每年资助数百人。令人欣慰的是,去年的受助者中,有许多是女科学家。的确,女性的地位是改变了。

科学发现的魅力在于其所给予我们的内在知识,那是一种理解世界过程中心灵的静静满足。科学研究中,即使自己的发现并非惊天动地,往往也会兴奋好几天。正是发现的喜悦和享受,使我心甘情愿地与科学相伴一生。

Nicolaas Bloembergen

布隆伯根
美国亚利桑那大学

我为什么要做物理学家

  我生于荷兰。十多岁时进入乌得勒支的一所拉丁语学校（高级中学）。乌得勒支是一座大约有10万居民的城市。我们家在与学校相距约六英里的郊区，因而我每天骑自行车上学。父母常常鼓励我努力学习知识，积极参加体育活动。我上的高级中学非常强调人文学科，设置的课程包括六种语言，还有历史等。幸运的是，教我们数学、科学课程的老师都非常优秀。他们的讲课引人入胜，我很爱听。上大学时，我主修物理学，因为我觉得这是一门有难度和富于挑战性的学科。我对物理现象的数学描述尤其着迷，例如抽象的数学竟可以那么好地描述光和波。

  我当时最喜欢阅读居里夫人和爱因斯坦的传奇故事，他们是我中学时代活着的最著名科学家。上大学时，我自认为还没有聪明到足以研究理论物理的程度，同时又觉得实验室工作常常费时且结果难以预期。尽管人们常记得实验研究是 1% 灵感与 99% 辛勤汗水的结晶，但观察所导致的新发现的确令人陶醉。二战期间，荷兰为纳粹德国所占领。1943 年 5 月，纳粹当局关闭了乌得勒支大学。但不管怎样，我一直坚持阅读物理学专业高年级的课本，直到盟军解放荷兰。

我坚持不懈的自学终于得到了回报。1946 年初，我被美国哈佛大学物理学系录取，成了珀塞尔（E. M. Purcell）教授的第一位博士研究生。后来，他与布洛赫（F. Bloch）教授因发现凝聚态物质的核磁共振而共享 1952 年的诺贝尔物理学奖。我所从事的核磁弛豫研究非常有趣，是理论思考和实验研究的结合与统一。我与珀塞尔和庞德（R. V. Pound）合作，发表了许多频繁以 BPP（我们姓氏的首字母）缩写被引证的论文。当时没有想到的是，我 1948 年发表的一篇论文，四分之一世纪后成了核磁共振成像技术的理论基础，并且这一医疗诊断技术获得了 2003 年的诺贝尔生理学或医学奖。如今，核磁共振技术已经成为与 X 射线成像同等重要的医学诊疗手段。

应当说，我对自己在艰苦战争年代选择成为科学家的疑虑，到 1946 年便烟消云散了，因为科学从此进入黄金时代，而我也成为此后半个世纪物理学的积极参与者。

作为哈佛大学的一名教师，我很高兴能与年轻的学生们共事，同时也从交流、讨论、合作研究中获益匪浅。科学是一项普遍而国际化的事业，我非常喜欢参加国际学术会议，并担任法国、德国、印度、荷兰以及美国多所大学的客座教授。

我早期关于核磁弛豫现象的研究，很自然地被人们用于激光器的研制。1956 年，一种基于受激辐射的放大装置出现了，即人们所熟悉的微波激射器（maser）和激光（laser）。通过光能在时空中的高度集中，可以获得极高的功率。这转而又开辟了科学研究的全新领域，该领域与高光密度情况下的材料光学性质相关，通常被称作非线性光学。

值得庆幸的是，激光和非线性光学研究引起了重大的技术突破。如今，激光被广泛应用于医疗手术、光纤通信、建筑业以及材料加工业。

65年前，我梦想成为一名物理学家。如今不但梦想成真，而且赢得了丰厚的回报。生命科学、地球物理学和宇宙学现在向我们提出了更大的挑战。你若有强烈的好奇心，应当认真考虑接受进一步的科学训练。新技术正在全球范围内深刻影响着人类社会的存在与发展，而新技术的源泉全在于基本的科学发现。每一个国家都需要熟谙科学方法的新一代领导人物。如果你痴迷于自然界的奥秘，那应当考虑成为一名科学家！

Edoardo Boncinelli

邦奇内利
意大利国际高等研究院

改善"公众理解科学"的责任

上帝与灵魂,乃吾所求冀。舍此有他否?了然绝无矣!

1600年前的哲学家圣·奥古斯丁如是说。从天体到原子及亚原子的基本粒子——上帝的这些当世替代物,是我孩提时代和青年阶段孜孜以求、心驰神往的事物。大脑如何工作?我们称作思维和行为的东西究竟是些怎样的实体(也许是灵魂的现代替代物)?这是我科学生涯的又一个研究领域。在最初对哲学的激情之后——主要是斯宾诺莎、康德和胡塞尔,我为现代物理学的伟大成功所深深震撼。我十多岁时便开始如饥似渴地阅读有关相对论和原子物理学的通俗、半通俗读物。回想起来,进入佛罗伦萨大学主修物理学,当时几乎是水到渠成的选择。在此期间,我在强光束激光源方面完成了一些开创性的研究。然而,我大学一毕业便转向生物学,这是一次重大的转折：从物理学到生物学，从佛罗伦萨到那不勒斯。同时，这也是我从未后悔的一次转折。

正是阿西莫夫一本题为《遗传编码》的小书改变了我的生活。1966年，遗传密码正处于就要被揭开神秘面纱的关键时期。当时，只有少数小蛋白质的结构是已知的。阿西莫夫这本书写得像侦探小说，提出了许多有待探索的未解之谜。我申请到奖学金并去了那不勒斯，准备在那里工作、学习两年左右时间，结果一待就是23年——从1968年一直到1991年。在那不勒斯，我开始了对果蝇的研究，果蝇可是遗传研究中赫赫有名的生物。与解决物理学问题相比，遗传杂交设计和研究对我而言实在是太容易了！很快，我就发表了关于某些基因特征的重要论文。我的这些研究都是在分子生物学创立时期完成的。

1981年，我开始转向包括人在内的哺乳动物的分子遗传学研究。1985年，由于一个非常偶然的机会，我的研究出现了重要转机。在乘飞机去科罗拉多的博尔德参加生物学大会途中，我同其他与会科学家因美国环球航空公司的航班在纽约晚点，滞留在航站楼长达七个小时。在此期间，来自瑞士巴塞尔的科学家格林（W. Gehring）告诉我，他在研究果蝇发育时观察到一个令人难以置信的现象。果蝇中有一种被称作"同源基因"的基因家族，它们对控制身体各部分的正常发育起着重要的作用，其中某个基因的突变可导致果蝇长出四对而非正常的两对翅膀，或者长出八条腿而非正常的六条腿，甚至会在头顶上长出一对腿。格林已分离出其中三个基因。他注意到这些基因共享特定区域，并将此区域命名为同源异形框（homeobox）。研究表明：上述基因具有共同的起源，并通过某种共同的机制发挥作用。后来的研究表明，这些基因的产物是能够控制其他许多基因活动的核蛋白。它们是"主导基因"，可以决定整体的"形体构型"，并向众多

"执行基因"发出强制性指令。

在这七个小时内，格林向我详细描述了他的发现。我立刻意识到，应当研究这些能够控制其他基因的基因，而且应当看看能否在哺乳动物身上找到类似的基因。几天之内，我的研究小组便证实，情况的确如此。在哺乳动物以及所有其他高等生物体内，都存在着与果蝇体内作用和功能几乎相同的基因，它们控制着身体所有部位的恰当发育。我仔细研究了这些基因，并将其称作 Hox 基因。我还以老鼠和人为对象，提出若干种反映其作用机制的模型。

1991年，我转到米兰一个更大的实验室，不过并没有继续 Hox 基因实验，而是类比以往的研究，开始寻找控制大脑发育的基因。我猜想，头部发育应当也是由类似于前述的基因控制的；在人、鼠、青蛙、苍蝇、线虫以及非常原始的扁虫中，都应当如此。这完全是一项出乎意料的发现。更特别的是，我们的研究表明：这些基因中的 $EMX\,2$ 基因对于控制我们大脑皮层的正常发育具有重要作用。大脑皮层是人脑最精致的部分，是人之为人、区别于其他生物的最重要部分，而我们的研究加深了人类对大脑生长发育的理解。关于诸如此类基因的研究也使我们有可能更深入地了解像癫痫、智力障碍和某些精神疾病等的大脑紊乱症状。随着研究的深入，我对探索大脑工作方式与机制的兴趣日益增强。这已经不再是纯粹的猜想，而是可以在"认知神经科学"框架内展开实验研究的课题了。

自1996年以来，我用了不少时间撰写介绍分子生物学的普及性作品。我从自己的成长经历中深切地悟出：科普书籍对年轻一代是多么重要。我还不遗余力地撰写文章、举办讲座，向人们解释生物学和整个科学今天怎样，未来又能为人类做些什么。我把这些工作看作是义不容辞的责任，并希望通过自己的努力，进一步加强公众对科学的理解。至少，在我的祖国应当如此。

Peter Bradshaw

布拉德肖
美国斯坦福大学

六十余载"流体"梦

20世纪40年代初,几乎每一个英格兰男孩子都会说"喷火"(spitfire)战斗机是最好的战斗机。我便是那些男孩子中的一员,而且至今仍然认为"喷火"是最棒的飞机。我对飞机的兴趣由来已久。十多岁时,我就参加了德文郡航模俱乐部。我先想做飞行员,后来又想当飞机设计师,但在拿到航天工程学位后却改变了主意,我选择了从事科学研究。事实上,直到20世纪50年代后期,有太多的飞机设计仍未超越最初的原型。有鉴于此,我更愿意从事"纯粹的研究",而不是"项目导向"的工作,因为在后者中,一旦项目结束,相关的"研究性"工作也就随之消失。当然,研究如同真理一样,无法做到"绝对的纯粹"。我更乐意从事应用前景明了、服务于和平的研究,且如果可能的话,研究结果短期内能有直接应用当然更好。媒体与公众似乎很少区分科学与技术的不同作用。概言之，科学寻求世界如何运行及为何如此运行的知识，技术则是对这些知识的利用——为善或为恶。

流体运动遵循纳维尔-斯托克斯方程。它虽然只是基于简单的质量和动量守恒原理，但求解却非常复杂、繁琐；当然，主要是数值解，几乎没有非平凡精确解。工程师主要关注湍流，即不稳定的涡流。天空的积云与牛奶倒入茶中引起的涡状旋转，都是湍流作用的结果。直到今天，除了小尺度的简单情形，绝大部分湍流精确解的求解成本之高、所需时间之长，都令人难以承受。因此，流体力学工程师采取的是近似、简捷的"半经验方法"；所直接依赖的不是流体力学的精确解，而是部分地基于经验数据。我觉得，流体力学之所以能成为一门令人痴迷的学科，正在于它既与数学方程有关，又离不开实验测量的"双重属性"。其他有些学科，或者完全靠计算，或者全部是实验，缺乏流体力学那种定性与定量、理论与实验相结合的魅力。

也许因为湍流太复杂、太神秘，我一直喜欢看云聚云散，观水流波动，甚至对牛奶与茶的混合也是百看不厌。有时，我会出神地观察身边抽烟者雪茄前端袅袅远去的烟圈。流体力学界一位已故的著名人物在向斯坦福大学研究生介绍其发现时声称：科学发现比性更令人心醉。这些研究生觉得：要么是他错过了些什么，要么是他们不曾体验过有些事情——他们也无法肯定孰是孰非！

科学研究的最大满足在于假说被证实为真的那一刻。我还记得，有一次我突然想到一个风洞设计方案，于是立刻冲到实验室测试，可它并未如预期的那样运行，当时我颇为沮丧。仔细分析之后，发现原来是装错了测试台架。当重新装备之后再次检验时，我成功了！后来，我也能对风洞设计者有所建议了。

我与国外流体力学界同行的交流远比与本国医生的互动频繁。如果遇见一位来自遥远国度的同行，我们很快便会彼此熟悉。当然，某些科学家比另一些更容易接近和相处，但很少有科学家是真正难以相处的，那些喜怒无常、充满敌意的人很难在科学界立足。一般而言，大多数科学争论都能通过客观、恰当的方式很快得到解决，这一点与某些相对缺乏事实根据的争论有很大不同。

凯恩斯曾经说：经济学是受托人，其本身不是文明，而是使文明成为可能。我认为这一说法也适合于大部分科学门类及其所服务的技术。我们在做实验和计算之前应当想一想，这些结果将可能作何用途？在流体力学中，我们的研究成果能否改善工程师、气象学家、海洋学家、天体物理学家等专业人员的预测水平？这些改善既可能源于观念的变革、定性定量分析水平的提升，也可能来自数据检验和预测方法的完善。

Édouard Brézin

布 雷 赞
法国高等师范学院

电的发明并非改善蜡烛之结果

我选择以物理学为业的缘由可谓一言难尽，回想起来也许只是某种阴差阳错的巧合。我原本喜欢数学，但在得到一本量子力学课本后，突然被其中奇妙的数学应用所吸引，于是决定要做一名物理学家。虽然我现在很庆幸自己的这一决定，但当时不过是在对物理学一知半解的情况下"初生牛犊不怕虎"式的大胆选择。事实上，量子力学的本质与美妙并非其数学抽象性，而是以简单有效的形式体现自身理论特征的魅力。

我颇为幸运地毕业于法国量子力学的黄金时期，当时核能正日益成为工业化国家的重要支柱之一。我在法国原子能委员会下属的萨克雷国家实验室找到一份工作。不过，我并未从事核反应堆研制，因为那里缺乏进行基础物理研究的学术自由。

若干年前，我曾参加过在美丽的阿尔卑斯山麓举办的一期夏季物理研讨班（大约八周时间）。其间，一位来自莱苏什的老师列出了重要问题的清单：

理解核力——弱力和强力；

理解临界点附近的涨落；

提出更好的湍流理论；

协调量子力学与引力理论。

在 37 年后的今天，对以上问题的研究先后取得了重要进展。我深深感到，能在有生之年亲眼见证这些突破是多么幸运的一件事。核弱力与电磁力已被证明可以统一；通过将电磁学中的对称性进行推广（局域规范对称性），将核子内夸克结合的强力也得到了理解。

临界涨落通过一套被称作"重正化群"的卓越理论而得以阐明，此理论也解释了自相似（或分形）现象。我用了数十年时间研究这些问题，并在我的科学生涯中留下了美好、难忘的回忆。我没有太多涉及流体力学中的湍流研究，但据我所知，该领域的许多难题已被一一攻克。

量子引力问题还未得到理解。不过，如果方兴未艾的新思路（主要是"超弦理论"）被证明为正确的话，将可能深刻地改变我们关于世界的了解。例如，空间有更多维度，而不只是我们所能观察、体验到的三维。

我认为，现阶段的物理学充满前所未有的发现机遇。毕竟，我们仅能看到宇宙能量的 3%*。宇宙中更多的是"暗能量"——一种充斥宇宙并加速其膨胀的"无物之能"。按照现在的对称、超对称思想，众多已知基本粒子的"镜像"粒子还有待发现。"镜像粒子"或

---

* 中文版注：按照普朗克卫星的最新观测数据，宇宙组成中，暗能量、暗物质和普通物质的占比分别约为 68.3%、26.8% 和 4.9%。

许正是宇宙缺失的"暗物质"的主要组成部分。目前，关于基本相互作用力的理解已导致了许多新的研究。例如，物理常量是恒定不变的，还是与时间相关的？物理常量值是恰好如此，还是由某些我们尚未知晓的原理所决定的？当量子引力问题真相大白之后，我们能否由此认识所有的基本物理定律，抑或与之相关的更深层次问题又会出现？

也许，将物理学仅仅限制于这些基本问题本身就是巨大的错误。最微小物质也是由无数成分构成的。我们对种种有序、无序愈是理解深入，便愈觉得我们尚未了解的物质形态简直数不胜数。自然界令人惊奇地围绕着数学定律。例如，晶体结构中不会出现五重对称，但在准晶体中，自然界却又向我们展示了这种对称。

20世纪是深深打上量子力学烙印的时代。它起源于对原子光谱的理解，并迅速成为了化学、核物理、固体物理（这是极大地改变世界的信息技术之基础）、激光等领域的通用语言。此学科最初只是少数专业人士所使用的抽象语言，后来成了推动时代前进的发动机。如今，量子世界的一个新纪元正在"发酵"中，这就是量子计算。它利用量子世界中一个看似矛盾的特性，即系统的各部分之间的纠缠或不可分离性。这可能在21世纪后期给信息技术带来重大变革。

我们已经目睹科学，特别是物理学，如何改变世界和影响技术的发展。通信、能源生产、医学成像便是生动的例子。值得注意的是，上述进步并不是通过改变我们已有的技术而实现的。换言之，"电的发明并非改善蜡烛性能的结果"。在新的世纪，划时代的技术有赖于基础研究的根本性突破。

D. Allan Bromley

布罗姆利
美国耶鲁大学

我的文学、科学、工程、商业、公共服务人生

我生于加拿大北部的一个农场，在分别只有一间教室和两间教室的两个学校，完成了我的小学和中学教育。我没有兄弟姐妹，而且由于经济大萧条，我们地区几乎没有人上过大学。

在祖父帮助下，我4岁便能流利地阅读，上中学之前便已培养了对科学技术的兴趣。这不是因为儿时遇到过什么杰出的老师，而是因为我拿到了储藏间的钥匙。在那里面，我照着化学、物理实验手册，边自学边实验。

我能够进入皇后大学继续深造的唯一理由是因为我写的一篇讨论酗酒之害的文章获得了国家征文赛大奖。其实，当时我对自己论述的主题一无了解。这一奖项加上皇后大学另外提供的英语和综合能力奖学金，使我获得了家庭根本无法承担的经济资助。

禁酒征文得奖的事实令包括我在内的所有人都确信，我应当主修英语。顺其自然，我第一年也就注册学习英语。在一年级快结束时，我应邀改学工程物理——这在当时是一种很高的荣誉。如大家所知，这是一个涵盖物理学和电气工程全部课程的专业。

以最高荣誉毕业后，我在尼亚加拉瀑布附近的渥太华水利公司当了一个夏天的工程师。经历了这些之后，我觉得自己应当改行去学做外科医生或物理学家。受加拿大著名科学家格雷（J. A. Gray）教授之邀，我加入了他的研究小组。在他指导下，我完成了核物理学方面的硕士研究论文。参加了"加拿大国家研究委员会"（NRCC）在渥太华举行的关于宇宙射线研究的夏季学术会议后，我决定到曼彻斯特大学任职。很快，带着新婚燕尔的喜悦，我加入了由布拉特（H. Bradt）和彼得斯（B. Peters）两位教授领导的宇宙射线研究组。不过，在我到达曼彻斯特几周之后，他俩因被怀疑是共产主义分子而双双遭到解职，我们的宇宙射线研究计划亦随之流产。

人生有时实在是祸福相倚：失之桑榆，未必不能收之东隅，我转向了核物理学研究。当时，学校有一台破旧的 27 英寸回旋加速器，是由一位研究生设计建造的，已经失效。我受命设法使之恢复运行，结果很快修复了。利用这一设备，我研究了分离反应，并成为美国最早证明氮-14、碳-14 的宇称均为正的科学家。该结论后来成为支持核壳模型有效性的重要证据。

在普林斯顿的富尔布赖特（H. Fullbright）教授加入后，我们将此回旋加速器改造成了世界上第一台可变能量回旋加速器，并继续我们的核物理研究。我当时担任助理教授，并一直工作到 1955 年。此后，我进入加拿大乔克里弗原子能实验室（被称作加拿大的洛斯阿拉莫斯实验室）。在许多杰出同行的支持下，我们使用 4 兆伏范德格拉夫起电机和当时世界上仅有的一升氦-3气体进行了研究。结果表明：哥本哈根的玻尔（A. Bohr）、莫特森（B. R. Mottelson）以及松尼尔森（S. G. Nilsson）提出的用以描述重于铁元素原子核的综合模型与变形壳模型，在解释如氖-20、镁-25原子核时更为成功。

借助高电压工程，我们设计建造了第一台5兆伏串联范德格拉夫起电机，并完成了对一些重离子最早的精密测定。例如，在C-C中首次发现了核分子复合体。后来我们得知，这是所有重离子反应都具有的重要特征。就在等待装置串联安装期间，麦凯（J. Mckay）和我还开发了基于硅的精密带电粒子探测器，从而使上述重离子研究成为可能。

1960年我到耶鲁大学之后，核化学家开始设计并使用重离子直线加速器（HILAC）。同时，我也开始研制10兆伏串联装置，并将其安装于耶鲁大学新建立的莱特核结构实验室。有了这些条件，关于重离子的研究更是如虎添翼，新的发现层出不穷。

在此后25年里，该实验室培养的核科学家比世界上其他任何研究机构都要多。我们继续研究重离子现象，并发现核壳模型描述轻核元素的能力比描述如铅之类的重核元素的能力更强。

取得美国国籍之后，我于1970—1977年期间担任耶鲁大学物理系主任兼莱特实验室主任，并担任亨利·福特二世物理学讲席教授。我还出任纽约几家股票交易公司的董事，并从这种经历中学习到许多。

20世纪80年代后期，我更积极地参与国际和国内的科技政策事务，担任了一系列相关职务，如美国国家科学院物理规划委员会主席、美国国家科学委员会成员、美国科学促进会（AAAS）会长、国际纯物理学和应用物理学联合会（IUPAP）会长，并担任里根政府白宫科学政策委员会特别委员，主要负责印度-美国、巴西-美国以及苏联-美国的双边科技协调工作。

1988年里根总统授予我美国国家科学奖章，1989年我受命担任第一任美国总统科技顾问。那一时期，我们编撰了美国第一部技术政策公众指南，极大地增强了联邦政府与私人公司在生物技术领域的合作，并强化了20多个政府机构之间涉及实质性研究与发展的协调和交流。同时，还扩大了国际领域的科技交流与合作。

1993年，我怀着建立公共政策智库的想法重回耶鲁大学，希望通过这一努力，探索增进联邦政府与私人企业理解与合作的机制。不过，由于受命重组已停办30年的工程学院并担任院长，组建公共政策智库的计划因而搁浅。经过努力，在我2000年辞去院长职务时，我们已经拥有了一个生物医学工程系以及若干环境工程与应用数学项目，并已准备分别独立设系。我还为工程项目和教授基金筹集到5 000万美元的经费。在此期间，我担任美国物理协会会长。1999年，成为耶鲁大学第一位、同时也是唯一的斯特林科学讲席教授。

我已经发表了500多篇学术论文，写作、编纂了20多部论著，获得加拿大、中国、法国、意大利、南非以及美国诸多大学共33个荣誉博士学位。盛名之下，我仍然一如既往地活跃在文学、科学、工程、商业和公共政策领域。最为重要的是，我对它们的热爱一如既往，激情未曾有丝毫消退。我认为，研究领域的转移对保持高昂的智力兴趣极为重要。在此，我希望所有的科学家和工程师多花一些时间思考公共政策和政府的科学、教育活动。社会为我们提供了种种机会和便利，这样做也算是对社会略效绵薄之力吧。

Lennart A. E. Carleson

卡 勒 松
瑞典皇家理工学院

数学证明的魅力

我是很晚才决定做一名数学家的。大约4岁时，我常常坐在大我三岁的姐姐对面，颠倒着看她手中阅读的书籍。我父母常常让我在客人面前表演两位数（大概不是三位数）的乘法心算。16岁时，我读了一些大学教科书，第一次感受到了较为严格的数学。我还清楚地记得令我入迷的一些式子，如：$1-1/3+1/5-\cdots=\pi/4$。17岁时，我进入乌普萨拉大学，很自然地选择了数学、理论物理、统计学等较为抽象的课程。19岁那年，我获得学士学位。这一切对我来说似乎轻而易举，但直到此时我对数学仍没有太多了解，对自己今后究竟干什么也没有明确的想法。乌普萨拉大学的伯尔林（A. Beurling）开设了关于复变函数论的课程。正是在这里，我遇到一门真正吸引我并深深打动我的课程。这件事使我作出了继续学习数学的决定，但我仍然不能确定自己是否聪明到足以胜任在大学从事学术研究。1947年的那些日子，上过大学的人找工作并不难，因此我倒并不为工作问题犯愁。促使我选择以数学为业的另一个原因是伯尔林在乌普萨拉大学为我找了一份工作：每月工作一周左右，报酬为40美元。不久之后，我的这份工作成了全日制，每月可挣160美元。

与此同时，我开始了攻读博士学位的学习和研究。伯尔林建议我通读"博雷尔丛书"中关于现代分析的十本著作。这些著作由法国最著名的数学家撰写，如博雷尔（E. Borel）、勒贝格（H. Lebesgue）、普桑（La Vallée Poussin）、蒙特尔（P. Montel）等。我当时并不明白伯尔林心中在想些什么，但要想真正学到东西，阅读专业书籍总比不停地去参加考试好得多。我到书店订购了这套丛书，同时购买了赞格蒙（A. Zygmund）关于三角级数的著作。在赞格蒙那里，我得知数学界当时仍然不能确定的是：一个连续函数的傅里叶级数是否在每一点都收敛——这是自1807年傅里叶提出以来始终未有定论的问题。在我购买的那批书中，只有赞格蒙1935年版（波兰印刷）的书，如今我还保留着。书都是软皮装帧，我养的一条狗喜欢啃法国书脊上的胶水，对波兰书却不感兴趣。看来，当年波兰出版社所用胶水的质量不怎么样。

我1950年获得博士学位，1954年在大学得到一个永久的教授职位。回想起来，应当说那时我仍未对严格的数学和解题的意义有太深的理解。又过了四年，直到1958年我30岁的时候，才写出了自认为还有点意思的论文。可以说，现实中有两种数学研究，相应地也有两种类型的数学家——虽然界线并非泾渭分明：一种是建立理论体系或统一不同起源的概念，另一种是通过解题挖掘隐含的结果。后者通常吸引了更多人的注意，但重要性似乎稍逊前者。最有名的例子是"费马大定理"：当 $n \geq 3$ 时，方程 $x^n + y^n = z^n$ 没有非零整数解。对此，怀尔斯（A. Wiles）的证明使用了许多更早一些的系统性思想。我自己的兴趣一直以来也倾向于问题导向，因此我将集中讲述这一方面。

前述的傅里叶级数问题，通常认为答案是否定的，即存在着这样的连续函数，其傅里叶级数处处发散。按常规，人们似乎应当在证明和证伪命题之间相对均衡地投入精力和时间，但实际情况并非如此。在具体研究中，只有当你相信自己所持的观点是正确的，你才能集中精力去攻克它。在1965年，我最终证明了前述傅里叶级数问题的答案是肯定的，这与人们传统的观念相悖，而我之所以能够做到这一点，是因为在这之前我找到了一种我认为极有说服力的非严格论证。

刚刚提到的傅里叶级数问题耗费了我足足20年的光阴。虽然这期间我并非全部精力都集中于此，但的确经过了长期反复的思考。可见，成为一名数学家需要怎样的殚精竭虑与苦思冥想。

通常人们认为，优秀数学家肯定是那种智力超群、思维敏捷的聪明人——答案对他或她来说简直如探囊取物。当然，不少数学家也喜欢别人这么描述他们。我的经历却表明：情况并非如此。毋庸置疑，数学家中确有极少数宛如神助般的天才人物。高斯是"解题数学家"的典范，牛顿、爱因斯坦、希尔伯特和格罗滕迪克是建构体系数学家的代表。在我一生中，仅仅遇到很少几个这样的数学家。就包括诺贝尔精英在内的大多数科学家而言，除了良好的智力外，成功的最重要原因仍然是刻苦耐劳与坚持不懈。即使是牛顿，其万有引力定律也是"长期专注思考的结晶"。与此相关的心理学是：你认为什么是最重要的，以及你在多大程度上相信自己能够达到目的？这种心理在体育竞赛中表现最为直接。我有一个能够说明上述观点的典型案例。

历史上，瑞典少有高山滑雪运动——我们有雪，但没有阿尔卑斯那样适合滑雪的山地。然而，瑞典不乏高山滑雪的优秀运动员，他们是真正的民族英雄！20世纪70年代，来自瑞典泰纳比小山村的一位名叫斯滕马克（Stenmark）的运动员，成为了欧洲最好的高山滑雪健将。几年之后，欧洲高山滑雪前 15 名杰出运动员中，瑞典占有了三席。他们全部来自同一个村庄，他们创造了历史！我以为，数学家的表现与此并无太大差异。在 2004 年的欧洲女子高山滑雪中，瑞典人再次折桂，这位姑娘又是来自泰纳比。

以上故事说明，我们大多数人都可能取得令人称道的成就，关键要看你能否聚焦目标，相信自己，对心中的梦想孜孜以求。泰纳比的年轻人懂得这一点。他们知道，斯滕马克是他们中的一员，他能做到的，他们没有理由做不到，所以他们永不放弃。自不待言，回报肯定令人羡慕。在体育比赛中，过去主要是荣誉，现在是名利双收。科学家、数学家的名利所获当然无法与运动员相比，但我的经验表明，真正激励研究者的是挑战本身，以及证明自己能行的信念；在更严肃的层面上，是为奇妙的科学大厦添砖加瓦的自豪感。比如，这里有一个数学上的未解之谜：对于两个 N 位数的加法，在 N 较大时，计算机程序需要 cN 步运算（c 代表常数）。这对乘法而言成立吗？我们常用的方法要 N^2 步，但较之有效得多的算法是存在的。你不妨试着找出一二！能否通过 cN 步来实现呢？没人知道。证明这样的问题不是也很有趣吗？

Claude Cohen-Tannoudji

科恩-塔诺季
法国巴黎高等师范学院

冷原子世界探险

我 1933 年生于法属阿尔及利亚的君士坦丁市，在那里完成了中学阶段的全部学习。父母非常关心我们子女的学习，对我在学校的情况了如指掌。我认为，让孩子们感到父母关注其受教育的状况是很重要的。我还清楚地记得，当时我们的中学老师都很有教学经验和专业精神，他们清楚地知道如何激发学生的求知欲和学习兴趣。

1953 年，我考入巴黎高等师范学院（Ecole Normale Supérieure）。这是一所有着悠久历史的大学，入学考试竞争非常激烈。我在那里度过了四年的大学生活。其间，参加了一系列由法国最优秀数学家、物理学家担纲的有趣讲座。我原本喜欢数学，但在巴黎高等师范学院与卡斯特勒（A. Kastler）教授的相遇，改变了我的初衷。卡斯特勒教授所开设的物理学讲座极为精彩，其个人也非常富有感染力。于是，我满腔热情地投身物理学研究。我一直认为，杰出物理学家的示范作用和个性魅力是唤起年轻人献身科学的有效催化剂。我加入了卡斯特勒领导的研究小组，并先做了一些与大学毕业要求相当的研究。服完兵役之后，我在卡斯特勒及其所带的第一位博士生布罗赛尔（J. Brossel）指导下，开始了博士课题研究。布罗赛尔也是一位优秀的物理学家，当时已有所建树。尽管研究小组人员不足、设备简陋，我们的科学热情却非常高昂。大家畅所欲言，一次又一次地反复讨论实验结果。这段经历还教育了我：研究者永远都是学生，不断有新的东西需要去学习，包括学习使用新的工具。我还清楚地记得，我的导师甚至和我们一起去上课，因为他想提高自己对矩阵理论和量子力学的理解水平。

完成博士论文后，我在巴黎大学得到一个职位。我酷爱讲课，并认为研究与教学两者不可分离。如果一位教师只教学而不研究，那他很快便会脱离学术前沿而落在日新月异的科技进步之后。另一方面，讲课对提升我们的研究能力同样不可或缺，因为当研究者以简洁明了的方式阐述概念时，他往往会由此获得激发研究的物理洞察力和思维火花。

那时候，我也开始组建了自己的研究小组。能够与那些不断加入和成长的年轻才俊一道工作，是我今生最得意的经历。引领他们走向物理学最前沿，开始新的实验，发现新的物理机制——这是多么令人心醉的感觉！我们的研究主题主要涉及光与原子的相互作用。通过观察原子发射或吸收光线，可以得到原子结构的有用信息，并有助于探索决定原子结构的相互作用。人们可以用光，特别是用激光对原子施加影响，从而控制原子。近几十年来，这一领域取得了许多突破。我们实验室开发出新方法，利用激光实现了对原子的超低温冷却——温度约为室温的三亿分之一。在超低温下，原子的运动速度极为缓慢，大约仅有每秒几毫米，所以人们可以长时间观察原子，精确地测量其特性。激光冷却技术已经在原子钟上得到应用，计时达到了前所未有的精度，可以实现一亿年误差不高于一秒的精度*。此外，当原子温度足够低而原子气体浓度足够高时，可以形成大量原子均处于相同最低量子态的情形，即所谓玻色-爱因斯坦凝聚。这种凝聚状态具有非常有趣的性质，如可以产生原子激光——与普通激光由光波生成不同，原子激光由物质波构成。

科学是一段神奇的探险历程，每一次新发现都会拓展我们关于世界的知识。如同绘画、音乐与诗歌一样，科学是人类文化不可或缺的组成部分。理解我们所见所闻、纷繁复杂自然现象的基本规律，是人之为人的最伟大成就，而基础科学的进步，无疑将会使我们更有信心地面对层出不穷的实际问题：寻找新的洁净能源，保护环境，为人们提供充足的食物，改善人类健康状况，等等。每一个人都应当清楚：我们需要更多的科学成果才能迎接挑战，造福人类。任何削弱科学的言行都是不负责任的。我还认为，通过倡导批判性的思考与相互尊重的对话，科学对提高人类道德水平、消除狭隘以及盲从迷信，同样具有重要意义。有鉴于此，我真诚地呼吁：全世界的年轻人，献身科学研究吧！

---

* 中文版注：目前最精确的光学原子钟已达到数百亿年误差不到一秒。

James W. Cronin

克 罗 宁

美国芝加哥大学

时刻都在诞生着的科学家

不少杰出科学家认为,新一代科学家的培养正面临着前所未有的挑战。许多因素,诸如过度的行政干预,贫穷国家苦苦挣扎的教育,或者类似美国"隔离但平等"的教育制度,正无情地扼杀着一批批潜质良好年轻人的科学生命。我相信,世界时刻都在诞生着未来的科学精英。然而,机会的缺乏、故意的打击以及一些国家对女性的歧视,使他们中大多数人流于平庸。国际理论物理中心(ICTP)致力于克服这种发展环境上的不平等,试图在鼓励人们追求纯科学的过程中,实现一种更为合理、正义的科学秩序。我永远不会忘记 ICTP 前主任维拉索罗(M. Virasoro)说过的一句话:"……有机会参与纯科学研究,是一种基本的人权!"

耳边回响着那令人激动的话语,我想起了自己成为一名科学家的经历。我出生在一个学术家庭，虽不很富裕，但生活无忧而惬意。我父亲是得克萨斯州达拉斯市南卫理公会大学的古典语言学教授。我们生活在一个邻居富裕、教育设施优良且相对保守的环境中。我感到自己对科学有一种似乎与生俱来的热爱，或者说科学简直就是我天性中的一部分。当然，我周围的许多同学、朋友也都这么评价他们自己。我们有良好的化学实验仪器，也曾自制晶体管收音机。凭着这些兴趣爱好，我上大学本该是学工程的。

我对物理学真正产生兴趣，应当归功于上高地公园中学时一位非常特别的老师——马歇尔。他的课因为太难而有点"声名狼藉"，同时他还有意无意地把女生都吓唬走了。马歇尔先生告诉我们，物理学是一门实验科学，我们上课时要做许许多多的物理实验。

顺便说一句，ICTP也已经对实验物理学予以了充分注意。不妨说，正如世界上每分钟都产生着未来的理论物理学家一样，世界上也无时不在孕育和产生着实验物理学家。

这里请看看马歇尔先生要求我们做的两个实验。第一个题目是要求我们从废旧物处理场和二手商店寻找零部件，自制一台可由6伏电压驱动的电动机。我至今对这台用五花八门零部件组装成的电动机记忆犹新。第二个题目是自制一台能将120伏交流电分别降为12伏、6伏和3伏的变压器，还要变压器能够承载10瓦功率的负荷。我们班的同学倾巢出动，到废旧商店寻找变压器的铁芯和导线，然后一些人绕导线，一些人计匝数，忙得不亦乐乎。大多数人找到的是带壳铁芯，但有位同学从废弃的扩音器中卸了一个变压器。改造之后倒是符合电压要求，但在进行功率测试时，他的变压器立刻冒出一股青烟烧坏了。大家围过来探询究竟时，那位同学竟然哭了起来。好在他钢琴弹得很好，后来去了茱莉亚学院。通过高中物理课程的学习，我发现自己简直对数据分析着了魔。什么数据都要拿来研究一番——单摆振幅过大时周期的偏离，温度计达到热平衡的细节过程，等等。上高中时，我还读了许多写给年轻人看的严谨的科普作品。我最喜欢伽莫夫的书，特别是那本《从一到无穷大：科学中的事实和猜想》。

后来我进了南卫理公会大学，打算主修工程学。睿智的父亲建议我，大学最好先主修物理学和数学；如果有兴趣，将来再学工程不迟。我照父亲的话做了，而且大学毕业时毫不犹豫地选择了继续学习物理学。之后，我进入芝加哥大学研究生院。1951年那个时候，芝加哥大学拥有世界上最好的物理学系，给我们上过课的老师有：费米（E. Fermi）、泰勒（E. Teller）、盖尔曼（M. Gell-Mann）、加温（R. Garwin）、泰莱格迪（V. Telegdi）、戈德伯格（M. Goldberger）和文策尔（G. Wentzel）。那时正是二战结束后物理学发展的黄金时期，名师云集、成果不断的氛围使每一个立志献身物理学的学生激动不已。我把自己的"数据分析癖"与获取重要数据的实验有效地结合起来，并且对"物理学本质上是一门实验科学"有了更为直接的感受。的确，除非一个人有盖尔曼或费曼的才华，否则他最好做一名实验物理学家。

当时物理学处于迅速扩张的上升期，因而学物理的人找工作非常容易。1964年，我到普林斯顿大学任教。在这里，我与同事克里斯滕松（J. Christenson）、菲奇（V. Fitch）和蒂尔雷（R. Turlay）作出了一项重要发现：物质宇宙和反物质宇宙会表现出微妙的差异。这不仅是一项理论预言，而且有实验证据。应当说，我们是在仪器设备极其简陋的条件下经历了多次失败后才作出此发现的。的确，凭着杂乱的器材、导线、检测器和磁铁，以及为其提供信息的"漂亮的"加速器，便能产生使我们最深刻地理解时间和空间的实验结果——那正是实验物理学如此有魅力、如此吸引我的缘由。

Paul J. Crutzen

克鲁岑

德国马克斯·普朗克化学研究所
美国加州大学圣迭戈分校

一个科学家的成长之路

我1933年12月3日生于阿姆斯特丹,有一个妹妹,父母是约瑟夫·克鲁岑(Jozef Crutzen)和安娜·古尔克(Anna Gurk)。我的祖父母在19世纪末从东普鲁士移居到德国鲁尔地区,他们都是德国人和波兰人通婚的后裔,具有两种血统。1929年,当时年仅17岁的母亲到阿姆斯特丹做管家,在那里遇到了我的父亲。父亲来自荷兰东南部地区一个与德国和比利时接壤的地方,距德国历史名城亚琛非常近。他在荷兰、德国和比利时都有亲戚。从我父母的家庭背景来看,我该拥有某种世界性的特征。

1940年5月,德国军队占领荷兰。同年9月,我进入小学,并在二战的阴影中度过了六年小学阶段的大部分时间。在德国军队查封了我最初就读的学校后,我所在的学校被迫在阿姆斯特丹频繁搬迁,数易其址。战争结束前的最后几个月，大约是 1944 年秋天到 1945 年 5 月 5 号解放日的期间，我们经历了黎明前最黑暗的岁月。在 1944—1945 年那个可怕的冬天，遭遇了食品严重匮乏、燃料极度短缺的打击。同时，饮用、盥洗等日常用水每天只能得到非常有限的供给，根本无法满足最基本的生活与卫生需求。在恶劣的生存条件下，许多人死于饥饿和疾病。我的一些同学便在饥寒交迫中早早离开了人世。

1946 年，我顺利通过升学考试，进入高等市民学校（HBS）。这是一种学制五年的大学预科中学。当时，我对化学不大感兴趣，而喜欢数学、物理学以及英语、德语和法语。像许多男孩子一样，我对各种体育项目充满热情：足球、自行车、象棋和滑冰。在荷兰大大小小冰封的运河、湖泊表面滑冰，真是对勇气和意志的考验，也是一种难得的享受。中学期间，我还大量阅读了天文、地理以及环球探险方面的书籍，对书中所描绘的世界著名山峰充满向往。可惜的是，荷兰没有任何一座这样的名山，而且战争期间也不可能出国旅行。我只好把高天上的流云想象成覆盖于高山之巅的皑皑白雪。我家还有一本关于美国黄石公园的书，已记不清究竟读过它多少遍了，其中许多漂亮迷人的照片一直令我心驰神往。二战结束后的一年，17 岁的我看到了真正的山峰。21 岁时，在瑞士的山上遇到了一位芬兰姑娘特尔图，后来她成了我的妻子。直到 1975 年，42 岁的我才带着家人游览了多年以来魂牵梦萦的黄石公园。

中学结束时，我因为高烧不退而影响了升学考试的成绩，没有获得足以支持我上大学的奖学金。由于不想给父母再增添四年的经济负担（我父亲是饭店服务员，经常失业，母亲在一家医院食堂工作），我上了一所中等技术学校（MTS），后来改为高等技术学院（HTS），所学的专业是土木工程。高等技术学院的学制为三年，第二年便开始实习，因而可以挣得一份足以维持生活和学习的薪水。

1954年夏季至1958年2月，我参军服兵役21个月。之后，在阿姆斯特丹城市桥梁建筑局任职。结婚后，我与妻子搬到瑞典居住，并在那里的一家房屋建筑公司工作。然而我始终快乐不起来，因为我一直向往的是从事学术研究。1959年初的一天，我在瑞典一份报纸上看到一则广告：斯德哥尔摩大学气象学系招聘一名计算机程序员。虽然我没有接受过与此相关的任何训练，但还是大着胆子去应聘，而且极为幸运的是，我居然能在众多竞争者中脱颖而出，得到了这个职位。1959年7月1日，我进入斯德哥尔摩大学，开始成为一名计算机程序员。我觉得，在大学工作的一个最大好处是能够有机会接触、参加各种各样的课程学习。到1963年，我已经达到了科学硕士的水平，并能结合数学、数理统计学和气象学从事研究工作。

1965年前后，我受命担任一位美国科学家的助手，任务是协助建立关于大气同温层、中间层和低热层中臭氧分布的数学模型。这项研究使我对大气层中的臭氧光化学问题有了全新的了解。我怀着极大的兴趣，大量阅读相关的科学文献资料，并注意到：直至20世纪60年代下半叶，同温层化学研究几近空白，相关文献与知识非常有限。因此，我选择该问题作为自己科学生涯的"起始点"。

我围绕同温层的臭氧、大气化学和气候变化展开研究。非常幸运的是，这一领域有待发现的东西实在是太多了！我研究的一个重要方面是人类活动对大气环境的影响。我发现，不仅工业以及化石燃料的燃烧是造成空气污染的重要原因，而且热带、亚热带发展中国家燃烧植物材料、农业废弃物等诸多有机物的做法也会使空气污染加剧。

相关研究与结果可在我的诺贝尔讲座中进一步查阅。就研究课题的选择而言，我是完全自由的。我的两位导师——著名高层大气物理研究专家维特（G. Witt）教授和气象研究所主任博林（B. Bolin）教授，给了我慷慨的指导和强有力的支持，但他们并未限定我的具体研究。的确，科学研究的自由是多么美好！

Partha Dasgupta

达斯古普塔
英国剑桥大学

一个经济学家的自白

从事学术研究是我一生无怨无悔的选择。我的父亲是大学经济学教授，我父母的许多朋友也都是理论工作者。他们经常在我家高谈阔论，家庭聚会往往充满"学术味"。我非常喜欢这种氛围，也常常加入他们的讨论。因此我很小的时候便理所当然地认为，我肯定应当投身学术研究。

尽管有从事学术的信心，却并不意味着要以经济学为业。父亲告诉我，理论物理学是所有学科中最高深的学问，所以在20世纪50年代，我最羡慕的学生是德里大学物理系的学生。不久我也成了他们中的一员，随后又转入剑桥大学主修数学，为以后攻读粒子物理的更高学位做准备。

但在剑桥大学的第三年，我改变了主意。理由有三：其一，尽管我学习物理的时间已不算短，但仍然距其前沿甚远；其二，我所学的最后一门课程是散射矩阵，但对我而言，它似乎就是一系列冗长乏味的计算，我无法理解其中的物理意义；其三，当时越南战争扑朔迷离，我发现自己更喜欢与社会科学专业的同学为伍，指点江山，探索战争的经济学根源。

当时，在剑桥大学马虎点得个经济学博士还是可能的，所以我从初入此行到获得博士学位仅用了两年时间。不过平心而论，我所接受的经济学基本训练确实有些难尽人意。进入伦敦经济学院后，我与同事们谈论专业问题时往往信心不足。这使我深感不安，并从此尽量避免涉及公认的经济学"热点"（hot）问题（hot，理论物理学家常用的一个术语）。也就是说，虽然我可以相对自由地从事研究，但所思考的却是我那些非常优秀的同行认为意思不大的一些问题。当然，其中不乏某些我已想到、却未被主流经济学家意识到的问题。直到最近，我才足够自信地确认，我的不少同行并未认识到我所关注问题背后的真正意义。

20世纪70年代初期，经济学家中流行着一种纯数学的态度。第一流的年轻理论经济学家热衷于解决一些已经被形式化却未有答案的问题。他们通常工作于已被反复论证的领域和方向，所做的研究主要是推广既有的理论结果。如今，社会科学对普适性结论的需求是巨大的，例如识别市场机制要维持资源有效分配所需的充分条件。这类问题在社会科学中比比皆是，其原因不仅在于社会世界复杂纷繁，而且在于问题会因时过境迁而改变。现实世界在很大程度上是模糊不清的，因此社会科学理论总是希望尽可能地覆盖大多数情况。然而，我所受的物理学训练表明：即使能在某一领域对发现作高度推广，但在其他很多领域，如果模型所依赖的前提依然只是特殊情况的话，这种推广仍很难说具有普遍性。与此同时，一项关于构建强特定模型的经济学早期实践吸引了我。这种简洁明了且能在更一般基础上得以推广的建模思路，深深地影响了我的研究；特别是研究中固有的偶然因素，使我能够在貌似无关联的社会现象之间建立合乎逻辑的联系。

事实上，在我攻读博士学位期间业已初步养成了喜欢思考非常规问题的习惯。在博士论文中，我提出一种研究国家理想人口和投资政策的"语言"。我的模型中包括了经济承载力方面的内容，而且不只是将其视作一个固定的参数。由于资本投资能够被用来扩展生产能力，我的承载力经济模型需要考虑伦理和生态因素。我的研究表明：若以古典功利主义作为人口、投资政策的伦理基础，最适宜的人口规模将不会过分低于经济的（最优）承载力。准确而言，我发现最优承载力与最优人口规模的比例，大约以 e 值（$e \approx 2.71$）为上限。我欣赏这一发现的原因，不仅在于它是完全出乎意料的（至少对我而言如此），并使古典功利主义具有了某种伦理学意蕴；而且还在于，它是在严肃对待自然界的基础上建立起来的经济模型。

20世纪70年代的社会科学家对"生态学"一词还相当陌生，也没有做好在社会科学研究机构中讲授生态学的准备。我当时对该领域亦不甚明了。无论如何，我那时已经本能地进行着如今所称的"生态经济学"研究了。那段时期，我与希尔（G. M. Heal，如今他在哥伦比亚大学）以综合的方式研究不可再生资源（如石油和天然气）经济学。我们的工作很少提到生态学，不过在一篇论文中，事实上论述了相应的问题。我还提出了另一个博弈论模型，以便解释：即使对使用公共资源设置限制，依然不能排除公共资源被滥用的可能性。我还研究了在不使资源私有化的前提下，从理论上解决"公地悲剧"（tragedy of the commons）的途径。当时我并没有意识到，此模型会为我们当前对世界最贫困地区村庄生活中一个重要方面的理解奠定基础。从那之后，我的研究动机之一一直是揭示最贫困国家农村贫困人口的生活与一些基本自然过程之间的联系。这些自然过程包括联系起营养状况与人类生产力的因素，以及塑造地方生态系统演变的因素。

然而，我的理论遭遇了某种出人意料的社会问题，所以迟迟得不到主流经济学理论的正视和承认；直到最近，情况才有所改变。那个问题是：发展经济学并未认真对待自然环境的经济意义。何以如此呢？我认为，这在很大程度上是由于美国和欧洲的环境主义者及经济学家都简单地将环境经济学视作解决工业污染的手段，正是这种观点导致了环境保护与经济发展之间的巨大冲突。许多人由此认为：只有当一个国家足够富裕之后（比如以人均 GNP 衡量），才有能力将自然因素也计入其经济成果的核算之中。甚至直到 1992 年，世界银行的《世界发展年度报告》对环境与经济关系的阐释仍然反映出这一观点。

我认为，污染物和资源是一枚硬币的两面。自然资源不仅仅是石油、天然气、大气以及作为众多废弃物排放场所的海洋，而且还包括池塘、溪流、新垦地、轮作的农田、打谷场、牧场、森林、沿海渔场和湿地等。我相信，后者无疑是世界最贫困国家经济活动的基础。20 世纪八九十年代，我试图寻求如何消除贫困国家中赤贫国家的途径。在与雷（D. Ray，现任职于纽约大学）的合作研究中，我们借用营养学家关于人的营养状况与工作能力间非线性关系的发现，提出了"家庭贫困陷阱"理论。我们直觉地意识到：营养不良的人通常无力争取到足以改善其营养状况的收入。根本问题是：造成一个人营养状况不良的最初原因何在？这似乎是一个具有"两可"答案的问题：既与营养状况有关，也可以从人内生的劳动生产率方面分析。我们的研究表明，在一个贫困且实行市场经济的体制中，物质资本（如土地）起着至关重要的作用：那些缺乏物质资本者最易受到伤害和落入贫困陷阱。我们还发现，呈现上述状况的贫穷国家，在其人均

GNP 正向增长的同时，仍然可能有大量国民跌入贫困陷阱。在随后的一系列研究中，我们将贫穷国家的高生育能力和当地自然资源基础退化这两种因素与家庭贫困联系起来，从而拓展了贫困陷阱理论。在新的模型中，三个相互关联的空间局域变量（人口、贫困和自然资源基础）中的任何一个都是另外两个因素的先在条件和原因，每一变量的改变转而又会导致另外两个变量的变化。体制方面的失败同样可能成为将家庭拖入贫困陷阱的诱因。例如，在管理当地公共资源的社会机制失效或崩溃的时候，那些一无所有而必须依赖公共资源存活的赤贫居民必然会被深深禁锢于贫困陷阱而无力自拔。该模型还提出了保护易受伤害群体的公共政策。最近对尼泊尔和撒哈拉以南非洲国家所进行的村级微观经济研究表明，模型的推测值与实际数据是相符的。

我的研究也促使人们重新审视和评价人类发展的综合指标问题。我的一项早期统计表明：政治自由与公民自由有助于最贫穷国家的经济发展。这意味着，公民的权利和自由绝非奢侈品，而是关乎基本经济生活的必需品。在最近与梅勒（K. G Mäler，斯德哥尔摩的贝耶尔国际生态学研究所所长）的合作中我发现，可将财富作为一项综合指标，以此判断社会化的人类生存能否按照经济计划而得以维持，由此作为衡量可持续发展的指标。"财富"指标不仅包括制造业资本，还包括人力资本和自然资产。在《人类福利和自然环境》一书中，我形成了该理论的完整形式。我依世界银行数据所进行的分析表明：在过去 30 年间，以财富衡量的南亚和撒哈拉以南非洲居民正变得越来越贫穷。也就是说，即使南亚国家人均 GNP 在增长（而且按照联合国人类发展指数是有所改善的），但与增长和改善相伴而来的是自然资源的加速消耗。就此而言，算入自然资源，这些国家实质上是更穷了，其发展政策也都违反了可持续原则。

在准备写作本文时，我重新阅读了自己过去的一些论著。我注意到，我所发表的论文虽然常常已经涉及和解决了某些重要问题，自己在当时却并不知晓；只是随着研究的深入或时间的推移，才能很好地理解自己以往工作的重要性。对我而言，有时候一些观点似乎是下意识地想到的；当然，并非所有的时候都如此。在我看来，发现更像是一种不断增长的理解，而不是一蹴而就的展现。通常，我会在数篇文章中不断围绕着某个主题层层递进，直至能真正理解自己所研究的对象，揭示内中蕴含的规律性。我不知道别的科学家是否有同感，但我觉得，科学家理解、认识世界的过程一定是多种多样、见仁见智的。

Christian de Duve

德 迪 韦
比利时德迪韦细胞病理研究所

成为科学家意味着什么

通常将科学家描写为知识渊博之人，这种想法是有一定道理的。为了胜任科学研究，你至少得接受某一门科学的专项训练——数学、物理学、化学或者生物学。事实上在大多数时候，通常还需要学习更多学科的知识，接受多方面的锻炼。此外，你得对自己的专业领域有真切的了解，特别是应当清楚同行们正在做什么。当然，成为科学家所应知道的远远不止这些。但是，"无所不知"并非成为科学家的充分条件，正如名画收藏者并不必然是艺术家一样。衡量科学家的真正标准，是看其能否产生新的知识，或者更准确而言，看其是否具有从事科学所需的理解力，因为科学的使命正在于理解世界。

并不是每个科学家都能成为牛顿、达尔文或爱因斯坦。我们中的大多数人缺乏洞悉宇宙奥秘的超凡才智，而只能做些为既有科学大厦添砖加瓦的工作。在日复一日的常规活动中，科学研究大多数时候只是在解决"小问题"。在这种情况下，一个人从事科学、成为科学家，主要是受好奇心的驱使。当你面对陌生的事实与现象时，总会情不自禁地想去探个究竟。你让自己的想象力纵横驰骋，你让自己的思考层层递进，你汇集所有可能的线索，并挖掘记忆中的一切相关细节。就这样尝试着，对未知世界作出相对可信的解释，或曰假说。这是科学活动中至关重要的创造环节，它在一定意义上是与艺术相通的。

不过，提出假设只是科学研究的第一步。接下来是以事实确证假说的艰苦过程。假说是否与全部观察事实相符？特别是，怎样在实验科学中最有效地检验其正确性？在极个别情况下，科学家所做的实验非但没有验证假说的正确性，而且煞费苦心却只证明了假说的荒谬与无效。

正是科学的这种如同填字游戏、棋类游戏一般的特征，让科学家醉心其中、乐此不疲。的确，无论游戏还是科学，都可能使参与者获得超越活动本身之外的知识。就此而论，它们有着类似的智力价值和令参与者痴迷的愉悦。当然，科学需要依据事实才能在有趣的同时获得真知。

科学的另一个特点是结果的不可预测性。科学是探索未知的事业，按此定义就意味着"人们无法预言某项研究必然会导致某一发现"，也很难断言所作出的发现是否"有用"，可能带来何种经济收益。然而，许多政治家和科研经费的管理者往往忽视或漠视了这一明显的事实。他们过分想当然地将"投入-产出"的经济考虑应用于科学，认为科学研究的结果是可以预期算计的，是必须带来利润的。我认为，这种观点不但在逻辑上难以成立，更重要的是，它忽略了科学的真正价值，即科学对人类文明的贡献。

1935年秋，还在念医学院的我受邀进入生理学教授的实验室做助手。起初，我对科学及其特征并未有太多切身感受。正是在实验室里，我花大量时间练就了一套过硬的手上功夫。可以说，这种同时兼有手工技能和"智力体操"的技艺令我十分着迷。通过反复不断的实践，特别是在火热的实验室氛围熏陶下以及导师卓越的实验能力示范和影响下，我逐渐意识到，自己已经深深地沉浸于科学这一最富创造性和最激动人心的事业之中了。

与我的许多科学同行不大一样，我最初并未被特定的研究领域和问题所吸引。这种貌似散漫的研究风格却产生了意想不到的积极结果，它使我能比较自由地对新的发现作进一步的探索和思考，从而在一定程度上避免了先入为主的观念对新思想的扼杀，或急功近利的"拔苗助长"。在我的研究生涯中，我最初介入胰岛素方面的探索多少有些偶然；不过开始之后，研究大约持续了12年之久。其间尽管二战及比利时的沦陷对研究有所影响，但此阶段的工作于我而言却意义非凡，因为它不仅使我熟悉、把握了该领域的问题及关键，而且让我完成了确保后来作出新发现所必需的训练，包括化学知识的更新及相关研究能力的提升。我以优异成绩从医学院毕业后，又去瑞典、美国学习了两年的生物化学。

接着，我投入自己期待已久的"胰岛素作用机制"研究。在实验过程中，一次偶然观察，一种"隐蔽的酶"，激起了我的好奇心，将我引向了全然不同于原来路径的研究方向。结果，虽然我没找出胰岛素的作用机理，却发现了两种重要的细胞器，即溶酶体和过氧化物酶体，我成了一名细胞生物学家！上述经历给我的启示是：无论你的研究目标是什么，你都必须以事实为依据。你或许没能在研究中得到预期的结果，但"意料之外"的发现或许比你原本想要寻找的更有趣。

可能是运气好的缘故，我在自己甚少关注的研究领域，却作出了革命性的发现。我对实验结果进行了审慎、长期的思考和检验。应当说，这些前所未有的发现大大加深了人类对生命的理解。感谢机遇的垂青，使我有幸对造化之奥妙作惊鸿一瞥。那是对我从事科学的最好回报。

Pierre-Gilles de Gennes

德 热 纳
法国法兰西学院

物理世界漫步

很久很久以前，一位年轻人喜欢上了物理学。卡斯特勒（A. Kastler）教会了他光学，艾格兰（P. Aigrain）传授了他固体物理学。后来有一天，他遇上了一位名叫费曼（R. P. Feynman）的"巫师"。实际上，年轻人从未当面见过费曼，而是在书本和论文中与这位传奇物理学家交谈。他阅读了费曼关于超流体氦、回旋器以及漩涡的论文。尽管费曼只是一位与方程式打交道的理论家，但其视野远远超越了那些方程！此番奇遇彻底改变了年轻人的一生。

然后，年轻人成为一个固体、液体中子散射研究小组的理论助手。这引导他开始关注液体以及磁力系统的关联性——问题并不复杂，却是训练新手的好途径。

后来，他去了巴黎附近一所年轻的大学，成为一名年轻的教授；

同时，也做了一件看起来似乎有些难以理喻的事情：作为理论物理学家的他，领导了一个研究超导体的实验小组！最初条件非常恶劣（周围不时有"坏女巫"出现），实验只能在一间简陋的小屋中进行。许多好心的"仙女"出来帮他了。在同事们的协助下，他得到了一些有趣的结果。

再后来，超导体成了一项重要的产业。为了对这一领域再作贡献，他开始转向与超导关系密切的冶金领域；带着他原来的许多学生，共同开辟了又一个丰饶的牧场——液晶。那不是一次轻而易举的迁徙，因为在新天地里，研究传统、工具和所使用的概念，都与原本熟悉的东西相去甚远。不过他们说服了另外七个研究小组与他们携手合作。这是个强有力的集体，每个小组各自都有自己的"绝活"和"秘技"：化学、结晶学、光学、核共振、材料缺陷，甚至一些理论。合作很快结出了硕果，发现了许多有趣、新奇的现象。

紧接着，他们又朝着高分子科学转移。合作在三个中心之间展开，它们是：巴黎的法兰西学院、斯特拉斯堡的高分子研究中心，以及萨克雷的中子中心。再往后，继续转向了研究黏附和润湿的"界面科学"领域。所有的学术迁徙都是在实验家与理论家的密切合作之下实现的。他发现，一个研究小组人员组成的最佳比例是：一个理论家配备五个实验专家。

如今他已年迈，却依然梦想着发现新的奥秘。他最近初涉医学领域，对一些生物学课题颇有兴趣：一是细胞黏附与细胞运动，二是大脑中记忆物质的性质。正如所有的童话故事那样，我们的主人公也有许多子孙——七个子女和一大堆孙辈。他对物理学仍旧如痴如醉，因为这是一个理论与实验配置得最为合理的结合体。

Mildred S. Dresselhaus
德雷斯尔豪斯
美国麻省理工学院

薪火传承话物理

小时候,我是通过音乐而进入科学的。还在上小学时,我就认识了许多具有高度专业精神的长辈;在格林威治音乐学院学习期间,又以演奏小提琴赢得了一项奖学金。在那所学校,我遇到了许多生活舒适、前程美好的同学及其父母,他们与我们这些出身贫寒的孩子形成了明显的反差。受音乐学校环境的激励,同时也因为大量阅读像克鲁伊夫(P. D. Kruif)的《微生物猎人》这类书所受的鼓舞,我主动自学了数学和科学,并以优异的成绩进入亨特学院高中。这是当时纽约招收女生的仅有的一所公立学校,具有很高的学术水平,因而让我有机会很早便接受难度颇高的大学预科教育。

高中的课程极大地激发了我对物理学的兴趣,同时亚洛(R. Yalow)教授也鼓励我继续深造,争取成为一名物理学家。于是,我的生活出现了转折：先是用富尔布赖特奖学金到剑桥大学深造，尔后又先后进入哈佛大学和芝加哥大学学习。芝加哥大学尤其注重研究生独立研究能力的培养，而我实际上更得靠自己，因为我的导师不大相信女性有能力从事物理学研究。我之所以能够排除困难成为一名物理学家，原因可能有两个。其一，我的博士论文研究（1958年）发现了超导体微波表面阻抗对磁场的反常依赖性，此性质无法用巴丁-库珀-施里弗（Bardeen-Cooper-Schrieffer）1957年提出的超导理论解释；其二，苏联于1957年发射第一颗人造地球卫星后，美国联邦政府大幅度增加了物理科学的研究经费。

1958年，我与德雷斯尔豪斯结婚，并在国家科学基金会博士后经费的资助下，两人一起到康奈尔大学做研究。同时，我还获得了给康奈尔大学新生讲授电磁理论的机会。两年后，国家科学基金会提供的博士后资助用完了，而康奈尔大学及其所在的伊萨卡市都没有适合我们的职位。因此，我和丈夫双双离开康奈尔大学，到了麻省理工学院的林肯实验室。该实验室答应同时雇用我们两个人！这在当时的确是个例外，因为出于避免裙带关系的考虑，通常都不允许此类情况发生。

在林肯实验室的七年，我取得了丰硕的研究成果。其间，我开始涉足"碳科学"，并运用磁反射技术发现了石墨的电子结构。之后，随着我四个孩子的相继出生，我的家庭生活与严格的实验室管理出现了冲突。林肯实验室要求研究人员每天八点准时到岗，但我实在无法做到这一点。为了寻求两者兼顾的工作，我在1967年接受了麻省理工学院提供的一份访问教授合约。本来只是想在麻省理工学院临时过渡一下，在最小的孩子满周岁后再回林肯实验室，但没想到的是，访问教授的合约后来使我成了麻省理工学院电气工程系的一名全职教授，而且一待就是45年。在这里，我先后培养了65名博士和30名博士后，并与来自世界各地的同行开展了广泛的交流与合作。

我最为人们所知的科学贡献主要在碳科学领域，其中包括石墨、石墨插层化合物、碳纤维、离子植入石墨、液态碳，以及近年来在富勒烯和碳纳米管方面的研究。事实上，我在凝聚态物理领域也曾作出过重要发现。我的许多研究是与我的丈夫德雷斯尔豪斯以及许多博士后、访问学者和博士生共同完成的。

近年来，随着富勒烯、碳纳米管、纳米技术的迅速崛起，我早期所做的石墨、碳纤维方面的研究又重新引起了人们的关注。我最近在碳纳米管方面的主要工作是发现了孤立单壁碳纳米管（SWNTs）的拉曼光谱。这项成果源于我早期的两项发现。第一项表明，光的散射机制是激光激发与纳米管电子状态之间的某种共振过程，这一过程与纳米管直径紧密相关。第二项发现指出，金属和半导体纳米管的差异可依据拉曼光谱线型的不同来区分。以上的早期研究成果导致了对单个孤立纳米管拉曼光谱的成功观测，其原因是 1 维系统电子态密度的奇异性，以及当激光激发能量匹配于电子状态之联合密度的奇点时所引起的电子-光子强耦合。该项发现的重要之处在于，在单个纳米管水平上，拉曼光谱可作为确定纳米管几何结构的唯一依据。这是因为：与激光共振的电子态密度的奇点，其所在的独特能量位置取决于纳米管的具体几何结构。在单个纳米管水平上，从 SWNTs 拉曼光谱特征中可以发现新物理。有了单个纳米管结构的表征工具，我们可以研究纳米管的直径和手性对其物理性质和功能的影响。

回顾过去，我觉得自己始终专注于科学研究和家庭照料。同时，也满腔热情地为科学共同体和更广泛的公众服务——那同样是我专业生涯的重要组成部分。我曾担任如下职务：美国物理学会会长、美国科学促进会会长及理事会主席（1997—1998）、美国国家科学院财务总管（1992—1995），现为美国物理联合会的理事会主席（2003 年起)。还曾担任克林顿政府的美国能源部科学办公室主任(助理部长级,2000 年)。我也积极参与女性事务,最初在麻省理工学院,后来活动范围扩展至国内和国际。

在过去的岁月里,我获得了许多奖励和荣誉,包括美国国家科学奖章(1990)、美国物理学会尼科尔森奖章(2000)、美国物理联合会康普顿奖章(2001)。此外,还接受了 19 个荣誉博士学位,是美国国家工程院院士(1974)、美国国家科学院院士(1985)、美国艺术与科学院院士(1974),以及美国哲学学会会员。

Freeman J. Dyson

戴 森

美国普林斯顿高等研究院

快乐的数字游戏

我写这段文字，是为了纪念我的朋友和英雄萨拉姆——他是国际理论物理中心（ICTP）的奠基人和不朽的灵魂。作为科学家的萨拉姆是伟大的，作为科学组织者的他更伟大，而作为为占全世界人口三分之二的贫穷国家科学事业发声的代言人，他无疑是最伟大的。当然，他不做数字游戏，因为他有更重要的事情要做。

当我还是个孩子的时候，便喜欢做数字游戏。我的科学兴趣并非源于理解自然奥秘、发现新粒子或治愈疾病之类的崇高信念。我从未想过要深刻理解宇宙之谜。科学之所以令我着迷，只是因为它充满了供我计算的数。

我 14 岁时，赢得了所在中学的一项奖励。老师告诉我，可以选一本书作为奖品。我选择了由哈代（G. H. Hardy）和赖特

（E. M. Wright）合著的《数论》。这是一本刚刚出版的新书，是堪称引人入胜的奇妙作品，主要对象是喜欢数字的十几岁孩子。我很快通读了全书，并对题为"分拆"的第 19 章特别感兴趣。数字 n 的分拆指的是总和为 n 的一组正整数。例如，4 有五种分拆：4、3+1、2+2、2+1+1 和 1+1+1+1。第 19 章充满了关于分拆函数 $p(n)$ 的美妙定理——$p(n)$ 是分拆数，即 p 的分拆的数目。该分拆函数始于 $p(1) = 1$，$p(2) = 2$，$p(3) = 3$，$p(4) = 5$，$p(5) = 7$，$p(6) = 11$。其中最漂亮的一个定理是由印度天才数学家拉马努金（S. Ramanujan）在 20 年前发现的。拉马努金定理表明：对于任意整数 k，$p(5k+4)$ 可被 5 整除，$p(7k+5)$ 可被 7 整除，$p(11k+6)$ 可被 11 整除。拉马努金通过考察 $p(n)$ 的数字列表而发现并巧妙地证明了上述定理。第 19 章对相关问题作了解释。我还得知，拉马努金 1921 年去世时年仅 32 岁。他对数字的痴迷远胜于我，而当时小小年纪的我，内心深处竟对他有一种难舍的惺惺相惜之情。

阅读第 19 章后，我更仔细地研究了形如 $5k+4$ 的前三个数（即 4、9、14）的情况。我想，拉马努金说，这种数的分拆数均能被 5，这很好，但如果能找到某种方法，将这些分拆均分到 5 个集合中，岂不更好？如果实现，岂不可以解释拉马努金的这一思想！为此，我提出了如下问题：对于每一种分拆 P，我们能否赋予它一个特征值 $R(P)$，使得对每一个形如 $5k+4$ 的数 p，我们都可以依据每个分拆的 $R(P)$ 而将 p 的所有分拆划分到 5 个集合 $C(0)$、$C(1)$、$C(2)$、$C(3)$、$C(4)$ 中，每个集合含有相同数量的分拆，而在集合 $C(r)$ 中，每个分拆的特征值 $R(P)$ 是形如 $5k+r$（$r=0, 1, 2, 3, 4$）的数。我称 $R(P)$ 为分拆 P 的"秩"（rank）。我还考察了 5 和 12 的分拆，并试图找到将它们划分到 7 个均等集合的途径。

四年之后，我进入了剑桥大学，同时仍然对数的分拆乐此不疲。

在尝试了 $R(P)$ 的种种可能方案后，我找到一种定义方法，听上去很简单：秩即是 P 中最大的一项与其所含有的项数的差值。因而，4 的五种分拆（4，3+1，2+2，2+1+1，1+1+1+1）的秩分别是：3，1，0，-1，-3，依此可将它们分别划分到 $C(3)$、$C(1)$、$C(0)$、$C(4)$、$C(2)$ 集合之中。我还通过列举检验发现，这种"秩"同样适用于 9（每个集合中包含 6 个分拆）和 14（每个集合中包含 27 个分拆）。这种情况并非偶然。如果你随机地将 14 的分拆分到五个集合中，均等划分的概率将会小于万分之一。

检验 9 和 14 之后，我意识到：对任意 k 值，根据秩均等地将分拆划分到五个集合的规律，适用于所有 $5k+4$ 的情形。接着我考察了 5 的分拆。对 5，4+1，3+2，3+1+1，2+2+1，2+1+1+1，1+1+1+1+1 而言，其秩分别为 4，2，1，0，-1，-2，-4。显然，依据秩，可将它们分别划分到七个 $C(r)$（$r=0$，1，2，3，4，5，6）集合中。我还发现，这一秩同样适用于 12 的分拆，即 12 的分拆可均等地分到七个集合中，每一集合包含 11 个分拆。因此我认为，这一秩在任意 k 值下，适用于 $7k+5$ 的分拆。然而检验表明，该秩却并不适合将 $11k+6$ 的分拆划分到均等的 11 个集合中，例如就不适用于 6 的分拆，因为其中的 3+3 和 4+1+1 的秩都为 1，并且没有秩为 4 的分拆。

大学二年级时，我的数学游戏有了很大进展，发现了拉马努金遗漏的一些东西。我非常快乐，可惜去世的拉马努金无法欣赏这些了。同时，尽管我坚持不懈地想阐明拉马努金关于 $11k+6$ 分拆的定理，却始终未能如愿，也未能找到均等划分 $5k+4$，$7k+5$ 分拆的通用方法。最后我放弃了努力，并在大学生杂志《尤里卡》上公开了我未完成的研究。那篇文章的题目是《关于数的分拆理论的几点猜想》，文章中只有猜想而没有完整的证明。那也是我的第一篇学术论文。我在文章里提出了两个猜想，即"秩猜想"和"序猜想"。秩猜想认为：

$5k+4$ 和 $7k+5$ 的分拆能够根据其秩而分别被划分到 5 个和 7 个均等集合中。序猜想是指：数的分拆必然还有其他可称作序的性质，它能使 $11k+6$ 的分拆均等地划分到 11 个集合中。我概括了支持这两个猜想的一些证据，但当时确实无法更具体地描述相关的"序"。

这个故事后来有了一个满意的结局。在那篇文章发表 11 年之后，我的两位数学家朋友阿特金（O. Atkin）和斯温纳顿-戴尔（P. Swinnerton-Dyer）依据拉马努金的相关思路，证明了秩猜测。34 年后，我的另外两位朋友安德鲁斯（G. Andrews）、加文（F. Garvan）证明了序猜想。他们指出：某个序在 $5k+4$、$7k+5$、$11k+6$ 三种情形中都能够均等地划分分拆。他们对序的定义颇为神奇。假设一个分拆有 s 项，令 t 为最大项减去次大项，令 d 为第"$t+1$"大项减去 t；且我们规定当 $t+1>s$ 时，第"$t+1$"大项为 0。那么当 $t>0$ 时，序为 d；当 $t=0$ 时，序为 s。这很容易在 6 的分拆中得到检验，即：分拆 6，5+1，4+2，4+1+1，3+3，3+2+1，3+1+1+1，2+2+2，2+2+1+1，2+1+1+1+1，1+1+1+1+1+1 的序分别为 -6，-4，-2，-3，2，1，-1，3，4，0，6，显然属于 11 个集合。令人叹服的是，安德鲁斯和加文通过漫长的分析所作出的证明，依然得益于拉马努金的启迪。看来，如果继续用我原来那种呆板的随机搜索方法，恐怕永远也找不出这一规律。我很高兴能在有生之年看到自己 45 年前提出的猜想被证明为真。

我一生都在追求一种境界——一种科学家巧妙地凭借数学而洞察自然的直觉。我发现，只需稍稍借助神奇数学的魔力，物理学、工程学、天文学和生物学中的诸多问题便能删繁就简，更易于让人们把握关键。我从不关心问题是否重要，只要能在其中发现数学的美丽，我便欢欣鼓舞、快乐无比。

14 岁的一次获奖使我走上了科学之路，而起点正是"玩数字游戏"!

参考文献

Hardy G H, Wright E M. An introduction to the theory of numbers [M]. Oxford University Press, 1938.

Dyson F J. Some guesses in the theory of partitions [J]. Eureka, 1944, 8 (10): 10 - 15.

Atkin A O L, Swinnerton-Dyer P. Some properties of partitions [J]. Proceedings of the London Mathematical Society, 1953, 4 (3): 84 - 106.

Andrews G E, Garvan F G. Dyson's crank of a partition [J]. Bulletin of the American Mathematical Society, 1988, 18: 167 - 171.

Sam Edwards

爱德华兹
英国剑桥大学

我的科学人生

我最早的记忆与试图理解事物如何运行紧密联系在一起，甚至可以说，我无时不把自己当作"科学家"。童年时代，父母给我买过用以搭建机械模型的套装玩具（不是乐高公司的，但能用螺母、螺栓组装成型）、电动模型玩具（当然无法与电子时代的精巧装置相比）。后来，还建起了一个小型化学实验室。不幸的是，二战中断了我的这些"研究供给"。好在此时我也转入了一所具有优良科学传统的著名中学。我发现自己更多时候被科学而非技术所吸引。例如，对物理学基本定律而不是其工程应用更感兴趣；更加关注化学合成的基本过程和途径，而不大关心其在材料和制药方面的实际应用。并不是说类似的具体问题不重要，只是我更愿意探究事物和现象的成因。还记得最初学习欧几里得几何时的情形：做题尽管没什么问题，却总需要一些猜测过程。学习了笛卡儿的解析几何之后，情况便不同了。在解析几何中，只要你能想清楚所要做的事情，通常都能达到目的。于是我成了一个"笛卡儿主义者"：设定一个你认为能够很好表征自然的问题，然后推导出必定会出现的答案。

17岁时，我进入大学，主修理论物理。之后，如同大多数学生的人生历程一样：先是为继续深造而拼搏努力，然后寻求合适的工作机会，进而不断在研究中积累经验，再后来是向更年轻的人传授知识和体会。在此不谈我的辗转之旅了，还是说说科学经历吧。年轻人总是被挑战性强的新兴领域所吸引，我当时痴迷于量子电动力学，并对其有所贡献。那段时期的研究使我明白了两点。其一，理论如果得不到实验的支持，便很难自称有效（量子电动力学能够获得实验的支撑），并且任何理论都不是万能的。其二，尺有所短，寸有所长。同样的事，一些人会比另一些人完成得好许多。科学的繁荣昌盛取决于那些能将其做得最好者的努力，因此人们应尽可能扬长避短，寻找最能够发挥自己潜力的科学领域。当我最初转向相对较难的"对称性"领域时，我便选择自己已经掌握、但尚未有人在此新领域里应用的理论作为主要研究工具。此工具便是固体物理学，特别是理想固体中杂质和缺陷的作用机理。我切身体会到：某一领域完全有可能借助其他相关学科的知识技能而获得重大发现。后来，我凭借自己早已驾轻就熟的电子结构理论，提出了一种计算导电性的新方法。令人惊异的是，两类问题所用的数学与超长链分子（聚合物）的数学模型惊人地相似。这样，我便能够用电子的数学描述即薛定谔方程，去研究橡胶以及类似橡胶的液体之性能。随后又发现，上述关于橡胶的数学模型还可用于解决黄金中的合金铜问题。并且，相关的数学理论也可应用到似乎与物理学不甚相干的一些工程领域，如油田的油井定位问题。

最近，由于注意到冷玻璃与像"盒子中的沙"这样的微粒系统之间具有某些共同特征，我的学术兴趣再一次发生了转移。当我最初提出用微粒系统描述其共性时，有不少人表示怀疑和反对，但近十年来，大量的计算机模拟研究表明，我的观点无疑是正确的。

我清醒地意识到，还有众多物理学新领域等待着人们去开拓和创造。在生命科学中，生命的机理和大脑的作用还有待进一步探索。世界经济体制能否被理解为某种物理复合体？应当如何理解环境？诸如此类的问题简直是层出不穷、数不胜数。同样清楚的是：需要探索的问题太多，而我已是力不从心，廉颇老矣！

John B. Fenn

芬　恩
美国弗吉尼亚联邦大学

如何走上成功之路

"你是如何走到今天这一步的？"这是人们常常向成功者提出的问题。如此提问的方式其实隐含着潜台词："成功"总是有规则可循的。的确，大多数鸟类和动物（即使不是全部）都形成了某种训练后代求生的"程序"。毫无疑问，那样的本能行为无论从何种视角考察，都是"成功"的必要条件。一个明显的事实是，所有的动物群落都有一套颇为有效的教育后代学习"生存秘诀"的机制，因而不妨说，大自然正是通过"适者生存"的强制律令，教导着生物该怎样寻求"成功"。

如今，我也因为自己在科学上的些许成绩而被问及同样的问题：你是怎样取得科学成就的？对此提问最实在、同时也是最难以令人满意的回答是："我真的不知道！"事实上，众所周知且多数人相信的海森伯"不确定性原理"表明，准确预言单个粒子的行为是不可能的。原因在于：对单一粒子行为的探究，探究本身就不可避免地以不确定的程度影响粒子的行为。我们不妨在海森伯的"不确定性原理"与弗洛伊德的"无意识心理"之间作个类比。显然，个人的行为可能受个人完全没有意识到的某种思维过程控制。

幸运的是，对于科学而言，众多个体行为的宏观结果往往是可以准确预测的，因为大数现象平衡了个体微观行为的不确定性，况且尽管无法事先预言某个人将来会怎样，但一部分人未来的行为还是可以预言的。下面我将以回忆的方式，尽可能就"我何以能在科学上有所成就"给出一些说明和线索。不过我得提醒大家，重复我的经验并不意味着你就能获得成功，正如谚语所言："一个人的美食，可能是另一个人的毒药。"

我的父亲出生在一个农场，但我祖父并非农场主，他只是帮别人经营。我父辈的经历表明，生长在农村的孩子更有创造性，因为他们常常需要处理许多前所未遇且无人了解的"麻烦事"。我的一些在大学从事实验研究的朋友坚持认为，农村长大的研究生在他们的实验室更受欢迎，这些学生通常比城里学生更能够应付实验中的问题，或处理仪器、设备的故障。我父亲就非常有办法，他几乎能修好农场里所有机器的机械和电气故障。虽然父亲获得过电气工程的大学学位，但我觉得他的动手能力更多地来自农场的实践，而不是后来所受的正规教育。小时候，我很崇拜父亲的这种才能。他是木匠、机械师、电气工程师，也是一个手艺不错的照相师，还酷爱音乐。我们家的地下室堆满了过期杂志，我特别喜欢看《大众机械师》和《大众科学》。我的母亲是一位聪颖细腻、富于爱心的人，是一位乡村医生十个孩子中的老七。她从小就认为，女孩子做母亲后就应该待在家里操持家务，相夫教子。每天下午，我和小我三岁但比我强壮的弟弟放学回家，爱读书的母亲总会为我们念上几段好作品。她还是"家长教师协会"的积极分子。母亲的思想比父亲要开放得多，甚至订阅了《国家》和《基督教世纪》这样偏于激进的杂志。受母亲的影响，我从小学五年级起便养成了良好的阅读习惯，是当地公立图书馆的常客。直到大学毕业，我始终坚持每周读四五本书。我最早拥有的一本书是《日常生活中的奇妙故事》，很小的时候，父母每晚睡觉前都会在床前念给我听。这本书描述和解释了日常生活中许多复杂神奇却又被视作理所当然的事情，对冷热水的流动、电、天然气、煤炭以及机械制冷机发明前保存食物和饮料所用的冰块等等，都作了饶有趣味的说明。在我七八岁时，父母花大价钱给我买了一套共20卷的青少年百科全书——《知识之书》。我被书中的内容深深地吸引，可以毫不夸张地说，《知识之书》便是我的大学。

我生命中的第一个十年是在新泽西州的哈肯萨克度过的，那儿距纽约仅数十公里。我的父亲是一家经营防水棉帆布的小公司经理，办公地点与纽约州的洛代毗邻。1926年公司被兼并，父亲也被新业主随便地解雇了。当时父亲已年届五十，很难找到合适的工作。为了养家糊口，他只好在泰特伯勒附近的福克飞机公司当一名临时绘图员。家庭的变故对于一个少不更事的年轻人颇有教益，它在大萧条来临之前给我上了一堂生动的就业课，也成了我后来进入焊接学校并成为有资格证书的电焊工的原因。1928年，我们搬迁至肯塔基州的伯里亚，著名公立学校"伯里亚学院联校"的本部便在此地。联校共有学生约一千七百人，分为四个等级：一是初级学校，不分年级，学生可通过两年的正规学校教育达到相当于八年级的水平，最终完成九年级课程的学习；二是初级学院，学习符合标准的九至十一年级课程；三是师范学校，学习两年师范类课程，毕业可获得教师资格证书；四是高级学院，设有人文学士和科学学士学位课程，并有家政学和农业方面的学位。父亲在这所学校的初级学校与初级学院工业艺术系任教，讲授汽车力学和电学。

在后来的日子里父母曾反复表示，失去新泽西的"好工作"对我们家来说是最幸运的事情，我和弟弟也分享了这种喜悦，因为在伯里亚我们有机会进入真正优秀的团体接受教育。这个"团体"的灵魂人物是 W. J. 哈钦斯（W. J. Hutchins）校长，他是美国教育界神童 R. M. 哈钦斯（R. M. Hutchins）的父亲。R. M. 哈钦斯 24 岁成为耶鲁大学的秘书，26 岁成为该校法学院院长，31 岁成为芝加哥大学校长！W. J. 哈钦斯在学校声望很高，深受爱戴，被认为是真正的绅士。有这样一位品德高尚、声誉卓著者做校长，伯里亚联校每一层次的教育都充满创意，令人振奋。在那里，可以领略当时最杰出人物的书信、艺术、科学和宗教思想，每周三次在"团结礼堂"聆听知名人士的高谈阔论。这些活动要求所有学生都必须参与，因而许多学生当时颇有怨气，但在后来 50 周年校庆的时候，我们众多回到母校的同学都一致认为，正是过去所怨艾的小礼堂，为我们的中学时代留下了最难忘、最美好的记忆。伯里亚联校与众不同的做法是：不收任何学费。只有那些能证明其家庭无法支付学费的学生，才有进入伯里亚的资格。整个联校经营若干产业，如大型蔬菜园、牛奶场、羊圈、扫帚车间，以及手工艺品作坊。各个项目只有少数管理人员指导，具体工作全由学生承担，每个学生都必须参加劳动。20 世纪 30 年代，伯里亚联校一个学生包括食宿在内的一年费用仅为 300 美元，学生们一年中每天工作两小时所创造的价值，约可抵偿其所需费用的一半。个别半工半读生每天工作四小时便完全可以自食其力。

1938 年，我进入该校的高级学院，主修化学。这在很大程度上是受了化学教授朱利安·卡普斯（Julian Capps）的感召。他和他优雅的妻子希尔达（Hilda Capps），以及我们的邻居乔治（George

Bent）和埃莉诺（Eleanor Bent），都是我父母的好朋友，因此我和他们很熟。朱利安的记性非常好，可以大段地背诵弥尔顿、莎士比亚的作品。他不大有幽默感，却是个百科全书式的人物，兴趣广泛、知识渊博，从自然史到肥皂制作都能说上一大堆道理。在他开设的大学一年级化学课上，我的许多疑问都得到了很好的解答。朱利安是那种真正能使课程"活"起来的教师。之所以有此能力，部分原因是他曾在工厂任过职，能够将商业及日常生活与课堂教学很好地结合起来。这样的课程远比照本宣科式的教学更有吸引力和说服力。当时，学生们非常喜欢听朱利安的课，总是期待着下一节课的到来。在今天的"化学导论"课程中，实在是难睹当年景象了！如今许多大学的类似课程，非但没有起到激发思维火花的作用，还反而成了扼杀专业兴趣的"帮凶"。此后，我曾在爱荷华大学和普渡大学求学，进而又在耶鲁大学研究生院度过了三年光阴。我非常怀念在纽黑文（耶鲁大学所在地）的那段岁月，主要是因为我所热爱的化学，那里的教学却不敢恭维。许多课程枯燥乏味，研究活动也开展得有气无力。尽管如此，老师们却都是和蔼可亲、宽厚有加的可敬之人。离开耶鲁大学后，我在产业界工作了12年。在此期间，伯里亚联校的美好回忆和学术熏陶无时不在召唤着我重返大学。后来我终于如愿以偿，进入普林斯顿大学任教。朱利安是我一生的榜样，而包括我父母在内的其他许多老师同样给了我献身科学的信心和力量。后来我去了耶鲁大学，并在那里一直工作到正式退休，之后又转到弗吉尼亚联邦大学。

总之，对我而言——或也许对大多数有幸品尝成功滋味的人而言，永远要感谢的是父母和从小到大培育我们成长的老师。正是通过他们的精心雕琢，我们才可能成为"有用之器"。

Daniel Z. Freedman

弗里德曼
美国麻省理工学院

超新星和超引力

很荣幸能够参与国际理论物理中心（ICTP）的这本文集。在此，科学家们有机会回忆往事，谈谈促成自己走上科学道路的早期激励和影响，也可以扼要阐述自己的成就、感悟、设想和展望。这实在是一件很有意义的事情！

就我而言，选择以理论物理研究为业，理由十分简单，故事也很平淡。我出生于一个中产阶级家庭，虽然生活无虞，但也平平而已，家庭经济状况不算富裕。不过，父母对我却是呵护有加、充满爱心。他们只上过高中，但一直鼓励我尽可能多地接受教育。现在想起来，我高中时确已显示出了擅长科学和数学的某种天赋，只是当时似乎并未受到要成为科学家的特别鼓舞。事实上，我对自己的高中物理很不满意。我们那时用的《现代物理学》课本是由达尔（Dull）编著的，一些调皮的同学便戏称"现代物理学是 dull（枯燥）的"。说实话，我高中毕业时的志向是学医。

我在物理学方面的最初觉醒，始于进入卫斯理大学后的第一年。这是康涅狄格州的一所人文艺术学院，当时只有 650 人。学校为少部分一年级新生设置了一门"数学-物理学"综合课程。不同于通常将微积分与物理学分开讲授的做法，这门综合课程将两者合二为一，选派的也都是学校最优秀的教师。它真是令我眼界大开，尤其令我惊奇和高兴的是，我学会了用微积分精确地描述物理现象。我切身感受到，以严格数学形式化表述的物理定律，不仅简洁明了，而且富于美感，所以我迷上了物理学。此后几经周折努力，我终于在 1964 年获得威斯康星大学的博士学位。我的博士论文题目是"玻色-费米散射中的雷杰极点"，它对当今的研究并未产生什么影响，但我确实因此而得到了良好的训练。

下面谈谈我的两项科学贡献，最初的工作都是在 20 世纪 70 年代完成的。其中一项研究对理解超新星爆发有一定实际意义。另一项是关于超引力理论的发现［与范尼乌文赫伊曾（P. van Nieuwenhuizen）和费拉拉（S. Ferrara）合作］，它实现了爱因斯坦广义相对论与超对称思想的有效结合。该发现拓展了有关"时间-空间"结构的理论，并对目前正在建造的粒子加速器具有重要指导意义。

我对超新星的研究，始于弱力和电磁力的温伯格-萨拉姆-格拉肖理论得到实验验证的事实。这一美妙的理论表明，尽管弱力和电磁力性质极为不同，却可被纳入某个统一的理论框架。该理论预言，诸如中子 β 衰变这样的常规弱过程，可以通过被称作 W 玻色子的重带电粒子的交换来实现，这是意料之中的事。但出人意料的是，它还预言了一种新的弱过程，即来自中子或质子的中微子散射，该散射需要通过被称作 Z 玻色子的重中性粒子的交换来实现。这样的"中性流"

过程于 1972 年被实验所证实。电弱相互作用理论的成功，开辟了粒子物理研究的新境界。

根据我在研究生院所学的散射理论基本思想，我意识到，诸如铁原子核（其有 26 个质子、30 个中子）的中微子散射，一定存在某种相干效应。粗略地说，这种相干效应意味着铁原子核的散射强度将是 26 个单个质子和 30 个单个中子散射的 56 倍。由于对天体物理知之甚少，我请教了一些研究超新星爆发的同事，然后得知，恒星的能量源于其内部的核聚变反应，即小的原子核聚变为更大一些的原子核。核聚变产生的能量由内向外次第传输，直至到达恒星表面，我们可以通过恒星发光而感受其能量。这一过程通常持续数十亿年，直至恒星内部成为一个铁的世界。我们知道，铁是最稳定的元素，通常无法使之发生聚变反应而转化为更重的元素。当恒星内部的核反应停止时，引力作用将使恒星内部猛烈坍缩，从而演化为中子星或黑洞。与此同时，释放出的能量传递到恒星的外层和其他区域。超新星爆发是最壮观的天文现象，对此人们很早以来就有观察记录。

研究表明，大量的中微子将从坍缩的核心中流出，并将其能量传递给外核心层，从而引发爆炸。物理学家已尝试在大型计算机上模拟这一过程，可问题是，已知的非相干中微子散射无法传递足够高的能量——它所能承载的能量实在是太小了！我针对这一情况提出：源自全部铁核的相干散射效应事实上应该强得多，完全可以解释实际发生的事情。我的观点多少有些天真，因为超新星爆发过程其实是极为复杂的。我认为，虽然爆发涉及多种因素，但相干散射过程一定是能够产生重要作用的新效应。

时间到了 2004 年。如我们所知，大约四分之一的宇宙能量是以冷暗物质的形式存在着的。冷暗物质由质量远大于前述 W 玻色子和 Z 玻色子的中性粒子组成。它们不可能是 Z 玻色子，因为 Z 玻色子不稳定。因而冷暗物质必定是由某种新的、能够与普通物质发生极微弱相互作用的稳定粒子构成的。一个重要的问题是：究竟是什么粒子构成了宇宙中数量如此巨大的物质？实际上，它们之中有许多无时不在掠过地球，但因相互作用太弱而无法被探测到。无论如何，一些实验装置已经建成，还有一些检测项目在计划中。如果确能测到这类极其微弱的相互作用，便可认为是找到了暗物质存在的直接证据。目前所用的探测器包括锗等重元素物质，因为类似的元素具有与前文说过的中微子极其相似的相干散射效应。基本的假设和思路是：冷暗物质会穿过检测器，其中一些会在锗核之间相干地散射。此种探测虽然实现的概率很低，但绝非完全不可能。

我要介绍的另一个话题是超引力。超引力涉及颇为抽象的理论思维，故而较上一个问题更难说清楚。20世纪70年代，超对称的量子理论问世。超对称将具有不同自旋的基本粒子结合起来。具有"1/2自旋"的电子应当有一个伙伴，称作具有"0自旋"的"超电子"。具有"1自旋"的光子也有一个伙伴，即"1/2自旋"的"光微子"。通过超对称配对的粒子被称作"超伙伴"。事实上，目前所有已知粒子都被认为具有相应的大质量超伙伴。据估计，其中一些的质量应处于 LHC 的能量范围——该装置是目前正在瑞士日内瓦建造的高能加速器。大多数重"超伙伴"是不稳定的，然而其中有一个在大多数版本的超对称理论中是稳定的。这种稳定的粒子，很可能便是前文所述冷暗物质基本组分的最有力候选者。

超对称原理应该适用于引力理论，意味着爱因斯坦广义相对论中的引力子（graviton）应当有一个"3/2自旋"的伙伴，暂可称之为"引力微子"。这是基于一般原理而预期的，然而在1974年，数个研究小组试图应用爱因斯坦的几何思想给出其精确的数学表达。我在学术会议上与他们有过接触，其思想听起来非常优美、合理，可是物理内涵不够明晰。早在 1975 年，我们研究小组也开展了一项关于超引力的研究。我们尝试用最简单的物理工具如场的概念，描述引力子和引力微子。我们极其努力地工作了几个月，写出与这些场相关的种种可能的方程，并检验它们是否满足超对称的要求。最后，我们终于找出了独特且不算太复杂的一组方程式。成功的感觉真是好极了！

后来，更为一般的超引力理论逐渐形成。其中引力子和引力微子耦合成对，具有 0、1/2 和 1 的自旋。与这些理论相关的某些超引力效应可以在 LHC 上进行实验检测。超引力研究的一项主要应用是开发此类的具体模型。这很重要，但是超引力理论还有更为基本、也更具猜测性的一面，许多问题仍有待人们进一步的思考和探索。

目前有两种主要观点。其一，宇宙可能存在着超过我们所能感知的三维空间和一维时间的"隐藏维度"。人无法直接看到隐藏之维，因为它们太微小了。形象地说，我们可以将其想象成位于可见三维空间之上的微小空间。如果我们能用足够高的能量，在这些空间产生一定"波形"的话，就可能间接地观察到它们的存在。这些受到激发的波，在三维空间中可被看成非常重的粒子。物理学家曾经探索超对称和超引力的思想能否用于理解更多维度的问题。结果发现，沿此思路最大可拓展至 11 维，其中有我们所熟悉的 3 维空间、1 维时间，另外的 7 个维度都是隐性的。

第二种主要观点是：物质的最基本单元并非点状粒子，而是某种微小振动的弦，甚至是微小振动的膜。持有类似观点的理论也需要借助 10 维或 11 维时空结构来构建。根据不确定性原理，只有凭借大量的能量，才能实验验证所谓"弦结构"。在低能量实验中，可将"弦粒子"视同为点状粒子。因此，从低能物理角度而言，在 10 维和 11 维中，超弦和超膜理论可以通过超引力理论描述。以上理论涉及现代物理学的最热点问题，每个月都会有相关的理论研究文章发表。我非常满足的是，我们在大约 30 年前提出的超引力思想，如今依然有广泛应用。并且，这一思想看来在不远的将来可能会为实验所确证。

Vitaly L. Ginzburg

金兹堡

俄罗斯列别杰夫物理研究所

教育、科学和机遇

我的中学岁月或许正是苏联不幸一代的生动写照。我们的校舍古老陈旧，校园满目疮痍。不过，好在总算有几位年事虽高但还有些能力的教师。1930年，我毕业于一所七年制中学。当时，不仅学制被大幅度压缩，还要在工厂向工人阶级学习。几年以后，这种失常的教育制度得到了一定程度的纠正，学制改为十年，后来改为十一年。

由于缺乏良好的基础教育和家庭熏陶，我一直觉得自己在中小学阶段收获甚少。尽管条件恶劣，尽管自己也不知道为什么，我对物理学的热爱却悄悄地萌发并茁壮成长起来。我特别喜欢赫沃尔松（O. D. Khvolson）写的《我们时代的物理学》，上学时便已反复阅读过许多遍。无论如何，我从未对献身物理学感到后悔，但在我的回忆中，对当时的老师和课本的确没有什么印象。

中学毕业后，我被分配到莫斯科机械技校做助理实验员。开始，我在有色冶金研究所的博奇瓦尔（A. A. Bochvar）实验室"受训"，后来又去了 X 射线实验室。当时的负责人为巴赫梅捷夫（E. F. Bakhmetev）和科日纳（N. K. Kozhina）［西里斯基（Y. P. Silisskii）也担任过一段时间］。主要研究人员是韦尼亚·楚克尔曼（Venya Tsukerman），阿尔特舒勒（L. Al'tshuler）也在那里。我们三个人既是同事又是朋友，年龄各相差一岁，我是最小的。文卡戏称我们为 3V，即韦尼亚、维塔（我的名 Vitya）和弗拉基米罗维奇（阿尔特舒勒的父姓 Vladimirovich）。

实验室工作令我获益匪浅，我学到了许多知识和实验技能，但在物理学方面却没有太大进步，数学方面的提高就更少了。1933 年，我有了第一次自由选择的机会，通过竞争而不是分配被招入莫斯科国立大学。我选择进入物理系，并在三个月后学完了第 8、9、10 三个年级的课程。与此同时我也感到：缺乏正规良好的中学教育令我备尝苦果。想想看，一名中学生所做的三角、对数题成百上千，而我只做过十来道题，他们所做的题量至少是我的一百倍！这给我留下了很坏的后遗症：我的计算能力很差，不但速度慢，而且常常出错；当然，是相对于那些具有高超计算能力的科学同行而言的，但也的确表明，缺乏基本训练的结果是多么令人沮丧。

正规教育的不足也影响了我其他方面的能力。直到 30 岁时，我才第一次读到《往事与随想》等著名文学作品（当然，我不能肯定这是否值得遗憾）。更大的不幸是我的俄语水平也不高。进入莫斯科国立大学的第二年，当时我们所有的人都得参加听写，我因为有八个错处而被判为"不合格"。直到今天，我写作时常常会犯语法、拼写等方面的错误。我的语言多数时候呆板、平淡，造句也不够通顺。在此，我想到了一次与戈列利克（G. S. Gorelik）的谈话，他的读写能力很好。

我问他:"为什么你写得这么好?"他用一个反问来回答我:"你在中学时一周写几篇作文?"我说:"大约一周或两周写一篇,我记不清了。"戈列利克评论说,他在瑞士上中学时,每天至少写一篇。这也是我对自己没有接受良好中学教育而一直耿耿于怀的原因之一。

我的外语水平也不高。不过感谢上帝,我还算懂一点儿英语。虽然经常说错,口语表达还算差强人意。不过写作的问题就多了,需要有人替我检查才能避免出错。我的切身经历表明,一个人要真正做好工作,取得满意的成就,需要多方面的知识和能力。缺乏语言文字修养,是一件非常糟糕的事情,特别是可能极大地妨碍科学交流。欧洲人不存在这方面的问题。所有荷兰物理学家的英语都很好,一般也都懂德语、法语,良好的语言环境使他们许多人甚至在上小学之前便会说外语。语言能力差还可能影响到其他方面才能的发挥。例如,我几乎无法背诵任何诗歌,也不能逐字复述读过的文章;而实际上,我童年时代的背诵和记忆能力并不逊于其他孩子。可以说,早年没有学好语言是我今生最大的憾事。成年之后,当你面对那么多有趣的现象和科学研究的时候,你还会有时间学习动词的用法、星座名称的拼写吗?至少我是没有这种精力了。

虽说没有任何教育制度能够确保受教育者被培养成优秀的作家、物理学家或数学家——除非他本来就是天才,但过分的偏科对一个人的成长肯定是有害无益的。我们多数人事实上往往并未真正意识到自己究竟有何种潜能,也不明白有缺陷的教育将如何潜移默化地影响我们的人生。另一方面,良好的教育背景能使我们出类拔萃、超越常人。如果忽视了这些背景,便可能屡遭挫折、流于平庸,在工作中找不到任何满足感。以上道理大家其实都心知肚明。每当要提笔写作,我便得忍受文字欠佳的切肤之痛,这多半应归咎于当年不良的中学教育。也罢,这实在是件说不清、道不明的事情。

一方面，我所取得的成绩源于我对自己"能力平平"的事实有自知之明，不过另一方面，有时候我也会想，假如我能受到满意的十年中学教育，再有一个良好的家庭背景，我的作为又将会怎样？此刻，我想到了另外一个经常思考的问题：比方说在百米赛跑中，跑9.9秒者可以赢得奥运会冠军，而跑10.2秒者也许只能排名第四，连铜牌都拿不到（这些数字是我随意说的）。影响选手成绩的也许是一些随机的环境因素：睡得如何，吃得怎样，跑鞋是否合脚，等等。然而在科学界，许多第四名要幸运得多：他们同样能作出卓越的贡献，同样能发表杰出的论文（当然，第一名的论文也很杰出）。当然，机遇在科学研究中也同样重要。运气或许对爱因斯坦这样的巨人影响不大，因为他几乎伟大到了无与伦比的地步，超前到了无人能及的境界。麦克斯韦、玻尔、普朗克、泡利、费米、海森伯和狄拉克这些天才也很少受运气的影响。在我看来，德布罗意，甚至薛定谔便不同了，他们的成功确有机遇垂青的成分，更不用说大多数诺贝尔奖获得者了。劳厄（M. von Laue）是一流的物理学家，但据说他关于晶体衍射的想法是出于偶然的灵感。布拉格父子（W. H. Bragg 和 W. L. Bragg）、伦琴（W. C. Röntgen）、塞曼（P. Zeeman）、斯塔克（J. Stark）、莱纳德（P. Lenard）、约瑟夫森（B. D. Josephson）、彭齐亚斯（A. Penzias）和威尔逊（R. Wilson）、休伊什（A. Hewish）和赖尔（M. Ryle）、切伦科夫（P. A. Cherenkov）、巴索夫（N. G. Basov）和普罗霍罗夫（A. M. Prokhorov）以及其他四分之三的诺贝尔奖获得者，或多或少都是运气眷顾的结果——不过只是运气，而非"神启"。我想强调的是，科学上的成功既有运气的成分，也包括其他各种各样的因素，例如健康状况、定期阅读论文和书籍、参与相关活动，以及进取心等许许多多其他的事情。研究这些因素对科学家的影响，本身就是一项有趣的课题。

Maurice Goldhaber

戈德哈贝尔

美国布鲁克黑文国家实验室

倾听你的心声

忠实于自己,在思想遭受批判之时不要轻易放弃。我的经历表明:在与那些对新思想吹毛求疵的人谈话之前,多想想自己的观点。这样,你便能在争论中从容不迫,赢得胜利。

Michael B. Green

格　林
英国剑桥大学

激动人心的弦理论

我对物理学的兴趣始于童年时代，可以说是父母精心培育和一位杰出物理老师启蒙的结果。1967年，我在剑桥念完大学后，继续留在该校攻读粒子物理学博士学位。当时，统一四种基本力的研究正在如火如荼地进行着。量子场论作为理论框架，在20世纪40年代成功地将电磁理论和量子力学综合起来，但似乎对描述其他三种力无能为力。到20世纪60年代，物理学界已积累了质子和介子等强相互作用粒子的大量实验证据。根据盖尔曼（M. Gell-Mann）和茨威格（G. Zweig）的夸克模型，这些粒子应由夸克和反夸克组成。然而那时候没有任何关于将夸克结合到一起的强力的理论；与此相似，也没有任何与中微子相关的弱力的一致描述。爱因斯坦相对论描述了引力，也遇到了一些特别的问题。尽管引力非常微弱，以至于无法通过地面粒子物理实验装置直接测定,但在普朗克尺度(约为 10^{-35} 米)之内,它应该是主导世界的力。可是,在类似的微观层次统一相对论和量子力学的所有努力都戏剧性地先后失败了,例如从蕴含引力的一般量子场论常常会推出一些毫无意义的发散性结果。显然,这表明这种量子场论无法描述如此超短距离的物理学。

有鉴于此,虽然量子电动力学取得了辉煌的成功,但到了 1967 年,量子场论在 1967 年前后或多或少受到了冷遇,剑桥大学等不少研究机构可以说基本上抛弃了量子场论。有人提出所谓"S 矩阵"方法来描述强力,但它无法处理其他几种相互作用力。1967 年注定是一个特殊的年代。正是在这一年,一些研究者着手建立电弱统一的量子场论,并由此导致了"标准模型"的巨大成功!S 矩阵的设想虽没有在其本拟发挥作用的领域取得成功,却激发韦内齐亚诺(G. Veneziano)大胆地提出了一个描述介子散射的非常简单的公式。这一富有创见的思想出现于 1968 年,对我后来的研究产生了重要影响。几年后,人们意识到,韦内齐亚诺的散射公式可以从一个理论中推导出来,在这一理论中,介子被视作某种"弦状物"——这就是弦理论的开端。我早期的兴趣是粒子物理唯象学,但在 20 世纪 70 年代初,我越来越为新颖、神奇而内涵丰富的弦理论所吸引。它的基本观点极简单,只是将原来基本粒子理论的前提假设稍作拓展,即认为基本粒子并非点状粒子,而是一段极其短小的弦。而即便是一般的量子场论,也仍保留了点状粒子的假设。弦与点不同,是可以振动的,振动的不同模式对应不同的频率,从而被视作不同种类的基本粒子。由此便为统一各种不同的粒子提供了一条极其诱人的途径。

然而,早期版本的弦理论面临许多问题,随着量子色动力学(QCD)这一量子场论的出现,人们对弦理论的兴趣逐渐减退。QCD 用于描述强力,随后的标准模型则用量子场论统一描述了引力之外的所有3种基本力。尽管如此，我仍然对弦理论的结构着迷。1979年，我开始同施瓦茨（J. Schwarz）合作。我与他20世纪70年代初在普林斯顿大学时有过交往，但一直没有合作的机会。我们敏锐地意识到，通过构建包含引力在内的弦理论，将可能提出一个涵盖四种相互作用的理论架构。在这一图景中，所有的基本粒子——引力子、光子、夸克、电子、中微子和其他粒子——都可看作某种弦状物之不同模式的振动。同时，弦具有极其微小却非零的尺寸，这对理论的短尺度结构产生了根本性影响，而对于任何包含普朗克尺度量子引力效应的自恰理论，这都是必需的。

弦理论在提出之初及随后的一段时间里，并未引起很多人的关注，因而我们可以相对自由地思考和解决所存在的问题。从1980年起，我们在四年内发表了一系列研究论文，进一步发展了各种类型的超弦理论——前缀的"超"字是指体现于那些理论中的超对称思想。我们的努力很快有了回报，有些想法看来真的可行。我们的研究表明，有两种超弦理论可避免以往试图统一引力理论和量子力学时都会遇到的"紫外发散"困扰。至此，第一次有了某种自洽一致的"量子引力理论"。只是该结果当时还未被同行所理解，因而一段时期内，我们的理论并未对相关领域产生更直接的冲击。1984年夏天，施瓦茨和我在科罗拉多州的阿斯彭会面。在那里，我们又证明：超弦理论不存在引力和杨-米尔斯反常。此种反常是一种出现于所有统一量子场论中的矛盾，而且被认为也会出现在弦理论之中。我们的研究显示，此种反常并不出现在某些弦理论中，于是引起了爆炸性的反响。大批理论物理学家开始关注超弦理论。在数月之内，人们很快弄懂了这种非常抽象的十维时空理论，并将它与常规的四维宇宙物理学联系起来。

到1984年为止，我只在国际理论物理中心（ICTP）的一次小型工作会议上讲过五分钟的超弦理论，但接下来的情况则大为改观，我不断应邀在各种国际会议和场合介绍这一理论。我非常感谢萨拉姆，他始终密切注视和扶持这一新思想。1986—1990 年间，每届 ICTP 春季班，他都安排我讲解超弦理论。我们高兴地看到，超弦理论已逐渐为人们所熟悉。然而，施瓦茨和我可以相聚数月，并从上一年停止的地方继续向前研究的那种美好时光，却一去不复返了。弦理论在过去 20 年间取得了长足的进步。我们注意到，种种貌似不同的弦理论彼此间其实关系密切，且都与 11 维超引力相关。如今，这些相互关联的理论被称作"M 理论"。客观而论，M 理论在许多方面依然有待探索和理解，而且体现量子时空内在特征的更为基本的理论表述仍未出现。研究者必须继续努力，这不仅是完善超弦思想的要求，而且对粒子物理以及宇宙学中的相关预言至关重要。

　　超弦理论从关于强力的晦涩模型开始，发展成了联结理论和实验粒子物理、量子引力和宇宙学的核心学说。并且，弦理论还显示了与现代数学最重要领域的"共生"关系。这完全是因为如此美妙的理论仍有许多未解之谜！在此，数学与物理学相互激荡，继续着弦理论的传奇。

Susan Greenfield

格林菲尔德
英国皇家学会

测量"意识"

在学校里,科学往往因教法不当而失去魅力。中学时代,至少我们的生物学只是死记硬背课堂笔记,比如老师讲给我们听的变形虫的生长发育。要想得到好分数,只需卷面整洁。说实话,我当时的生物成绩并不太好。

化学课讲到了水的蒸馏,不过没人解释其原理。物理学是互动性最多的课程。当时,纳菲尔德六级课程刚刚推出。我们操作纸带滚轮车来体验时间、空间的特性,在玻璃平面上移动干冰以了解摩擦力的作用。尽管如此,与历史、文学和语言课程相比,科学课的老师讲得仍太拘谨;对我而言,两者简直大相径庭。

当时没人告诉我,为培养科学的洞察力,首先必须打好基础。我想,所谓基础应当是无处不在的东西。那时候,我觉得自己不适合从事科学。不过回顾当年所学，我其实对生命现象及思维能力之类的问题一直都很感兴趣。我后来得知，科学可以揭示这些奥秘。

进入牛津大学后，我最想学的是哲学，然而很快发现，哲学实在令人沮丧：搬弄词句、咀嚼概念，没有东西能在实践中得到证明。况且当时的种种观点也是支离破碎、不成体统。我还记得学习"语言结构"时的情景：坐在牛津大学图书馆里死啃哲学家论述定冠词的长篇大论。我当时失望至极！

与此同时，我学习的另一个专业——心理学，却能够为我的疑问提供更直接的答案。心理学在当时是一门相对较新的学科，其专业领域与范围还未厘清，所以入门的难度远小于那些业已成熟的学科。在心理学的世界里，我第一次面对一种情形，在那里不仅需要把握科学的方法和概念，而且并非每一概念都清晰明了，如板上钉钉。我没有被不确定性吓倒，反而感到相当兴奋，因为这意味着有非常广阔的发展空间。

选择心理学使我有机会开始涉及人脑解剖。我还清楚地记得第一次解剖大脑时的感觉。塑料罐放在面前之后，我们卷起袖子、戴上手套，慢慢地将手浸入贮存大脑的罐中，轻轻地将大脑托出水面，难闻的药水味扑面而来……真是奇怪！人类的本质究竟是什么？看着面前的大脑，我感受到一种从未有过的震撼。用指甲抠一点下来，它所控制的是我们的哪种情感、哪种活动：爱情、记忆，还是习惯？我至今认为那是一个特殊的时刻，一个我爱上科学的难忘时刻。

你所感受到的一切——完全彻底地属于你而其他人无法窃取的奇妙的主观世界，有赖于这沟壑起伏的柔软大脑。为何如此？这是无论科学家还是非科学家都想知道的秘密。当然，还有许多与此相关的疑问，诸如：是什么使得我们每一个人各具特点？人如何适应和学习？基因如何影响思维，抑或两者毫无关系？还有，思维会影响健康吗？

我对脑科学最直接的贡献恐怕是提出了一个想法：主观感觉最终能够通过科学方法来驾驭。问题是科学家不喜欢主观性，因为我们只处理"可测量"的事情。我认为，意识根本不是什么神秘的"属性"，在一定程度上是可测量的。事实上我们平常也都说：加强或削弱意识，培养我们的意识，等等。人类今后应当探索怎样通过调控大脑来改善意识，以及与此相关的主观内在状态问题。

人类最终能否将神经活动之"水"转变为主观经验之"酒"，虽然不能肯定，但这无疑是一个吸引后来者的激动人心的问题。

Phillip A. Griffiths

格里菲思
美国普林斯顿高等研究院

一个数学家的回顾与反思

早期的影响

我读小学时便喜欢上了数学,做算术题对我是件轻松有趣的事情;而在遇到威尔逊(L. Wilson)夫人后,我对数学的喜爱更变成了某种渴望和激情。她是影响我一生的伟大老师之一,在我就读的伍德沃德学院任教,这所中学当时叫作佐治亚军事学院。那个时代,很少有女性学习数学,威尔逊夫人却很有数学天分,同时更是一位优秀的教师。我敢肯定,要是她读过研究生的话,肯定能在大学得到正教授的职位;她让我领略了数学解题的极大乐趣和美妙感觉。

后来,我争取到了北卡罗来纳州维克森林大学的篮球特长奖学金。至今都想不明白的是,当年我投篮很准,但就是跑不快、跳不高,因此后来上场比赛的机会并不太多。同时,教练们希望我能多辅导一下其他队员的数学功课。我现在还经常想起一位名叫基尔杰森的队友，他个子很高，打四分卫，后来成了华盛顿红皮队的职业橄榄球明星。他没有学太多东西，我自己却教得津津有味，而且我教数学的热情至今仍不减当年。

数学的本质

我热爱数学的原因之一，在于它是一种灵活而精确的语言。描述世界的方式很多，从诗歌到绘画，各有所长，但我觉得数学的描述更特别，因为它是科学家理解和表达世界运行"规则"的语言。数学以其独特的方式阐明宇宙飞船如何因引力而绕地球飞行，描绘蛋白质的折叠情形，解释岩石周边水流的特征。根据有关现象，数学家提出假说，并努力寻找支持或反对假说的依据。所谓数学"证明"，即是以数学家的方式解释世界怎样运行。

几何学

我对原义是"测地术"的几何学特别感兴趣。早期的几何学家想要把握地球的形状特征，如山有多高，河有多宽。他们学会了用角度、长度衡量地球，而不必去实地登山涉水。因此，数学深为明了其力量的睿智先哲们所崇敬。几何语言生动直观，甚至可以闭上双眼用想象力解决诸如多维空间和宇宙黑洞这样的复杂问题。我喜欢航海，常躺在甲板上凝望星空，面向广袤的空间静静地感受几何的真谛。我的许多重要思想正是来自航海、远足，或在新泽西的家中眺望特拉华河时"最放松的时候"。

专业成就

跟许多数学家一样，我也幸运地站在了巨人的肩上。我的专业领域的巨人来自世界各地，其中包括挪威的阿贝尔（N. H. Abel）、美国的斯潘塞（D. Spencer）、法国的皮卡尔（E. Picard）和中国的陈省身。我所接受的数学高等教育，很大程度上是理解这些伟大数学家的研究成果，并在此基础上尝试着完善他们的工作。我读研究生时，所学的领域根本就没有适当的教科书，逼得我一开始就必须直接阅读数学大师的著作，其中的困难可想而知。然而，这是一条能真正深入其中、把握关键的切实途径——我赢得了丰厚的回报。感谢老师与合作者，他们的教导和帮助使我在复变函数、代数几何以及微分方程三个领域有所作为。我以为，一个数学家所能作出的最大贡献是成为一名好教师。希望自己能像我的老师对我那样，帮助我的学生，引导他们成长。

对世界的贡献

数学家能在其专业领域获得乐趣的重要原因，是他们能够对世界有所贡献。一个具有良好数学基础的人，可在其他学科领域取得更多的成就，因为数学提供了描述现象、分析复杂问题的有效语言和工具。数学广泛应用于物理学、计算机科学、材料科学、流行病学、工程学等领域。在理解基因和蛋白质的作用机制方面，数学家已经与生物学家结成了新的联盟。数学家与流行病学家探讨疾病的传播，与气象学家一道研究南极臭氧层的空洞。数学拓展了许多学科的疆域，例如帮助经济学家更好地估计股市风险，让网络专家研制有效的安全密码。

事实上，数学不仅是一套解决问题的基本工具，其影响还渗透到社会文化的各个领域。然而，非数学家很难理解数学的神奇美妙，许多人也很少有机会从数学的视角来审视世界的图景。解题多少有点像寻找某道美味佳肴的配菜方案，只有通过反复实践才能找到最好的

"菜谱"。

应当说,我数学生涯的最大享受之一便是教导学生洞察数学的真谛,学会欣赏数学的内在之美。

Friedrich E. P. Hirzebruch

希策布鲁赫
德国马克斯·普朗克数学研究所

拓扑学中越来越多的数论

1927年10月，我生于德国的威斯特法伦地区。父亲是一所初级中学的校长，同时也教数学，因而我生活在一个数学气氛浓厚的环境之中。我家有许多数学书，父亲也常常辅导我。很小的时候，我就对数字有一种特别的偏好。我通过观察温度计了解小于零的数，而且学会了加减法运算。在父亲的帮助下，还学习了有趣的乘法。上小学之前，我已从父亲那里学会了10～20之间的简便乘法，如：

$$17\times18 = (17+8)\times10+7\times8=306,$$
$$(10+a)(10+b) = (10+a+b)\times10+a\times b。$$

这些式子简单有趣，也让我的计算速度大大提高。我还记得，在老师教我们10～20间数字乘法的课堂上，他一念完数字，我就能立即举手说出结果。我一直喜欢做类似的数字游戏。除了在中小学接受常规训练之外，我还看了许多有趣的数学书。我喜欢拉德马赫（H. Rademacher）和特普利茨（O. Toeplitz）编写的《数字与图形》。该书出版于 1933 年，我大约是在 1938 年前后开始阅读的，当时并不知道两位作者已经由于受纳粹迫害而离开了德国。1940 年特普利茨在耶路撒冷去世。1957 年朱克曼（H. Zuckerman）将此书译成英文出版，即《数学的乐趣》（*The Enjoyment of Math*），并由当时已移居费城的拉德马赫撰写了一篇前言。我至今还记得该书 1933 年版导言中的一段话："……本书不想重复其他学科能够为读者展示的那些事实，而是要强调现象的类型，以及提出问题和解决问题的方法。"他们的作品表明，数学之美如同音乐之美，能够让初学者、爱好者在"力所能及"的程度上见仁见智地去欣赏。按照这种思路与写法，高中生已可理解数学原理，并感受其美妙。

好老师对学习数学至关重要。幸运的是，我遇上了如我的父亲和《数学的乐趣》这样优秀的引路人。下面，我举一些当时自己认为特别有趣且能被高中生理解的书中例证。

质数数列：涉及算术数列中无穷多个质数的问题。不可通约线段和无理数问题：当古希腊人意识到某些正方形的边与对角线之比并非有理数时，他们感到极度的绝望。垂足三角形的最小性质，可用于解决如下问题：给定一个锐角三角形，求周长最小的内接三角形（想象在一张锐角三角形台面上打弹子球）。其他的例子还有毕达哥拉斯数和费马定理、循环小数及决定其周期长短的数论问题，等等。为了类似的有趣问题，我在课余时间更多地接触数学，乐此不疲。我一直认为，学生有机会通过老师了解这些数学瑰宝是很幸运的，非常有助于他们从繁琐的日常解题中解放出来，体会数学的真正滋味。

战争中断了我快乐而充满求知欲的童年生活，到处是炸弹、军事设施、正规军和各种城市部队。直到 1943 年初，我的学校生活还算平静。1945 年 3 月，我刚满 17 岁就被征召入伍。不过，我在参军的第二个月便成了俘虏，同年七月被释放回家。与那些在战俘营关押多年的人相比，我真算走运了！数学伴随我度过了战俘营的那段日子。当时，我们吃的是美国人提供的紧急配给食品，包装中经常会有卫生纸和铅笔。坐在自己挖成的能遮风避雨的地洞里（我们常常露天待在开阔的地面上），在卫生纸上不停地演算，并时常回忆那些我喜爱的定理证明。

1945 年 11 月，我进入明斯特大学学习数学。战争几乎彻底摧毁了这座城市。当时，我们面临重重困难，而且还有对德国所犯战争罪行的思想包袱。正是《数学的乐趣》这样的著作，给了我以及那些服兵役多年后返回学校的学生一种精神上、道德上的慰藉和支持。

1952 年，我收到了普林斯顿高等研究院的邀请。1952—1954 年期间，我一直是该研究院的研究人员，并在这里与世界各地的数学家不断地讨论和交流。由于学术氛围的激励，我完成了自己最重要的研究。

我学会了最新的拓扑学方法和流形理论，特别是当时勒内·汤姆（R. Thom）的最新研究，并将其应用于代数几何，特别是那些可由代数方程给出的流形，由此得以将代数曲线的经典定理（黎曼-罗赫定理）推广到高维的代数流形上。存在于不同数学领域间的出人意料的联系，最能体现数学的魅力，也是我痴迷数学的重要原因。后来，数论和拓扑学之间的联系被进一步发展。阿蒂亚（M. F. Atiyah）和辛格（I. M. Singer）的指标定理是对我所推广的黎曼-罗赫定理的强有力的推广。它的一个等变形式导致了对具有孤立不动点的映射的有趣研究。由于这些不动点，出现了若干以往在数论中研究过的（例如由我所敬爱的拉德马赫所做的）表达式，从而导致了数论与拓扑学之间出人意料的联系。1970 年曾召开了一次名为"数学前景展望"的研讨会，以庆祝普林斯顿落成一座新的数学楼。我当时提议将主题定为"拓扑学中越来越多的数论"。

我很高兴地看到了拓扑学与数论的结合，并将其视作数学统一的典型例子。应当说，数学不同领域之间的交流以及数学与其他学科的互动日益增强。诸如代数几何学与指标理论这样的理论，如今已成为理论物理学研究的重要工具。

John J. Hopfield

霍普菲尔德

美国普林斯顿大学

在科学中成长

儿童天性好奇。他会戳戳甲虫看它们的反应，扔根树枝在小河中观察它漂多远才沉没；他喜欢拆开玩具看个究竟，也会对水流进排水沟便不见踪影感到惊奇。我生长在一个不但宽容而且鼓励孩子大胆探索的家庭，所能记得的最早活动是在厨房的地板上玩锅盖，把它们上面没有拧紧的部分全都卸下来。在我心目中，父亲能修好一切东西——屋顶、收音机、水管、电线、自行车，也能给钢琴调音、干园艺活。孩提时代，只要父亲做这些事情，我就会守在旁边看。父亲也会向我讲解问题可能出在哪里，如何才能修好。母亲有一台老式"歌手牌"缝纫机，小抽屉里放了一把调整机器用的螺丝刀。母亲允许我用它，只要摆弄完之后放回去就行了。我用它到处鼓捣，自得其乐。很多年后，母亲给我讲了当时的一件趣事。一位到我家给妹妹看病的医生一进门，就看见我正把一台手动上发条的老式留声机拆得七零八落，他立刻出声制止我。听到医生的声音，母亲毫不在意地对他说："没关系，要是他装不回去的话，他爸爸会帮他的！"总之，当时我在家里很少受到严格的管束，甚至有些"胆大妄为"。至今我还记得，那真是一把漂亮的螺丝刀！另一件让我着迷的工具是放大镜，我用它观察蚂蚁，或者把阳光聚焦在纸上烧孔。

稍后，母亲开始鼓励我在厨房里做化学实验。我得到了几个试管、软木塞，以及儿童化学实验指南。这些书教孩子们如何用旧电池的锌皮制作氢气，如何让醋和发酵粉在试管中反应而射出软木塞。书中还描述了硫被加热熔化后表现出不同的性质，氢气用火柴点燃时应当发出"嘭"的声音。我制成的晶体总不如书上看到的那么漂亮，但晶体的对称结构还是清楚的。通过动手制作，我还明白了它们的成因。隐形墨水是我能在厨房中制造的另一种奇妙东西。与大多数学生初次见到酸碱指示剂是在化学实验室不同，父亲用红卷心菜作指示染料，向我展示了它如何随着溶液酸度的不同而变红或变蓝。

我的电气设计开始于一对电池、几根导线和几个灯泡，印象最深的是在一把钉子上缠绕电线做成电磁铁，以及自制可在卧室和厨房之间传递信号的简易电报机。

后来，还得到了积木玩具和建造模型。与发明创造的雄心相比，笨拙的手指时常令我感到力不从心，而且手头可资利用的废旧零部件也太少。

有一次，我找到了一副老式的头戴耳机，以及一本美国农业部编制的《简易晶体管收音机制作手册》。根据手册，我用头戴耳机、一块方铅矿石（硫化铅）和缠绕在纸筒上的线圈自制了一台收音机。它可以接收远至75公里发射台的信号，而且不需要电池。该手册发表于1930年，用以指导尚未通电地区的农民制作简易收音机，以便在农村收听无线电广播。后来，我得知真空管收音机可以收到更远距离的信号，于是用零花钱买来真空管，组装了"更高级"的收音机。可以说，我是在亲手制作、改进和维修简易电子装置的过程中，了解电子学和掌握其基本原理的。而且，大多数制作只是修旧利废，花钱其实很少。晶体管收音机最令我着迷的地方是，一些与方铅矿石晶体相连的电线竟能将无线电信号整流为可听到的声音。这个问题直到12年后我上了大学才真正弄清楚。

一辆自行车也能提供学习的好机会。轮辐断了、脚刹失灵了，没关系，我拆开修理修理。装不回去了，父亲总会救我，他会带我到修车店去。当然，可不是去请人修理——那"太奢侈了"，只是去学点技术和买些必要的零件，回来继续自己修。

我还用一组套件自制过模型飞机。先是做橡皮筋弹射飞机，后来又装上了微型汽油发动机。我从改装中学到了不少东西，后来甚至在修理我的第一辆旧汽车时派上了用场。我喜欢阅读杂志的科学栏目。偶然读到一本关于天文学的书，便梦想着能够作出解释宇宙运行的科学发现。

在中学接受的科学教育非常糟糕，完全是照本宣科，为教而教。我12岁之前没有学过任何科学课程。之后的科学教育，老师们强调的只是记忆现成知识，而不带领我们去实际动手，加深理解。我的这些科目成绩都很差。幸运的是，我遇到了两位真正优秀的老师。一位是生物老师，另一位是化学老师。生物老师要求我们注意事实的组织，而不是死记硬背无关联的内容。他鼓励我们寻求生物体之间的联系，教导学生如何观察和思考。应当说，这是我第一次真正感受到科学的魅力。高中化学老师则将我们这些十几岁的学生当作成年人，为我们开设真正的科学讲座，指导我们像搞科研那样做实验。跟着这些老师，我做了许多儿时在书本上读到并一直期盼着能亲自动手完成的实验。猛然间，我成了班上最好的学生。

物理学是探索未知事物及其成因的学科，它寻求关于世界的基本原理、事实和定量描述。一些人沉醉于探究宇宙起源的奥秘，或者极微观事物的性质。我是在一个对周围世界充满好奇的环境里长大的，所以热切地想理解和影响自然。最有意思的物理学莫过于人类尺度事物的性质，以及这些性质与更微观的结构和特性之间的关联。

依据上述背景，我进大学后很自然会主修凝聚态物理。我科学生涯的第一个十年，主要研究晶体与光的相互作用，以及这种相互作用与固体的电子结构和光的量子特性之间的联系。那是一个激动人心的时代，许多领域还是完全未开垦的处女地，相关的实验一个接着一个完成，新的理论很快便能得到验证。我由此获得了极好的基础训练，特别是在广泛运用数学模型方面。

随着对固体物理的理解加深，我转向了以物理术语描述生物系统的研究。事实上，当时这又是一个几乎无人涉足的领域。渐渐地，建立于物理学之上的关于生命系统的实验事实多了起来。我以一种不同寻常的提问方式，为此新兴学科作出了开创性的贡献。我本人也以理论生物物理学研究而引人注目。不过，该领域最重要思想之数学意蕴尚有待进一步阐释和挖掘。我所做的只是找出其中相对简单的问题，清楚地加以表达和陈述，并采用便于理解及易于物理观察的方式来描述可能的解决路径。

我发表的首篇关于大脑工作机制的文章，后来成为引用率极高的论文。通过对相互联结的神经元网络行为作物理类型的抽象，而将"磁性和自旋玻璃"这一已知的物理命题与联想记忆心理现象联系了起来。由此，在神经生物学中引入了计算的概念，并借助于趋向某一不动点的多自由度系统的动态轨迹来进行计算。上述思想如今被称作"霍普菲尔德模型"（Hopfield model），它已激发了许多物理学家进入神经生物学领域。研究者们的工作表明,神经生物学与物理学关系极为密切,相关的物理模型可以有效地迁移至神经生物学的研究中。两年间,我在参加了多个神经生物学研讨会后,把握住了关键问题。我在分子生物学领域得到最多引用的论文涉及"动力学校对",这是在分子水平上一般通用的校对方法。同时我还率先提出了 tRNA 和蛋白质合成中的动力学校对控制机制。在此,我又提出了一个正确的问题。生物学家可能会问:预期的反应是如何发生的?而我则这样问:在预期反应与非预期反应非常相似的情况下,为什么"非预期的"和"不想要的"反应不会发生?由此发现了新的生物物理规则。

我现在的科学兴趣转向了探讨"我们人类如何思考"的问题,这是我常用的提问方式。不过岁月不饶人,我恐怕很难圆满解答以上疑问了。也许有人会说,那是生物学问题还是物理学问题?我想,如此区分其实并无太大意义。就实际研究而言,不妨将物理学定义为"接受物理学训练者的所作所为"。

Julian C. R. Hunt

亨　　特

英国伦敦大学学院

科学生涯之人生感悟

仿效古罗马诗人奥维德对求知者的赞美，可以说不断追问的科学家在有所发现之时是最幸福的。如果解释与理论能够同时回答几个问题或者能够运用于实际，他们会更高兴。成为第一是某些科学家的工作动力，但大多数科学家并不将科学看成你死我活的竞争。恰恰相反，正如牛顿在提出行星运动的万有引力理论后的直抒胸臆：后来者不过是站在巨人肩膀之上而看得更远一些罢了。

1953年我和我兄弟随叔公的一次度假经历让我懂得了"问题意识"的极端重要性。叔公理查森（F. Richardson）和叔婆多萝西娅（Dorothea）是著名的数学家和科学家。那天我们到一家乡村小店去买颜料，有两种不同的产品可供选择，我们各买了一点带回家。理查森将它们分别放在不同的碗里，然后加入各种化学品，包括他在家庭实验室里制备的硫酸。结果显示：一份样本变为棕色而且散发出刺鼻的气味，另一份却依然如故。因此，我们该买后者！在理查森的房子里，可以俯瞰苏格兰海湾，眼前的美景让他随时都能思考科学问题。他告诉我们，漂浮在湍流漩涡中的欧洲防风草，其状态正如空中游荡的气球。

根据我在科研、管理和政治方面的经历，问题意识与实验方法对于研究人类的社会生活同样有效。我从理查森那里学会了怀疑。他认为，历史书里将战争归因于伟大人物的解释是错误的。他还试图定量地证明：战争是军备增长的必然结果，且其爆发服从于一定的统计规律。当然，这是一种至今仍被争论不休、未有定论的观点。

我的学术兴趣主要在力学和流体运动方面，特别是关于风、涡流和波的问题。我小时候还受到了祖父加尼特（M. Garnett）的影响和激励。他是剑桥大学三一学院的研究员，也是著名的应用数学家和行政官员。小时候，我喜欢把许多电动小火车编组运行，也用钢件结构玩具组装过变速箱，还用雪茄烟盒等配件造出了矿石收音机。祖父经常带我驾驶他的敞篷小艇离开英国南海岸，驶入波涛起伏的大海，有时甚至会冒雪出行。正是这种体验，激发了我凭借物理学解释自然奥秘的热情。在威斯敏斯特上高中时，我和朋友设计了一个实验，以检验与说明一个常见的事实：为何码头和船甲板的系船柱上，仅绕一圈的缆绳就足以承受那么大的拉力？我们证明：应力与 $e^{2\mu\pi}$ 之间的正比关系是非常准确的（μ 为摩擦系数）。实验使我们真正感受到了科学的魅力和实用性。

我大学主修工程学，对流体力学和热力学特别感兴趣。当时，一种新的发电方式吸引了我：加热蒸汽并使之导电，然后以近乎声速的速度推动蒸汽穿越磁场。其基本原理源于 20 世纪 40 年代对地球内部以及外层空间磁场的研究，通常称作磁流体动力学。

应用同样的流体力学方程，我们发现：实验室或发电站的磁流体能够以某种出乎意料的方式流动，例如会沿着管道壁喷射，甚至反向回流。于是，如同科学和技术研究中经常发生的那样，原本要研究的问题被暂时搁置，意外出现的情况成了主角。虽然磁流体发电以及同样基于磁流体动力学的热核聚变继续为研究者所关注，但到 20 世纪 60 年代末，这些发电方式由于并未如人们原来想象的那样具备应用前景而偃旗息鼓。

当看到从月球拍摄到的我们的蓝色星球之时，特别是当意识到我们的地球正遭受酸雨等污染的破坏之时，我开始积极投身于跟环境相关的科学和应用问题的研究。流体力学能够与化学、气象学、地球物理以及工程学协同作战，为拯救我们的地球作出贡献。事实上，解决众多环境问题的第一步，便是对风吹向建筑物、丘陵、沙丘、高山、森林时的冲击效应作出分析。涡流的扰动会影响大气中微粒、气体和热量上下扩散至地面的方式，这决定了烟雾、尘埃、沙粒、花粉和温度的浓度水平。有时，恶劣的环境条件可能得到控制。例如，降低污染和设法使城区更具可持续性，有利于创造更为适宜的生存环境。我已参与了许多应用性的研究，并且常常运用最新的数学成就，比如流动模式的拓扑。我注意到，尽管如今可以借助大型计算机模拟大气和海洋的运动，涉及小至一厘米、大到一公里的涡流，但数学思维对于理解所得结果仍然具有至关重要的作用。研究表明，湍流的统计学（例如定义不同运动尺度的能量）在相似的环境流和工程流中具有明确的特征。统计特征与涡流的形态有关（比如是像旋涡还是像射流），同时也与涡流相互间的位置有密切关系。

在此，我想效仿理查森写于 20 世纪 70 年代的一首著名诗作，以诗的语言来总结涡流的故事。理查森当时专注于考察湍流的涡旋力学，而今天，我要用新的诗篇来描述关于复杂流动中湍流研究的新思想。

理查森写道：
大旋涡乃小旋涡所赐，
小旋涡为更小旋涡支持，
如此，如此，直至黏性为止。

亨特认为：
涡流如交响乐般绵延，
一击之下，顿失和谐。
大者激荡，小者涟涟，
踪迹镌刻水中云间。
着几丝条纹，泛几圈涡旋，间或成半圆，
统计变换再生款款风流图案。

Daniel D. Joseph

约 瑟 夫
美国明尼苏达大学

大器亦有晚成时

我有幸能在今生尽情挥洒自己科学和工程方面的创造力，但奇怪的是，小时候我并未表现出任何长于研究的特点。我的创造力一直深深地潜藏着，没有任何征兆，直至后来才慢慢得以释放和展现。我的一点体会是：在真正认识自己之前，千万不可妄自菲薄，低估自己的潜能和才干。

我父亲在美国开珠宝店，他是在移民潮中从俄国逃往美国的。在我之前，我父母的家族当中没人上过大学，更没有人从事学术研究。当时，他们也没指望我有大的出息，并不刻意要求我上大学。中学时我表现平平，对自己的前途没有什么特别的打算。我居住和上学的地方是第二、三代美国犹太人的聚居区，是他们唤醒了我对学术的向往和尊重。这一点对于我这样一个缺乏更多家庭文化熏陶的少年可谓弥足珍贵。我的朋友中有不少天资聪颖的男孩,他们对我影响很深。

高中毕业后,我的许多朋友进入了芝加哥大学,而我只能上同在芝加哥的罗斯福学院。好在两年后,我也终于如愿以偿地加入了这所学校。不论过去还是现在,芝加哥大学无疑都是世界一流的学校;而20世纪40年代后期,芝加哥大学施行一种非常新颖的组织形式:设立了高度学术化的两年制学院,而后是各个学部,它相当于一种快速的研究生院。我进入其中的社会科学部,主修社会学。

在1948—1950年的学习期间,我与另外五名同学合住一套公寓,他们后来在社会服务、社会学和法律方面取得了杰出的成就。那段日子是芝加哥大学物理系的黄金岁月,二战期间在这里率先实现了受控热核反应,师资队伍中聚集了当时物理学界的一大批伟大人物。一位室友选了物理系的课程,我们戏称他为"不受欢迎的人"。可惜他大考前在超市遗失了课堂笔记,结果未通过考试。不过,塞翁失马,焉知非福。当时学物理的人很多,该学科的就业竞争非常激烈。我想,要是当年我也选择物理的话,多半不会有今天这样的科学成就。

我在芝加哥大学社会学系的学习成绩很平常,学校在我毕业后的40年间似乎也未再想起过我。直到1991年,我才因为自己在流体力学方面的贡献而获得了"芝加哥大学职业成就奖"。这让我感到非常快乐,因为总算没有让母校失望。

那时候,芝加哥大学的学术氛围极其活跃、动荡,充满着关于社会、政治和人生的激烈争执与讨论。我们一部分人非常崇拜马克思的政治主张,热切地企盼着能够实现他的理想。获得社会学硕士学位后,我与妻子以及另外一对夫妇去了法国。我们举行共产主义者集会,参加理论小组,同时也学习法语。旅行的费用部分来自图书销售。我们在一次图书清仓中购买了许多非常便宜的降价书,其中著名人类学家马利诺夫斯基的经典作品《特罗布里恩群岛》让我们赚了一些钱。更"值钱"的是托洛茨基撰写的《被背叛的革命》复制本，托派分子对这种未正式付印的书稿很舍得花大价钱。

1951年我们返回美国。当时麦卡锡主义肆虐，激进工人运动风起云涌。在纽约一家工厂里工作了一段时间后，我移居加利福尼亚州伯克利市。在此，我做过两份工作，先在一家条件恶劣的工厂、后在一个机械加工车间做机械师。那段时间，我开着一辆非常耗油的小汽车，艰难地行进于伯克利绵延起伏的山间；而与此同时，我的同事们则驾驶着有尾翼的大型豪华轿车兜风。那段冒险经历如今想来有些可笑，但要是身处某种缺乏宽容的社会环境，此番举动也就并非不可理喻。若干年后，我厌倦了激进行动。当赫鲁晓夫发表讲话开始清算斯大林罪行的时候，我彻底放弃了以往的想法，突然间感到从未有过的轻松。

我对科学和工程的理解，深深植根于担任实习机械师的经历。我热爱这种工作，喜欢制作复杂精密的设备。机械师们是一个需要相互协助的整体。我们在当地中学开办了一家技术学校，我在那里因为计算得又快又准而成为"明星"。我第一次感到，自己有从事工程的能力。赫鲁晓夫讲话后，我进入芝加哥的伊利诺伊理工大学机械工程系学习。我对社会活动完全失去了兴趣，而且我还得养活自己和家庭，当时也无力想象从事学术研究。

20世纪50年代末，在苏联发射第一颗人造地球卫星后，美国开始投巨资追赶苏联科技。我学习非常努力，珍惜来之不易的机会，因为自己年龄已大，还要负担家庭。我取得了近乎完美的分数，并得到一位同伴慷慨的经济资助。我终于开始走上了科学研究的道路。在伊利诺伊理工大学的那些日子里，我遇到了几位优秀的应用数学、流体力学教授。不过说实话，我在当时以及后来很长一段时间里，对自己是否有能力从事这些研究一直忐忑不安、信心不足。我的教授们建议我到布朗大学攻读博士学位，但权衡之后，我还是选择了留在伊利诺伊理工大学。1962年底，我得到博士学位，1963年在明尼苏达大学力学系获得了一个职位，并一直工作至今。

我的科学生涯可以划分为几个阶段。第一阶段，主要研究稳定理论，并撰写了多篇应用数学方面的论文。我的《流体运动稳定性》一书写了六年。这一经历教导我：写书的时候，应当事先完成需要的所有研究，而不是在写作途中再去寻找、拼凑。实际上，我1969年在伦敦大学带薪休假的时候，便已为写作该书做了许多准备。就连我的孩子们都说：爸爸白天写、晚上擦，真是辛苦。当然，这本关于流体稳定性研究的著作至今仍然受到好评。除了写作理论著述外，我还与比弗斯（G. Beavers）合作发表了《自然渗透墙的边界条件》一文，是在我博士论文基础上的实验分析。此论文导致了诸多相关研究，包括流体力学界泰斗泰勒（G. I. Taylor）的最后第二篇论文。

第二阶段的研究与数学关系更为密切。我发表了若干用数学解决流体力学问题的文章，其中包括：分岔的数学理论；应用于流体力学自由表面问题的偏微分方程值域的扰动理论的严格表述；双正交级数的完备性和收敛性；正源驱动的非线性扩散方程解的数目；热波理论和其他方面的论文。1980年，我与伊奥斯（G. Iooss）出版了《基本稳定性与分岔理论》。我们在书中指出，所谓基本稳定并不"基本"，还有更为基本的因素在发挥作用。写作此书对我而言是一种享受，我们在最简单易行的框架内，把平面曲线的分岔和稳定性作为书的主旨来介绍。

在此期间，我开始对黏弹性流体力学产生兴趣。这种流体非常有意思，能够引起一些有违常规的流动。例如，当杆在一般流体中转动时，杆附近的流体下陷，形成某种类似于浴缸放水时的漩涡；而当杆在黏弹性流体中转动时，这种流体会沿着转动的杆向上攀升，上升的高度还颇为惊人。对此现象应当采用逆向思维。为了增强直觉，可以设想与水、甘油之类较简单流体的行为相反的现象，以此来理解黏弹性流体的运动。研究表明，黏弹性流体与其他普通流体不同，应力与形变之间呈非线性关系，且应力取决于形变的既往历程。我研究了有关这些流体的数学理论，以解决类似"沿杆攀升"等重要问题，结果发现应力在此类流动中起着至关重要的作用。我对黏弹性流体进行了数学分析，并对引起流体沿杆攀升以削弱波动的记忆效应进行了数学推导，最后提出了测定黏弹性流体波动的方法，并可据此推断其弛豫时间。我的《黏弹性流体动力学》一文为该项研究给出了完整的描述和解释。1990年，在我当选美国国家科学院院士的介绍中，评审委员会指出："……约瑟夫创立了黏弹性流体的数学理论基础。其理论框架和第一流的实验激发了整整一代科学同行的研究。"

不要天真地以为，科学探索是鲜花和荣誉铺就的康庄大道。科学同行皆非等闲之辈，发现过程中充满了为赢得承认而展开的激烈竞争。有些人也许会说，科学界完善的同行评议机制可以规范研究者之间的竞争。然而有时候，同行并不总是希望你成功。特鲁斯德尔（C. Truesdell）是连续介质力学领域公认的权威人士。他是我早期的导师，后来却成了压制我的"主要力量"。最初他称我为流体力学领域的"伟大头脑"，可是到20世纪80年代我的学术兴趣转向实践和应用时，他改变了对我的看法。特鲁斯德尔所领导的同行专家曾在以往给过我巨大的帮助，但此后我遭受了这些真正同行专家们的贬斥，陷入了莫名其妙的困境。不过生活有时候就这么莫测高深，用斯通（R. Stones）的话说便是："有时你没得到你想要的，却得到了你需要的。"恰恰在那件事之后，我当选为众多学术机构的成员，并受到了许多专业学会的奖励。

从20世纪80年代后期到90年代，我们的研究课题之一是润滑与油管的自润滑，它是一项具有重要意义的应用课题。其基本思想是：当输油管中有水和黏性的油时，油将作用于管壁，从而增强润滑能力。此效应可大大降低输油所需的动力。然而，油在管壁上的持续累积可能导致阻塞问题。为克服这一问题，我们首先进行了多项稳定性研究，结果表明：管壁的水润滑是稳定的。各项实验结果也与理论计算非常吻合。20 世纪 90 年代初，加拿大合成原油公司与我们联系，希望我们评估与加热沥青和用石脑油稀释两种方法相比，通过水润滑来管道输送泡状沥青的可行性。泡状沥青黏度很大，且在油中是稳定的水性乳状物。该公司在沥青砂地通过提取泡状沥青而得到油，然后用热水带走大部分砂粒，结果就把水留在了油中。不过，泡状沥青黏度太大，无法用泵抽取。乳状液中的水来自沥青砂，水里含有大量细微颗粒构成的黏土，所以在流动时呈乳白色。凑巧的是，乳状液受到管壁剪切后会分离，从而在管壁上形成一层润滑膜。由于不需要另外加水，我们称之为自润滑。黏土水真是作用巨大，就像撒在生面团上的面粉一样，附着在油上并阻止油本身变黏。我们为该公司进行了多次试验研究，寻找输送中可能的阻碍物，结果什么也没有发现。我们根据研究提出建议，为了获得较高的成本效益，最好选用 36 英寸管径的输油管；不过我们当时无法具体验证。如今，该公司营运这种输油管道的成本仅比运输水的成本高 6~10 倍，从而省下了一大笔费用。

最近，我们正在进行液体中粒子运动的直接数值模拟。我们开发了可以直接改变泥浆、流化床中粒子流动的程序，而无需借助具体模型。数值模拟与真实的实验类似，同样可以对所得的数据进行处理和相关分析，并进而将大量的数据转化为有用的公式。直接从数据到公式，而无需模型，这是将数值模拟与工程实践有效结合的重要途径。

当前，我对极其抽象的所谓黏弹性位势流很感兴趣。实际上，人们在数个世纪前已经注意到了位势流，却假设流体的黏度为零；他们通常把这称作非黏性位势流。如果在 Google 上搜索，至少会查到 8 000 万个词条。其中，除了我写的 20 篇论文考虑了流体的黏度外，其余内容全都是基于非黏性流体。显然，世界上绝不存在零黏度流体，因而假设所有流体都没有黏度的做法既缺乏根据，也导致了应用中的偏差。

在我 40 年的教学、研究生涯中，我遇到过许多杰出的学生。我由衷地喜欢和感谢他们。没有学生的参与，我的许多研究都无法进行和完成。我想，学生们同样爱我这个老师。学术纽带将我们牢牢地联系在一起，形成了一个相互尊重、同甘共苦的大家庭。有此人生，我非常知足了！

Leo P. Kadanoff

卡达诺夫
美国芝加哥大学

科学家与真理

小时候，我先是迷恋数学，后来又被物理学洞悉自然、描述规律的能力所吸引。与躁动迷惘的青春不同，像"在一个直角三角形中，$c^2=a^2+b^2$"这样的命题可谓有理有据、真实可信；不仅如此，还可探究该命题是否适合其他类型的三角形。这些都令我感到有趣和神奇。

物理学要寻求关于自然界的真理。借助薛定谔方程，人们可以真实地揭示氢原子的结构和运行，准确预言氢的发射谱线。这些都深深激发了我的想象力，使我梦想着探索真实而新奇的事物。凭着一股"初生牛犊不怕虎"的豪气，年轻气盛的我觉得自己理应在科学上有所成就。

如今许多年过去了，我也不再是那个雄心勃勃、意气风发的少年了。值得欣慰的是，年轻时的梦想已有不少成真，我感受过一次次发现的喜悦和创造的快乐。同时，我眼界也更开阔了，意识到探索和公布研究结果不应当以忽视生活的其他更重要方面为代价。理解爱、正义、人性这些人类最宝贵情感的真谛，也许比单纯求真更有意义。因此，我对科学在人类生活中所能发挥的作用，保持了一种更为客观、谦逊的态度。我始终坚持认为，科学的真正价值，在于它代表着人类发现和描述大千世界丰富内涵与真理之可能性。

科学应当成为人类其他活动的典范。我们的世界承受了太多的虚假繁荣：一些群体被妖魔化；枯竭的油田伪称还可丰产；狭隘的政治观点被无节制地到处兜售；不法经营者成了股东利益的"守护神"。于此意义上，科学和科学家对社会的最重要贡献，也许便是告诫人们：如此作为则过莫大焉！断然不可趋附效法，更不可谬奖溢美。

不过，说来让人气短！科学界的丑闻似乎也不逊于其他领域。当我们对冷核聚变、热核聚变盲目乐观之时，当我们尝试击碎小行星的技术之时，抑或为那些缺乏实际意义的项目争取巨额经费而巧舌如簧之时，科学家的行为与周围芸芸众生的表现，又有何区别！只要我们仍然为获取大量经费而侈谈科学的种种令人难以置信的"应用"，我们就无权抱怨美国政府滥用科学事实谋取自身利益。只要我们姑息贝尔实验室巴特洛格（B. Batlogg）的管理过错，对朗讯公司舍恩（J. H. Schon）的研究欺骗文过饰非、遮遮掩掩，我们也就没有资格声称：世界本该管理得更好，公司财务本应当更加透明。的确，如果连我们科学家都不能忠实于真理，还能指望谁呢？

Krishnaswamy Kasturirangan

卡斯图里兰甘
印度议会上院

突入天文学、技术和宇宙空间

我对天文学的热爱，源自儿时的"夜空崇拜"。我的童年是在印度南部喀拉拉邦厄纳库拉姆的一个小镇度过的。在20世纪40年代初期，家乡的夜空还没有今天这般耀眼的灯火。茫茫苍穹，点点繁星，明亮而神圣。直至今天，每当我回忆起横亘在厄纳库拉姆夜空宛若晶莹项链般的银河，仍然会激动不已。可惜，这种景象今天即使用望远镜也无法在任何一座城市看到了。可以说，正是对天空的痴迷和敬畏，激发了我的想象力，引领着我畅想遥远星河的"故事"。后来，我离开家乡到孟买上中学。那时，对夜空的渴望已然升华为一种探索宇宙奥秘的激情。高中和大学教育培养了我对数学、物理学的兴趣。对我而言，物理的迷人之处，在于其凭借支配事物的一般原理把握自然的能力。与此相似，数学则是遵守一定规则的美妙游戏。我认为数学解题绝非枯燥沉闷之事，而是充满着智慧和乐趣的"游戏"。我对数学、物理始终兴趣盎然，并在孟买大学顺利获得物理学硕士学位。当然，年少时的天文之梦非但没有消退丝毫，还深深地与物理相融汇，进而强化和改善着我对物理学的理解。大约就在此时，我有幸结识了印度著名的宇宙射线学家萨拉巴伊（Sarabhai）博士。正是我后来的这位恩师，在艾哈迈达巴德的"物理研究实验室"启动了著名的"宇宙射线和大气物理"天文学计划。萨拉巴伊博士得知我从小酷爱天文学之后，立刻邀请我与他面谈。他当时评价我学术兴趣的场景，至今仍历历在目。博士对我提出的问题几乎涵盖了基础物理和现代物理的所有方面，大部分问题比较容易回答，但其中不乏学术上未有定论或难以清晰阐释的问题。为了进一步考验我献身科学的决心，他提醒我：研究生涯不仅要求一丝不苟，而且必须耐得住寂寞和清贫；特别是做博士研究更可能面临很大的不确定性。我向他表达了自己对学术生涯的向往，以及献身天文学事业的信心和决心。于是，他向我描述了一幅雄心勃勃的宏伟蓝图——使印度成为空间强国。我突然明白，萨拉巴伊博士是从长远和崇高的国家前途在考察我、要求我，不禁十分激动。进一步交谈之后，他指导我进入正在兴起的"X射线天文学领域"工作。此时，距人们在天蝎座发现第一颗X射线恒星还不到一年时间。

　　回想起来，萨拉巴伊博士引领我踏上科学征程的做法，以及培养我成为一名实验物理学家的方式颇为独特。在他的要求下，我独立完成了一系列实际操作，如切割金属薄板，制造动力系统底盘，设计简单动力装置，设计电路，以及建造用于检测射线的负载气球。通过这些工作，我积累了技术方面的种种宝贵经验。在近两年时间里，我一直在学习和提高这些技能。与此同时，他还指导我深入学习了诸多相关知识：粒子的性质；大气和星际物质中电磁辐射的传播与相互作用；不同形态磁场中带电粒子的运动；恒星爆发过程中的核合成；气体放电理论；恒星大气中的辐射传递；极端温度、密度和磁场状态下 X 射线的产生；等等。那真是令我脱胎换骨、打下坚实基础的两年，同时可以说是我后来 30 年学术生涯的一个激动人心的开端。在接下来的两三年内，我研制了 X 射线望远镜以检测弥漫性宇宙 X 射线谱，同时借助气球进行了中能量域的一些最早测量。这一切使我初期的学术道路充满了兴奋和成就感。

概括而言，那个时期的工作主要是针对宇宙 X 射线成因的研究。一种观点认为，弥漫性 X 射线辐射来自大量离散源头的辐射叠加；另一些人则相信，是源自相对论性电子与来自宇宙大爆炸之初的原初辐射碰撞所产生的非热辐射，因而对宇宙学至关重要。

那些年代，天文学、大气物理和宇宙射线领域的研究生经常相互讨论各自的研究以及可能的新发展。在交流中，我提出了一种检验当时才发现的 X 射线源 Scox－I 所产生效应的方案，即：在海拔 50～80 公里范围的大气电离层 D 区域中测量电离效应。其原理非常简单，主要是比较太阳 X 射线和 Scox－I 在地球附近的相对能量。太阳释放 X 射线的能量均值约在 2～10 千电子伏，速率为 10^{-11} 焦·厘米^2/秒，而下 D 区域所发生的电离，已由"物理研究实验室"借助从卡萨塔纳特到艾哈迈达巴德的单跳反射模式 164 千赫的传输而记录下来。人们能够根据所记录的场强估计其电离程度。由此通过持续地监控太阳 X 射线的变化，便可了解太阳的活动及其运行情况。测量表明，源自太阳系外 Scox－I 的 X 射线传递速率大致为 10^{-13} 焦·厘米^2/秒。因此我提出：在 Scox－I 横跨 164 千赫反射区域的季节，或许能在夜晚检测到其效应。因为白天时，Scox－I 的效应将可能被高于夜晚两个数量级的太阳 X 射线所"掩盖"。瞧，看到了！记录设备清晰地记载下了表明其效应的依据。这样，原本不甚清楚的 Scox－I 射线来源之谜便经由恒星的相关效应而被"双重"证明了。这项发现至今都受到学术界的首肯和推崇。此后,许多研究者根据该发现将研究引向深入。例如,一个小组从上述相关效应中找到了解释长期困扰"远距离无线电导航系统"问题的症结所在。对我来说,这是专业研究的一次极好体验,而正是"物理研究实验室"为我提供了此番智力追求的鼓励和契机。

此后,萨拉巴伊博士又引领我进入空间技术,特别是造福于民的卫星技术研究领域。他认为,我既有物理学背景又熟悉实验技术,而且长于在不同主题间建立联系,因而可以成为一名优秀的系统科学家。不过,20世纪70年代初的印度似乎不大重视科学家的综合协调能力。后来,随着跨专业复杂系统的逐渐增多,系统科学家的价值与作用才迅速得到肯定和推崇。

在这一点上,萨拉巴伊博士又一次体现了洞察力——他简直就是一位"先知"。我以"系统专家"的身份,在印度第一颗人造卫星"阿耶波多"的研制中发挥了独特而重要的作用。这种不可或缺的领导作用在第一和第二颗地球观测实验卫星的开发制造中得到了淋漓尽致的发挥与展现。之后,我还组织了具有世界先进水平的印度遥感卫星"婆什迦罗"Ⅰ号和Ⅱ号的研究与开发。

我们处理"空间开发"问题的历程生动地体现了科学、技术与管理的密切关系,以及系统综合协调的重要性。在"婆什迦罗"Ⅰ号上,装载了一台用于拍摄地球图像的电视摄像机。当时的问题是:卫星在轨道上运行期间,该装置开机数天后总会遭遇严重的电子干扰。研究人员在地面真空舱中对类似摄像机的检测表明,是高电压点和地平面之间某些"被困"的气态介质引起了电气故障,并且该情况只有当真空舱承受载荷数天之后才会出现。这在一定程度上意味着,被困气体可能会慢慢泄漏,并渗入可能导致放电的压力区。我们进行了详尽的实验，设法确定气体在有效电压范围内的放电特征，以及气体压力的动态变化区间。通过一系列实验，我们精确地掌握了发生放电的压力。有趣的是，我们还观察到：当气体压力低于某一值时，放电便会停止。综合"离线"的气体放电试验研究以及真空舱中加载负荷后气体的异常行为，我们获得了能够满足在轨摄像机研制的宝贵的经验数据。其中尤为重要的是，我们能够大致估计被困气体在轨运行数月之内的释放速率，从而预测达到地面实验室所表明的放电停止之气体压力水平和时间。后来我们选择适当的日期重新开启了摄像机，它在休眠六个月之后，很快便传回了漂亮的地球图像。这真是一次令人兴奋万分的问题处置，同时更是管理各专业团队协同研究的一个典型案例。我们的经验可以概括为：充分利用物理知识，发展适宜的仿真技术，把握技术产品的结构，在热真空状态下思考材料的不相容性，以及贯穿于上述过程的"以尝试为导向的科学灵感"。

在过去十年领导印度攻坚计划的历程中，我将堪与严谨科学理论相媲美的系统论知识置于极为重要的地位，并使之得到了更大规模的应用。这是一段见证印度空间活动崛起的岁月，我们持续不断的努力和所取得的成就一再表明，印度正成为全球五六个空间大国中的一员。在此过程中，科学、应用和技术共同携手，创造了一个在国家发展背景意义上的良好"生境"，并因此成就了印度空间计划在世界范围内的独特地位。

即使在实现空间计划的那些火热岁月，我也始终密切关注着天文学各方面的研究与发展。当我在《自然》杂志上偶尔读到由美国麻省理工学院莫里森（P. Morrison）及其同事撰写的一篇论文后，立刻产生了研究的冲动。该文指出：基于演化理论、物理学和化学，理论上太阳周边有可能存在持久的微粒环状结构。我们赶在1980年2月16日的日蚀前，迅速组装了扫描式红外光度计，并借此机会搜索了大约五倍于其可能半径的范围，以确定该"环"是否存在。虽然测量并未得到任何证明此"环"存在的直接证据，但这一有趣的实验却使我们对麻省理工学院小组的模型有所澄清和限定。我一直强迫自己对有关研究课题保持"智力上"的高度关注。这样的态度使我时时保持着年轻人般的思想活力，保持着敏锐的思考和深层次分析的能力。我以为这对一名科研领导者而言是至关重要的。

回忆往事使我深深感到，萨拉巴伊博士塑造年轻科学家的策略和做法可谓高瞻远瞩、意味深长。研究者早期接受理论化的基础训练极为必要，这能使之具有更广阔的思路和创新能力。理解复杂系统需要洞察力，并且应当能在貌似相似的问题之间看出差异。我认为，上述能力有赖于坚实的理论基础和数学能力。有趣的是，甚至管理者的创新风格与能力也可在很大程度上追溯到其最初所受的基本训练。同时，实验中的动手能力能够显著地加强学生独立评价复杂技术问题、应对同行批评和勇于质疑权威的自信心与应变能力。事实上，这也是更清晰地阐释理论、剖析复杂系统并赢得同行尊重的基本要求。

如今，许多人对学界严重忽视基础科学的做法忧心忡忡。我以为，任何削弱基础科学的做法，其结果不仅会危及科学的根基，而且会如"釜底抽薪"般使科学技术的带头人丧失成为领导者和管理者的资格。缺乏远见的科技领导者，特别是那些能够在决策和执行层面影响一个国家科学研究和技术发展进程的领导者如目光短浅，很可能会误国误民，使科学技术在发挥对社会经济的根本性作用方面陷入困境。在我看来，这是第三世界国家特别应当警惕的问题。

Vladimir I. Keilis-Borok

凯利斯-博罗克
美国加州大学洛杉矶分校

拯救人类的科学事业

你如此聪明,为何又这般贫穷?

——流行语

商人、律师和医生收入来源丰厚,但为什么还是有许多人希望成为科学家?

俄国文豪托尔斯泰曾经写道:作家不仅仅是写作者,而是不写作便失去生存理由的人。在某种意义上,真正的科学家同样如此。科学是一幕幕激动人心的探险历程。在这里,最主要的回报来自发现本身。尽管可能失去赚钱的机会,收获的却是自由、友情和人格上的独立。跟其他行业相比,一个人在科学界所获得的荣誉和进步,更多地取决于自身的才华和努力。献身科学,你便可能体验洞悉自然奥秘时的那种令人难以抑制的兴奋。

直接的理解、高效的思考和行动,以及与智慧相当者一起工作时的满足感……

——普雷斯(F. Press)

1960年,正是冷战最为剑拔弩张的关口。我在莫斯科从事地震波方面的研究,即探索因地震引起的地球剧烈变化的踪迹。我对此很感兴趣,并满怀信心地面对其中数学方面的挑战。当然,我并未多想这与实际生活有何联系。

苏联科学院院长发出了召唤;他得知,苏联、美国、英国三个核武器拥有国的技术专家正在日内瓦万国宫进行幕后接触。院长让我看了一份来自日内瓦的信件。信上说,一位名叫普雷斯的美国科学家在与莫斯科专家的争论中,引用了我的著作。令我惊讶的是,几天后自己也到了日内瓦。

那个年代,不论男女老幼,全世界的人都生活在核威胁的恐惧中。每个超级大国都想拥有更多的核弹头,以便在向敌对国的第一波打击中占上风。当时的情形是,攻击方的火箭至少需要二十分钟才能击中目标,被攻击方有足够的时间以牙还牙,发射核弹反击,从而在遭受打击数分钟后摧毁对方。这种"相互毁灭性打击"(mutually assured destruction)的恐怖后果按英文字头简称为"疯狂"(MAD),它成了维系我们不受核毁灭的底线和屏障。另一方面,持续的核试验意味着不断有更强大的核武器问世,并进而引发新的军备竞赛,破坏全球核力量的平衡。为了避免共同毁灭,三个核大国愿意坐下来谈判,达成禁止核武器试验的共识和协议,为此需要技术专家提出有效的监控方案。

用专业术语，该问题可以表述如下。假设：i）核大国签署协议禁止新的核试验；ii）某一协议国违反规定，秘密进行地下核试验，那么现在需要解决的问题是：其他缔约国如何知晓有关情况？

显然，此问题与地震波理论关系密切。地下核试验会使地球出现极类似于地震的情形。那么，如何区分自然的地震与核试验所引起的震动呢？一下子，我的理论知识变得能在拯救人类方面发挥直接作用了。

冷战的对峙仍在继续着。我们每一个人都能感到那令人窒息的政治气氛。在当时特定的政治文化背景之下，铁幕两边的科学家似乎也不大可能更多地相互接触。能使我们沟通的最主要原因在于我们都是科学家这一明显的事实。我们能够在尊重事实、尊重"硬数据"的基础上形成共同的语言和观点，并建立意见一致的分级标准和监控评价体系，最终为政治家们达成那个时代最重要的协议——禁止核试验——奠定基础。

这件事使我认识到，全世界科学家的心灵是相通的，在国外我也从未感到过孤独。更重要的是，它向世人昭示：哪里有科学，哪里就有人类拯救和生存的希望。

拿破仑若有斯宾诺莎的智慧，便会终生流连书斋，写出四卷本的传世之作。

——法朗士（A. France）

不少人以为，沉湎于科学未免迂阔。他们会说，那些终日在研究中痴迷、时常会穿错袜子的人，对现实能起多大作用呢？但如果细心观察，你会发现这些人简直是不可或缺！看看所有的新技术，从军备防务到消遣娱乐，无一不从基础研究发端。以往的发明有抗生素、电子技术、生物技术、合成纤维、绿色革命和基因司法鉴定等等，如今的发明更是不胜枚举。基础研究为我们提供了新型能源、新的采矿技术、反恐的有效手段、癌症的治疗、先进的运输系统。受过理论物理训练的科学家现在是金融机构的抢手人才，来自生物学研究前沿的人成了当今制药业的开创者和领袖。就此而言，那些貌似远离现实的研究者是最实际的人，而基础科学知识让人无论选择何种职业都能高屋建瓴、把握先机。

那些对人类文明的巨大威胁……
——维斯纳（J. Wiesner）

我们意识到，对人类文明的最大威胁来自自然的和人为的灾害，主要是地震、大都市的自我破坏、环境灾难和经济-社会危机。如今，核废料的有害辐射、大都市的地震、大规模暴力冲突以及其他全球性灾难，动辄引起巨大的人员伤亡和财产损失，恶化人们的居住条件，触发全球经济危机以及热点地区的冲突和战争。虽然全球每年投入数万亿美元，开发和使用各种技术以应对这些问题，但人类所面临的危险仍在持续增长。

我以为，打破僵局的希望和责任不在于倚重金钱，而应立足于人类的智力资源。虽然经费不可或缺，但正如法国谚语所言：没人满意自己的钱袋，人人满意自己的脑袋。应当说，只有基础研究才能为防范和应对新的灾难提供有效的"跳板"。

我们正处于一个竞争而非相互理解的时代。
——邦迪（M. Bundy）

科学研究一往无前地指向未知世界，同时也使人类面临前所未有的生存抉择。科学家凭借他们的思想利器直面挑战，以确保人类能够平安地与时俱进、向前发展。

最后我想提醒诸位，科学并非我们的一切。对于全人类以及我们每一个人而言，更重要的是人的道德和品行。不过，科学只要被恰当地运用，便始终是人类不可或缺的福音与保护神。

Joseph B. Keller

凯　　勒
美国斯坦福大学

学会享受科学

小时候，父亲常让我们兄弟猜谜。比如，一只鹅遇见了一群鹅，它问候道："你们好，一百只鹅！"鹅的头领说："我们没有一百只。不过，如果你用我们现在的只数乘以二，再加上只数的一半，我们就是一百只了。"这群鹅究竟有多少只呢？

我喜欢数学，小学和中学时的数学成绩很好，于是准备在大学时主修数学，继续自己的爱好。上了大学一年级的物理课后，我迷上了这门课程，于是改学物理，但仍未放弃数学，最终还是获得了数学学位。

物理实验室充满神奇。我有机会摆弄许多电气设备，并能自由地使用显微镜、透镜、干涉仪。我重复了测定电子质量的著名的密立根实验；学会了使用X光机，用它拍摄了内部嵌有子弹的木块照片。

我还和一位朋友修复了一台旧云室，用它观察了由一丁点镭发射的 α 粒子。

同样令人兴奋的是，我还懂得了那些实验背后的理论，学会了通过数学计算来预言可能的结果。以上种种从未经历过的事情彻底征服了我。

大学毕业时，二战正在进行之中。我在政府机关得到一个职位，主要研究用声呐探测潜艇的技术。有一个问题是计算足以传到潜艇并被反射回来的声波信号强度，另一个问题是研究海底与海面状况如何影响声波信号的反射与散射，以及海水吸纳声波信号的机理。

后来我发现，自己所掌握的声呐数学分析同样适用于各种类型的波，便将其推广到无线电波、雷达、光波、海洋表面波、地震波以及爆炸引起的震动波等方面。在原子物理学中，支配电子和粒子的概率幅也是波，我用自己的方法也能加以分析。

我很庆幸自己能够提出一种新型的计算方法来计算各种不同的波。此法被称作"衍射几何理论"，简称 GTD（geometrical theory of diffraction），它涉及几何光学中的射线，以及由物体边缘、拐角、光滑面等衍射的新射线。衍射几何理论不仅可以做定量计算，还能清晰地阐释波传递的物理图景。

通过在量子力学中应用上述理论，我有效地改进了能级计算方法，现在通常称作 EBK 方法（爱因斯坦-布里渊-凯勒方法）。它融合了爱因斯坦和布里渊的成果。

可以说，我一生热衷于感受新事物和解决新问题，诸如血液流动、神经脉冲传输、脑发育、流体运动、赛跑、举重、期权定价、排队论，等等。

Isaak M. Khalatnikov

哈拉特尼科夫
俄罗斯朗道理论物理研究所

我们时代的伟大同伴

　　1968年,在意大利的里雅斯特(Trieste)举行了一个仪式,庆祝国际理论物理中心(ICTP)的一幢新建筑投入使用。该中心是由巴基斯坦物理学家、时任伦敦帝国学院教授的萨拉姆(A. Salam)创立的,后来他获得了诺贝尔物理学奖。ICTP如今可谓誉满全球,世界各地大多数理论物理学家都曾造访过它。

　　ICTP创立于1964年。大约与此同时,苏联也成立了朗道理论物理研究所。这并非简单的巧合,而是20世纪50年代起理论物理学辉煌成就的真实写照和必然要求。当时的热点问题是量子电动力学和超导性。萨拉姆创立ICTP的初衷,旨在推动亚洲、非洲和拉丁美洲第三世界国家理论物理的进步。尽管该中心是以总部位于维也纳的国际原子能机构(IAEA)的名义创立的,但意大利政府慷慨地向它提供了 80% 的经费。在争取这一经费来源的过程中,萨拉姆的副手布迪尼切(P. Budinich)发挥了重要作用。萨拉姆选择意大利物理学家担任其副手,可谓明智之举。为庆祝中心成立,举行了一次大规模的国际理论物理研讨会。会议的组织颇具萨拉姆特色,共邀请了约 12 名诺贝尔奖获得者作为嘉宾,与会者名单中包括了全球所有最著名的理论物理学家。作为朗道理论物理研究所所长,我受苏联科学院之命,提出本国代表团成员名单。以下科学家参加了这次史无前例的盛会:苏联科学院院士福克(V. Fock),以及后来当选院士的金兹堡(V. L. Ginzburg)、阿布里科索夫(A. A. Abrikosov)、栗弗席兹(E. M. Lifshitz)、法捷耶夫(L. D. Faddeev)、弗拉德金(E. S. Fradkin)和我本人;此外,莫斯科大学的两位实验专家也受到了邀请。所有的人选均是声名卓著的科学家,但大多与会议主题没有太直接的关系。我之所以提出这样的名单,考虑之一是尽可能达成某种"力量平衡"。科学院的官僚圈子认为,出国到苏联之外的地方参加会议,仅派清一色的理论物理学家会让别人笑话。外国人可能会问:为什么你们的理论专家超过了实验专家?

我想,以往从未有阵容如此强大的"苏联物理学家-理论家代表团"访问过西方。也许是好事多磨,我们的出行不大顺利,在出发前的最后一刻,金兹堡又一次被禁止出国。后来在苏联科学院院长凯尔迪什(M. Keldysh)的努力下,他在会议开始数天后,总算出现在了的里雅斯特。

我记得,会议期间每晚都有一场高水平的演讲,主要由诺贝尔奖获得者担纲,其中包括伟大的狄拉克。会议还组织了多次远足与聚餐。在由我和阿布里科索夫组织的一次晚会上,我们设法让沉默寡言的狄拉克说了不少话。阿廖沙(即阿布里科索夫)先讲了几个俏皮的故事,以便抛砖引玉,其中一个是他独自在山上遇到狗熊的事情。

狄拉克被故事所吸引，开始提问和发表评论。

会议期间，金兹堡、阿布里科索夫、栗弗席兹以及我一行四人，还抽空开车去了威尼斯和佛罗伦萨，然后经圣马力诺返回的里雅斯特，完成了一次愉快的旅行。所有会间活动都是萨拉姆安排的。这在现在看起来不算什么，但别忘记，当时苏联不允许其公民持有硬通货，并且禁止在无人监督的情况下独自在西方旅行。因此，光靠我们自己，连租辆汽车都不可能。我们在佛罗伦萨不得不多停留一些时间，因为栗弗席兹不能和我们同去皮蒂宫。栗弗席兹是一名狂热的摄影爱好者，他把一切感兴趣的东西都拍摄下来，然后做成幻灯片，快乐地向朋友们展示，并配以他那特有的机敏讲解。不过，我对这种只是通过相机镜头观看风景的做法不以为然，因为那会错过许多真正有趣的事情。

虽然 ICTP 的主旨是推进发展中国家的理论物理研究，但它至少在 20 年间充当了一家更广泛意义的国际研究中心。我有幸多次参加它所组织的有关当代物理学重要问题的会议，并担任该中心凝聚态物理部主任和科学委员会委员。毫无疑问，有幸参与 ICTP 的活动，是我科学生涯中一段重要而特别的经历。

Walter Kohn

科　　恩
美国加州大学圣巴巴拉分校

寻求穿越逆境之路

1923年，我生于维也纳一个犹太中产家庭，当时第一次世界大战刚刚结束。从一个奥地利人的立场看，这场战争无疑是巨大的灾难。我的父母都出生于奥匈帝国地区，父亲家乡是摩拉维亚的霍多宁，母亲诞生在加利西亚的布罗迪，当时属于波兰，如今属乌克兰。之后，他们随各自的父母徙居维也纳。祖父母去世较早，我对他们没有什么印象。外祖父母拉帕波特夫妇信奉犹太教正统派，过着简单的退休生活。外祖父不仅虔信、祈祷，还在附近一座小型犹太会堂（我们称这种教堂叫"Schul"）里研究宗教经文。我父亲制作和销售精美的明信片，其中大部分产品是他委托艺术家绘制的。这项业务在20世纪的头20年很受欢迎。但后来，由于我叔叔在一战中去世，同时也因为奥匈帝国的崩溃和席卷全球的经济危机，父亲的明信片生意从20世纪二三十年代起急剧衰退。为了维持业务和养家糊口，父亲与危机再三抗争。我的母亲受过良好的教育，懂德语、拉丁语、波兰语和法语，也熟悉希腊语、希伯来语和英语。我想她肯定在加利西亚的高级中学接受过相当严格的训练。通过我的外祖父母，我们维持着与传统犹太教的接触。同时，我的父母，特别是我的父亲，还成为维也纳艺术家和知识分子圈子中的一员。

在完成公立小学教育后，母亲让我进了一所地处维也纳市中心的优秀公立高中。我在那里度过了近半年时光，受到了良好的教育，特别是得到拉丁语和希腊语的熏陶。我特别喜欢拉丁语，欣赏其简洁明了的结构和表达方式。与此形成鲜明对照的是，我当时对数学没有表现出任何兴趣，也丝毫看不出具有这方面的天赋。我高中时的数学课成绩多数时候只能得到"C"。那时我隐约意识到，自己以后恐怕不得不继承父业；对此我虽然准备顺从，却激不起任何热情。

德国对奥地利的吞并改变了一切：我们的产业被没收，而且没有任何补偿。父亲被要求继续管理原本属于他的产业。我的姐姐很快设法移居英国，我则不能再上原来的学校了。

在随之而来的秋季，我进入了一家名叫沙热的犹太中学。在那里遇到了两位优秀的老师，他们是教物理学的诺赫尔（E. Nohel）博士和教数学的萨巴斯（V. Sabbath）博士。两位睿智热情的老师向我展示了他们各自所教学科的魅力，以及他们对自己所学专业的热爱。这次颇为偶然的相遇激发了我对科学最初的关注和兴趣，我一直对他们心存感激。

二战期间我还得到过许多真诚的帮助和关心。我对这些善良的人们充满敬意，感激之情可谓刻骨铭心。那期间，我的父母无法离开奥地利。姐姐和我只得离开父母，背井离乡、辗转迁徙。我们先后在两个素昧平生但体贴温暖的家庭里生活过若干时间。我先是在英国萨塞克斯的查尔斯·豪夫（Charles Hauff）和埃娃·豪夫（Eva Hauff）夫妇家暂住，我的姐姐米娜后来也到了这里。查尔斯先生与我父亲是同行，主要也是从事艺术出版业，而且他们之间还有业务往来。几年之后，加拿大多伦多的门德尔（B. Mendel）博士和他的妻子赫莎（Hertha）又将我和我的朋友艾辛格（J. Eisinger）带到了他们家中。这两个家庭都不断鼓励我努力学习，他们都是知识分子。豪夫夫妇在东格林斯特德郡中学任教，门德尔夫妇则是多伦多大学的教师。没有他们的帮助，我根本无法想象自己如何能够走上科学之路，成为一名学有所成的科学家！

我是 1939 年 8 月到达英国的。三周之后，第二次世界大战在欧洲爆发。我当时打算做个农民（因为，我在 20 世纪 30 年代已目睹过太多知识分子失业的事了！），并开始在肯特郡接受农业训练。不幸的是，我患上了严重的脑膜炎，身体非常虚弱。病好之后，我的"监护父母"于 1940 年元月安排我进了这里的郡中学。在断断续续的上课期间，我主要学习数学和物理学。

1940 年 5 月，就在我年满 17 岁之后不久，正好赶上丘吉尔下达集中管理所有"敌国"男性侨民（如像我这样持有敌国护照者）的命令。之后两个月，我在英国的多个营地生活过，其中包括马恩岛。在那里，学校送给了我们不少学习所需的书籍。我旁听了一些由同来的科学家开设的数学、物理学讲座，但其中许多内容都听不懂。

1940 年 7 月，我乘船抵达加拿大魁北克市，并从那里转乘火车抵达三河市（Trois Rivieres）营地。这里居住了许多受管理的德国侨民和像我这样的难民。我在此又参加了营地组织的课程学习，其中最令我感兴趣的是由数学家罗斯伯格（F. Rothberger）博士讲授的集合论。当时，只有两个学生听课。罗斯伯格博士来自维也纳，是一位和蔼可亲、谦逊平实的绅士，以前是英国剑桥大学的高级研究员。他对数学的深层次理解和对数学之美的热爱，渐渐地被我们学生所内化和吸收。

后来，我在魁北克和新不伦瑞克附近的几所营地迁徙，其间还遇见过艺术史家黑克舍（A. Heckscher）博士。他在营地组织了一个很好的临时学校，以便为我这样年龄的人提供受教育机会。可惜的是，这种教学后来又因故中断了，我则准备参加加拿大官方组织的中学考试。不久之后，我通过了麦吉尔大学的初级入学考试，以及数学、物理学和化学的高级入学考试。当时我刚满18岁，渴望以后从事物理学研究，而数学是我第二热爱的学科。

我非常感谢加拿大红十字会和加拿大犹太人慈善机构的营地教育计划。我还记得，在当时的大多数营地，我们都可以通过参加伐木工作而每天挣到20美分。我把钱积攒起来，并用那一小笔珍贵的财富购买了哈代的《纯数学教程》和斯莱特的《化学物理学》。这些来之不易的书籍至今还珍藏在我的书柜之中。1942年1月，我终于被允许离开收容地，"返回"多伦多的门德尔家中。他们热忱地欢迎我到来，使我重新感受到家庭的温暖。考虑到战后要帮助父母维持日常生活，我准备学习工程而不是物理学。门德尔将我介绍给了曾跟随爱因斯坦数年、尔后来到多伦多的因费尔德（L. Infeld）教授。在一间画室对我进行口试之后，因费尔德说我真正的兴趣是物理学，并建议我在多伦多大学接受严格的数学、物理学训练。他坚持认为，照此学习至少能确保我过上与工程师一样体面的生活。

我很庆幸自己在多伦多大学接受了良好的数学和应用数学训练。许多老师的形象和讲课情景如今依然历历在目。例如，我对代数学家布劳尔（R. Brauer）、非欧几何学家考克斯特（H. S. M. Coxeter）、先前提到的因费尔德以及经典应用数学家辛格（J. L. Synge）和魏因施泰因（A. Weinstein）的风采及音容笑貌，至今未曾忘怀。这个群体很大程度上是由贝蒂（D. Beatty）组织起来的。那些日子，多伦多数学专业的学生小组正与来自北美领先研究机构的小组展开竞赛，并赢得了每年一度"普特南数学竞赛"的胜利，不过我似乎从未参与其中。物理学系也有许多杰出的老师，主要是由最早的低温物理学家麦克伦南（J. C. McLennan）招募和组织的，但他在我入学前便已去世了。物理学系的著名老师包括拉曼效应专家韦尔什（H. L. Welsh）、光学专家克劳福德（M. F. Crawford），以及低温物理学家史密斯（H. G. Smith）和米塞纳（A. D. Misener）。在我的同学中，肖洛（A. Schawlow）后来因对激光的贡献而荣获诺贝尔物理学奖。

上学期间，我用一两个暑假以及业余时间在加拿大一家生产军用飞机电气配件的小公司工作。稍后，我还曾协助地球物理学家在安大略北部和魁北克寻找金矿，而且居然找到了！

大学三年级后，我加入了加拿大陆军。与此同时，魏因施泰因组织的高等力学课程使我学到了陀螺与陀螺仪的知识。服役期间，我用业余时间研究了"重而对称陀螺进动"中的新型严格约束。我撰写的《球状摆与重对称陀螺理论中的周线积分》发表在《美国数学会会报》上。在结束了一年的服役之后，我已修完了四年大学课程的一多半，并因此获得了战时"在役"应用数学学士学位。

1945—1946年，在我退伍以后，参加了一个极好的速成硕士学习班。由此，我补学了一些原来错过的高年级课程和研究生课程。硕士论文内容涉及我以往从事的陀螺研究以及原子波函数标度方面的工作。

我的老师们颇有见地地指出，我不应当在多伦多大学做博士研究。然而，经济能力又不允许我到其他地方求学。最终，我获得了哈佛大学的雷曼奖学金。我当时简直是欣喜若狂、激动不已。因费尔德建议我拜施温格（J. Schwinger）为师，因为他与因费尔德很熟，而且他20岁时已是世界第一流的理论物理学家了。

　　离开了相对封闭的多伦多大学，置身哈佛大学的我一下子感到眼界开阔了许多。当时，正有一大批杰出的研究生从战时曾经作出辉煌成绩的洛斯阿拉莫斯实验室、麻省理工学院辐射实验室等处返回哈佛。我在这里至少有一年时间缺乏安全感，并且对完成学业信心不足。系主任范弗莱克（J. H. Van Vleck）和蔼可亲，他称我为"多伦多的科恩"，以便和另一位经常惹麻烦的同学区分开来。有一次，范弗莱克向我谈了一个关于固体带理论的问题，即后来著名的"量子缺陷法"，并问我是否愿意从事此项研究。我请求让我仔细思考后再答复他。几天之后，由于仍然无法很好地理解其设想，便婉言谢绝了范弗莱克的建议。那时，我还不确定将做物理学的哪一分支，但认为肯定不是固体物理。之后，这个题目成了库恩（T. Kuhn，后来的著名科学哲学家）的论文课题，其研究结果亦为我和其他一些人所拓展。尽管我最初没有直接跟随范弗莱克，但固体物理学很快变成我学术生涯的主要领域，而我与他也成了终生的朋友。

　　不久之后，我向施温格提出了请他做我博士生导师的请求。施温格不仅是卓越的研究者，还为研究生开设了多门高级课程，如波导和核物理学。他的讲课引人入胜，吸引了大量的学生，其中有许多在战争期间从事过各种军事相关项目研究而如今返回学校继续学习的精英。

　　我简要地向施温格介绍了自己使用变分法所做的一些工作。战争期间，为了解决波导、光子和核物理学问题，施温格本人曾极有创见地发展了新的格林函数变分原理；稍后，格林函数在其获得诺贝尔奖的量子电动力学研究中发挥了重要作用。施温格几乎立刻就答应了我的请求，于是我成了他十来名博士研究生中的一员。他建议我探索将格林函数变分法应用于三体散射的可能性，诸如低能中子-氘核散射问题。他同时告诫我，他本人曾经尝试过，但失败了。大约六个月之后，我得到了一些零散而难尽人意的结果，因而我试图寻找某种替代方案，并很快发现了一个非常简单的公式。该公式后来被称作"科恩散射变分原理"，对理解原子核、原子以及分子问题有较大作用。由于我绕开了施温格所喜爱的格林函数，我觉得他可能非常失望。无论如何，他在1948年还是同意我以此项研究申请博士学位。

回顾往事，我倍感欣慰，因为我在科学发展的恢宏"戏剧"中有幸能扮演一个小小的角色。我要感谢给我这一切的家庭、慈祥的"监护父母"、老师、同事、学生和各个时期的合作者，正是他们使我能够有所作为。我要说，人生真是一段有趣的经历。

Serge Lang

兰

美国耶鲁大学

责任问题

斯里尼瓦什（K. Sreenivasan）在耶鲁大学工作多年，如今是国际理论物理中心（ICTP）的主任。他约我写一篇从事科学研究体会的短文，以收录于一本适合全球中学生阅读的文集之中。我对斯里尼瓦什以往的帮助始终心存感激，这样的要求当然无法拒绝。

小时候，我并非那种痴迷数学的"狂热"学生，只是在解数学题时偶尔会做得好一些。1943年，16岁的我进入加州理工学院念大学。当时我喜爱的是人文学科，包括音乐。我的数学成绩大都是B和C，物理学是C，化学是D，而英语、历史和其他人文学科的成绩都是A。高等微积分本该得B，但教授不愿意改分数，所以记录上还是C。战争期间，大学没有暑假，我1946年便毕业了。之后应征入伍，在美国陆军部队服役一年，其间主要待在的里雅斯特，担任第

88 防区参谋部助理情报处理员。因此，我熟悉世界上的许多小地方。1947 年夏季退伍后，我进入普林斯顿大学研究生院学习哲学，是通过加州理工学院人文学科教授的推荐而进入该校的。从第二学期开始，除了两门研究生哲学课程之外，我还选修了两门本科生的数学课程——线性代数和复变函数论，以检验自己的数学能力。我学习这些数学毫不吃力，因此在接下来的秋季注册中，普林斯顿大学同意我改学数学。于是我开始了相应的研究生课程学习，并很快成了教我"线性代数"课程的阿廷（E. Artin）教授的研究生。此后，我在阿廷指导下于 1951 年获博士学位，并在普林斯顿大学工作了一年，又在普林斯顿高等研究院进修一年，然后到哥伦比亚大学做讲师（如今所称的博士后），进而得到一个固定职位，并一直在那里工作了 15 年。我心无旁骛地做我的数学研究，提出了一些有创见的思想，并在 1956 年发表了若干有价值的文章。

我还记得在确定博士论文主题后与阿廷的一次谈话。我说好吧，我就做这个题目。我提出设想，然后尽量去实现它。可以后怎么办？如果我思想枯竭、无法作出新的发现，情况又将怎样呢？阿廷回答道："这是成为数学家所必须付出的代价！"我是幸运的！虽然我也时常怀疑自己是否真正具有成为数学家的能力，即发现定理或猜想的能力，但还是持续有效地完成了不少研究，除 1966—1969 三年间因支持反越战运动未发表论文之外。

纯数学并非科学。科学的主要构成是实验，也就是说，科学应当与经验世界一致。但我迄今所有的数学发现，在形式上更接近于艺术而非科学。我也不清楚这类发现何时可能被具体科学所应用。同时，数学发现往往无法用广大公众所熟悉的语言通俗地描述。尽管如此，我还是愿与您一道进入抽象的数学世界，感受数学深处的美妙景象。例如，只要有初中数学水平便可以理解的一个证明：施奈德

（N. Snyder）关于梅森-斯托瑟斯多项式定理的证明。施奈德在1998年提出证明时，还只是个高中生。

另一方面，一些研究者声称，数学在很大程度上与经验世界密切相关，既能够应用于社会、政治研究，更在物理学、化学、生物学、生态学、医学以及工程领域发挥重要作用。之所以如此，根本原因就在于上述研究与经验事实相符；其他如诗歌和音乐则缺乏这种"经验取向"，因而使研究者无法体验"求真"的乐趣。不妨说，数学兼有科学与艺术两者的特征。数学也许在描述经验世界中发生的事件方面是有效的，但它毕竟与具体描述人类行为、光学、电学、病毒、药品、广告等的思维方式和逻辑性不同，我们必须明确区分事实、假设、观点、信念、理论构建、模型之间的不同。

在我的职业生涯中，曾经几度涉及对某些科学事实的甄别和批判性考察。我对那些声称具有经验可靠性而事实却并非如此甚至是完全错误的所谓"研究结果"进行了揭露，并且在我撰写的《挑战》一书中收集、整理了一些典型案例。同时在卡普里亚（M. Capria）编辑的《科学与民主》（2003）文集中，也对与此相关的问题进行了专题研究。其中最后一部分（第429—540页），是我对科学标准和学术规范问题的论述。该书的一些论文已被翻译为意大利文；当然，是由ICTP完成的。

科学家的责任问题正日益引起人们的重视。例如，当数学家讲授微积分、生物学家讲解数学建模的时候，他们应当在多大程度上告诫学生不可迷信"数学建模"？特别是，应当如何引导学生正确看待那些缺乏经验证据支持的"模型"，或那些自称可以独立于经验检验的"模型"？在课堂上过分强调所谓的数学模型，而不是依据经验条件的验证，这样做意味着什么？我们应当在微积分课上进行讨论并提出批评吗？如果我们这样做了，情况又会怎样？我以为，当今反对这样做的社会的、学术的以及实践的因素不但错综复杂,而且力量超乎想象地强大。

我在维护学术规范的呼吁和行动中,常常提到费曼的工作。虽然他大多数时候置身事外,并于1969年辞去美国国家科学院院士的职位,但其一生中还是参与了几次影响甚大的争论,并有很详细的记录。当然,提到这些并不是要"拉大旗作虎皮",像耶鲁大学一些本科生拿我谈费曼作为例子所评论的那样。事实上,我们需要作出关于何时、何故与如何参与的决定。答案是:针对不同的事,在不同的时间,以不同方式,依据一种广义的"相对性原理"。

Peter D. Lax

拉 克 斯
美国纽约大学柯朗数学科学研究所

对问题开放

数学家大都在童年时便已钟情于数学——通常从十来岁就开始学习和思考数学问题。同他们类似,我在12岁时迷上了数学。之所以如此,除了对数学逻辑严密性的向往之外,更多的是因为感到:把握和解决数学问题,并不需要以关于世界的直接感受及由此所获得的广泛背景知识为前提。也许正是由于这一原因,许多数学家都羞涩地远离与数学问题无关的社会生活领域。感谢我的领路人以及机遇的垂青,使我能够幸运地获得更广阔的数学视野。

我出生在匈牙利,那是一个有着悠久数学传统和对数学满怀敬畏的国度。我受到了图兰(P. Turán)、克尼格(Kőnig)、彼得(R. Peter)以及后来的埃尔德什(P. Erdős)等杰出数学家、教育家的鼓励和指导。1941年,为躲避纳粹屠杀,15岁的我随家人逃往美国。在纽约，我有幸加入了柯朗（R. Courant）领导的研究小组。在第二次世界大战期间，一位小组成员去了洛斯阿拉莫斯实验室。除了几次难忘的短期旅行外，我一直待在那里。正是在洛斯阿拉莫斯，我受到了冯·诺依曼的影响，开始对科学计算产生浓厚兴趣——这是用数学解决科学问题的崇高而有效的途径。

我研究过许多数学问题，其中既有应用性的，也有纯理论性的。大多数问题主要源自偏微分方程理论，但在思考过程中，往往会被引向更宽广的领域。教学也是我整个工作不可或缺的重要组成部分。无论何时，只要我在研究中有所心得，都有一种迫切想要告诉他人的冲动。迄今为止，我已指导了 50 名博士研究生，并撰写了有关线性代数、泛函分析的著作；我主要指导这两个方面的研究生。我对成长着的未来数学家的建议是：对问题开放——无论问题从何而来！特别应当关注那些亟待解释的新的数学现象。

Joel L. Lebowitz

莱博维茨
美国罗格斯大学

关注宏观现象的微观起源

科学是人类试图理解其所生存世界之性质的一种努力。这种理解既是我们现实生活的需要所致，同时也是好奇心使然。事实上，人们对自然界起源和演化的思考及探索，往往与单纯的功利目的无关。即使很小的孩子都有探究自然奥秘的基本需求，并且这种需求可能在他们成人之后转变为包括实验与理论科学在内的创造性活动。

我属于理论物理学共同体，最主要的兴趣是研究数量巨大的原子、分子之类的微观成分如何构成宏观物质，以及如何决定宏观物质行为。所说的宏观物质通常指我们看得见、摸得着的物体，如一只玻璃杯、一块金属。这是统计力学的课题，即描述大规模较低层次微观实体的随机、非定向相互作用如何形成更高层次结构的数学框架问题。幸运的是，人们如今关于宏观系统行为许多方面的理解——例如对水沸腾和结冰的理解——已经可以从原子之结构与相互作用的简化模型中得出。我们经常把费曼对原子的描述作为研究的起始点。他说："永不停息地运动着的微小粒子，当其相距较远时相互吸引，当被挤压得太近时又相互排斥。"这一重要图景所能给出的预测，不仅有助于定性分析，而且在许多情况下是非常精确的。真实的原子结构遵从量子力学原理，那可远比费曼粗略的图景要复杂得多。

统计力学解释了宏观现象如何源于众多"微小粒子"的共同行为，其中某些现象只是众多单个原子组合的结果。例如，作用于容器壁上的气体压力，其实即是大量气体分子持续撞击容器的结果，而另外的一些"涌现"现象则并不像气体压力那样是分子作用的直接结果。也就是说，那些现象并非单个原子性质的映射，也非单个原子作用的简单叠加。此类有趣而重要现象的典型例证有：①向平衡状态的不可逆趋近；②平衡态相变。若不是这两种现象司空见惯，它们都会令人十分惊异。我研究的核心领域便是对两者微观机制的理解与分析，下面将作一简要介绍。

首先是关于不可逆问题的描述。世界上大部分的过程都是**单向**的，或者说在时间上是**不对称**的。"时间之矢"的作用随处可见：炒熟的蔬菜不能再恢复下锅前的青葱鲜嫩，破碎的鸡蛋无法再完好如初。然而，人们这种再普通不过的体验却使许多基本物理定律遭遇到重大挑战。牛顿力学、量子理论、电磁学、爱因斯坦的引力理论等等，均不在过去和未来之间作出明晰的区分——它们都假定时间是对称的和完全可逆的。只有描述包含大量原子的宏观物体行为的**次级定律**才明确包含时间的非对称性。

一个经典的案例是热力学第二定律。该定律认为，一个孤立的宏观系统随时间单向演化而趋于平衡，其状态由所谓熵达到最大值来表征。宏观系统的熵是反映该系统在特定能量或温度下可能出现的微观状态的数量的指标，因而熵可视作衡量系统无序性的某种指标。时间上不对称的宏观行为是"为何"和"怎样"来自完全可逆的微观动力学的呢？如今已可在原理上给予解释：因为宇宙起始于一种熵极低的状态。现在人们关注的问题是如何定量地推导和求解描述这些现象的方程。

在统计力学中被深入研究的第二个涌现现象是平衡系统的相变过程，例如水沸腾或结冰的情形。在此，宏观系统行为和结构的剧烈变化是由温度或压强的较小变化引起的，而此时构成系统的单个原子和分子的结构并未发生任何改变。例如在正常大气压下，当温度在5℃~95℃间变化时，一个水分子所占体积的改变极其微小；当温度在99.9999~100.0001℃间变化时，改变却极大。而当水在0℃附近时，更为戏剧性的事情出现了——其流动性等性质发生了根本的改变。更详细的介绍可参见我的网页（http：//www.math.rutgers.edu/~lebowitz）所列出版物的第370、383和434项内容。

在我的网页上还可看到人权方面的论述。我坚信，科学家在这一领域同样负有特殊的责任。科学的视角使得不同民族、种族、宗教信仰和性别人群的差异变得微不足道，而人类的共性，例如对宇宙的理解能力，变得尤为珍贵。因此，科学的未来要求科学家为建立一个可持续和公正的社会而努力奋斗。

Leon M. Lederman

莱 德 曼
美国费米国家加速器实验室

科学家犹如探险者

回想起来,我的科学兴趣源于阅读科学家传记。当时有几部对年青人颇有教益的作品。我最先读到的是一本介绍生物学家工作的书——《微生物猎人》。书中讲述了科学家如何通过"捕获"致病菌而找到治疗方法的故事。给我印象最深的是:面对某种难解的"疾病之谜",通过细致的"取证"和"推理",科学家逐渐把疾病与微生物联系在一起;最后,这一"凶手"在显微镜下原形毕露。

后来的故事更加引人入胜:通过辨认"罪犯",人们找到了治疗疾病的方法,从而能够拯救众多生命。我看完这本书后,觉得成为一名科学家远比做篮球运动员更有意义。另一本让我着迷的书是爱因斯坦的作品,他在书中把科学比作侦探故事。某人被谋杀了,现场留下了某些线索:一把带血的刀子,一只狂吠的狗,以及其他一些貌似无关但侦探（科学家）能够从中获取重要信息的蛛丝马迹。当凶手就擒时，每一条线索、每一项证据便会如同拼图那样"各归其位"——案情真相大白，所有细节都得到完满的解释。

后来上高中时，我发现科学还有另外一项神奇的性质——它不仅能够解决有关世界的问题，而且众多已解决的"小问题"汇集起来便导致了人类对整个世界的理解，例如为什么有白天和黑夜，太阳系如何运行。（当得知我正站在一颗以1 500千米/小时转动的星球上时，我突然有一种想抓住些什么而避免"掉下去"的感觉！）

后来我还知道，天文学家、物理学家能够真正理解恒星（每一个"太阳"都有绕其运动的行星），而且如我们的"太阳"这样的恒星，多得简直令人难以置信。其他科学家则使用威力巨大的显微镜观察原子内部，从中探索物质和能量的运行原理，正如以往生物学家研究细菌那样。

我意识到，如果成为科学家中的一员，便能够在小至十亿分之一厘米、大到一百亿光年的尺度上探索世界的"奥秘"，那该是一种多么激动人心的生活啊！我发现，科学家就像探险家达·伽马或哥伦布，在他们所处的时代，人类还不知有非洲、美洲大陆，海洋也充满着神秘。如今，在我们人类自己的身体和思维中仍有许多类似这样的"未解之谜"；而我们在冬季长夜翘望恒星和星空，其情形颇似哥伦布与达·伽马当年面对大海的憧憬。今天，我们依然面临着众多的疑问：星系如何形成？整个宇宙的暗能量由何推动？人类思维之工作机理何在？我们需要学习的东西实在是太多了！面对乱花迷眼般的未知因素，科学家无疑有着充分施展才华的机遇，科学研究无疑会得到更丰厚的回报！

Anthony J. Leggett

莱 格 特
美国伊利诺伊大学厄巴纳-香槟分校

物理学就是理论与实验相符

我最终走上物理学之路的经历很"不正统"。在英国读高中时，我最擅长的是古典（希腊和拉丁）语言文学。事实上，当时几乎没上过什么科学方面的课。然而在获得（古典文学方向）奖学金等待进入牛津大学的日子里，我还有两学期可自由支配的中学时光。那段时间，有几次在学校走廊上遇见一位主动与我谈话的退休牧师，他曾是一所大学的数学教授。这位老先生注意到我和他都有一些空余时间，于是自愿每周免费辅导我两小时现代数学。当时我对自己是否需要这方面的知识并无明确主意，但没有想到的是，我不仅能够圆满地解答他提出的问题，而且非常喜欢这么做。现在寻思起来，那段经历也许便是我职业生涯的转折点。

接下来我在牛津大学度过了四年：第一阶段的五个学期（每学

期三个月）学习古典语言和文学；之后阶段的七个学期大致均等地修习"古代"（古希腊罗马）史和哲学。哲学课主要讲授现代部分，我很喜欢这门课，学得也很好，如同古代史一样。顺其自然的话，我该会继续攻读哲学博士学位，然后成为该领域的一名学术研究者。然而当大学三年级即将结束之际，我却对自己今后究竟从事何种职业产生了犹豫。我忽然意识到，我真正向往的生活并不是像哲学家那样。审慎分析之后发现，哲学并非最吸引我的学科，原因是：至少就我在牛津大学期间所接触的哲学而言，那一行所看重的似乎更多地在于风格之差异、辞句之斟酌，但却很难说存在着衡量其有效性的客观外在标准。而我感到自己骨子里有一种追求客观标准的强烈企求。投身数学研究或许是一种选择，但又不喜欢数学中"错误便意味着蠢笨"的感觉。我需要一种允许犯错误而又不显得自己愚蠢的学科，物理学似乎能够提供这种机会。于是，我申请辅修物理学。经过一番周折，这一请求得到批准，我也开始了自己的新生活。

我一点儿都不后悔这次转变。过去 40 年里，我在物理世界的诸多领域提出了一系列有意义的猜想。这当中有些已被证明是错误的，却是给人以启示和希望的错误，因此并不显得愚蠢——大部分是人们前所未闻的观念和设想。更多的猜想则被实验证明是正确的，其中之一还被授予了诺贝尔奖。正确及错误，使我的理论思考与现实世界相映成趣并得到检验。正是这样的相互印证，令我感受着物理学的无尽魅力，召唤着我在这条道路上满怀好奇地继续前行。毫无疑问，我从未对自己的选择有过一丝后悔！

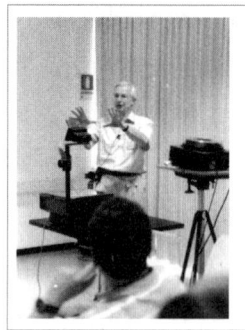

Jean-Marie P. Lehn

莱 恩
法国斯特拉斯堡高分子化学研究所

与责任同行

科学为我们的未来开辟了激动人心的前景，使人类对宇宙的理解达到了空前的深刻与完整，而关于生命与非生命的结构及其转化的化学也正日益成为一种巨大的创造力量。无论是对疾病、衰老甚至人类进化的控制，还是对大脑工作机理、意识本质以及思维起源的更深入研究，化学都发挥着非常重要的作用。

我要谈谈我所钟爱的化学，谈谈为何它是如此令我着迷。化学在自然科学和知识体系中占据着重要地位。同时，化学与人类日常生活关系极为密切，并具有显著的经济意义。也许正因为化学无所不在，所以化学往往不被常人重视，许多时候甚至被遗忘和忽略。我无意在这里为化学吹嘘什么，可是假如没有化学，人类所取得的辉煌成就多半会大打折扣，许多造福人类的好东西也不会问世，诸如新的治疗手段、航天业绩乃至许多技术发明。正是化学帮助了人类更好地满足自身衣食住行、医疗保健、能源材料以及交通工具等方面的需求。同时，化学也为物理学及相关产业提供原材料，为生物学和医学提供建模依据和生化基础，为科学和技术提供创造工具和实现途径。

除了在分子层面探索生命的奥秘之外，化学还设法创造具有某些化学、物理性质的非自然生成的"物种"。在化学与生物学、物理学之相聚处，化学家的创造力和想象力得到了淋漓尽致的发挥与张扬。

如同艺术家一样，化学家也具有化腐朽为神奇的力量。他们将普通之物转变为奇妙的产品。正如石头、声音和词语没有雕刻家、作曲家和作家的加工便无法成为真正的作品一样，源于自然之基本要素只有经过化学家之手，才能转变为具有独特性能的新材料。

化学的本质不仅在于发现，其更首要的任务是创造。化学之书不仅是用来读的，而且是需要被"写"的！化学分数不仅是通过笔试考出来的，而且是在具体操作中"做"出来的！

除了促进知识的增长和技术的进步以外，科学对社会的最重要影响还在于科学精神的传承，科学精神即对世界、人生及社会的科学理性态度。

人类常常处于意识形态高压、教条主义、僵化的传统以及战争和被侵略的危险当中。科学态度所倡导的国际性、相互理解以及没有边界和阶级划分的"超民族"精神，对于当今的人类无疑具有重要意义。

我们中学、大学的科学教育和一般公众教育应在社会生活中占据更为重要的地位，只有这样才能达成如下目的：

——训练明天的研究人员、发现者和发明家；

——消除非理性的恐惧和排斥；

——培育、发展科学精神和科学态度，并与似是而非、欺诈和非理性作斗争。

当今世界的南北发展不平衡是一个长期困扰国际社会的问题，我认为发达国家负有更多的责任来提出有效的解决途径。为了实现这些崇高的目标，科学在此又一次成为至关重要的因素或工具。我们可以寄希望于发达国家的科学研究，因为由此可以引起医学和先进技术的重大突破与改进，从而为发展中国家抵御疾病、保持可持续发展提供手段。

此外，另一个与现实密切相关的问题是科学家的伦理态度和社会责任感。我坚定不移地认为，科学家担负着发现和维护真理的重任。伦理学是一个相对概念，伦理评价与时间、境遇和知识的进步相关联。对知识和真理的追求必须代替关于自然、生命或世界的当下考虑，因为我们今天的眼界也许相对狭隘，但应当为光明的未来保留可能性。

著名艺术家、科学家达·芬奇对科学的未来、人类的前景有过精辟的概括，他说："人类造物始于自然造物完成之处，利用自然之物，依从自然之道；人所创造之物无穷尽矣。"

科学的前途和人类的未来归根结底是属于年青人的，因此他们必须学会应对挑战。普罗米修斯征服了火，我们便再也离不开火。我们应当充满热情，下定决心，带着神圣而光荣的使命感与责任感阔步前行。我们深知，只有知识之树才能够帮助人类掌握自己的命运。

Johanna M. H. Levelt Sengers
勒韦·森格斯
美国国家标准与技术研究院

什么吸引我献身科学

我与物理学的相遇，始于在荷兰度过的童年时代。我父亲是化学博士，除了经营咖啡和茶叶业务之外，他还在家里设置了一个小型实验室。我母亲获得过物理学和天文学硕士学位，但在结婚并生育十个孩子期间，她实际上从未真正从事过她的专业。我是父母的第一个孩子，10岁之前耗费了母亲许多心血。父亲喜欢在晚饭时谈论科学，他把苹果和橘子放在台布上，向我们讲述行星、地球和月亮的运行。当我们兄弟姐妹上高中以后，父亲每天都要辅导完我们的数学家庭作业才上床睡觉。

12岁时，父母送我进了一所大学预科女子学校。该校除设置了古典语言、现代语言、历史与地理课程外，也很重视培养学生的物理学、化学和生物学能力。虽说是女子学校，但我所上高中的课程设置与男生学校和男女兼招学校几乎完全相同。高中一年级时我与"几何学"相遇，并且可以说是"一见钟情"。几何学是一门推理胜于记忆的课程，未经证明的事实不得轻易地相信为真。高中阶段，我有幸遇上了多名拥有高级学位的优秀教师。我很崇拜我的化学老师，并因此对化学格外感兴趣。当然，物理学也吸引了我的注意力，时常令我激动不已。作为一名高中生，我主动阅读了不少数学、天文学和相对论方面的书籍。在父亲指导下，我还自学了当时高中并不讲述的微积分。虽然在当时一般荷兰人的心目中，科学和技术是男孩子的事业，可我读中学时从未在数理化方面有挫折感。

高中后期，德国占领了我的祖国荷兰。此刻，学习成为我生活的最重要精神支柱。只有在学校，只有当全身心投入到自己所痴迷的科目时，我才能忘却沦陷的屈辱和痛苦。后来，我以优异的成绩通过中学会考，并渴望进入更高一级学校深造，而当时的情况是，家里还有八个更小的孩子，其中六个是男孩。父母虽然一向鼓励我们努力钻研科学，但在继续供我上大学抑或让我早些工作以便帮助挑起家庭重担的问题上还是犹豫不决。

于是我去申请了奖学金，并幸运地得到一笔资助，足以支付阿姆斯特丹大学的学费和交通费。同时，我上大学期间还一直兼做中学生家庭教师，以减轻父母的经济压力。念研究生时，我利用业余时间教过高中物理。

由于没有太强的专业偏好，我同时选修了物理和化学两个专业的课程。这意味着，我所需做的实验将会比只修一个专业的同学多很多。我深切地感到，大学主要得靠自己，因为大学一个班的人数很多，况且老师也并非人人都优秀尽职。在米歇尔斯（A. Michels）开设的物理学课上，我对热力学产生了极大兴趣，而米歇尔斯教授后来也成了我的导师。热力学主要研究物质的相互作用、热和功之间的相互转换，难度很大，富有挑战性。大学毕业后，我攻读物理学硕士学位，但仍未完全放弃化学方面的研究。

研究生阶段，我师从德波尔（J. de Boer）教授，他是一名优秀的统计力学和量子力学专家。统计力学研究大量分子间相互作用的性质，量子力学处理微小粒子系统的行为——其表现为波。在当时的五十余名研究生中，我是仅有的三四名女生之一。

为了完成硕士学位论文，我在米歇尔斯教授领导的"范德瓦耳斯实验室"从事高压气体性质方面的研究。在该实验室，我测量了储存于厚重钢壁容器中高达1000个大气压的低温流体性质。获得硕士学位后，我的博士论文课题主要是测量高压下氩的性质。氩是一种惰性球状分子（或原子），其气体的临界温度为-122℃。在临界温度下，氩可被液化。这意味着，在我的钢铁容器中，气态氩与液态氩共存。我关于氩的临界点测试数据为描述分子间相互作用的统计力学提供了实验支持。所有液体都具有临界温度。例如，水的临界温度为+374℃，而氦为-269℃。临界现象与临界点还体现于磁体及许多统计力学模型之中。相关的研究后来成为了我研究的重要领域。

获得博士学位后，我在威斯康星大学麦迪逊分校做了一年的博士后研究，接着又在范德瓦耳斯实验室工作了几年。此后，与高级研究员森格斯（J. Sengers）结为伉俪。当时我们都申请了美国国家标准局（如今为"国家标准与技术研究院"，简称NIST）的职位，双双获得聘任，并工作至1963年末。该局为美国商业部的下设机构，职责是向产业界和科学界提供测量标准与物品性能方面的数据。

我在美国国家标准局的第一个五年里，生了四个孩子，每次生产后都必须休假一段时期。好在我的上司非常有同情心，他宽容地允许我用业余时间工作，一直到我最小的孩子满9岁。在此期间，我的丈夫于1968年转入马里兰大学工作。

当年我们夫妻在美国国家标准局的时候，人们对临界现象的研究才刚刚起步。由于临界现象普遍存在于众多系统之中，因而临界点的研究具有非常强的跨专业特性。我们的合作者遍布众多领域，比如物理学家、化学家、数学家和工程师。各类系统之所以都能纳入临界研究领域，是因为一个假设：若恰当选择系统变量，这些不同系统的行为方式将会一样，或者说，临界点具有普适性。

我的主要科学贡献在流体力学领域。我和我的同事们测量了近临界点的流体行为，并且发现，此时的流体行为与所谓"标度律"极其相符。标度律先是一个理论研究结果，之后被发展推广，形成了普遍的表达式。我借鉴和应用这一导致威尔逊（K. Wilson）获1972年诺贝尔奖的深刻洞见，探索了工业领域的实际问题，取得了丰硕成果。例如，作为高分子合成"起点"的乙烯便有一个低于室温的临界点。我实验测定了乙烯的相关性质，结果发现我的实验数据与新理论预言非常一致。在我的学术生涯中，我还应电力公司的要求，详尽地研究过水和水蒸气的性质。所进行的研究表明，近临界点的蒸汽性质同样遵从标度律。

概言之，我的科学研究可以说是青少年时期兴趣的自然延伸，并且较好地实现了理论思考与工程应用的沟通。我非常庆幸能够在科学和工程的交界处找到发挥自己特长的一席之地。

Simon A. Levin

莱　文
美国普林斯顿大学

我喜欢猜谜

我喜欢猜谜。孩提时代，我便被有趣的数学之谜所深深地吸引；直到今天，也还会忙里偷闲、自得其乐地玩猜谜游戏。每当研究遭遇难题或陷入困境时，我通常会暂时撇开那些"拦路虎"。尔后，在我思考其他问题或玩猜谜游戏时，每每可能豁然开朗、灵感涌动，先前冥思苦想而不得要领的难题往往便迎刃而解。我喜欢探索根本性的问题；问题越是基础，我研究的兴趣越浓厚。在我看来，思考基础问题能够有效地加深对事物内在逻辑关系的理解和认识。

中学时代，我曾极为迷恋数学，当时用了许多时间学习和解题，所以我后来进入霍普金斯大学主修数学并在研究生阶段继续本行，便是顺理成章的事了。但平心而论，直至在马里兰大学流体力学与应用数学研究所获得数学博士之时，我仍感到自己没有很好地把握数学之真谛。我一直无法肯定自己是否适合从事数学研究，始终感到数学家的生活离现实世界似乎过分遥远，而我真正想做的是那种能够帮助人们更好地理解其生活世界的事情。于是，我的博士后研究转向了生物学，以寻求在多种视角考察事物的基础上获得更统一认识的途径。我进入了加州大学伯克利分校，追随因提出线性规划问题简单求解法而名动一时的丹齐格（G. Dantzig）教授做研究。借助排队论，我们探讨了红细胞质膜间的钠传递，从而把握了分子穿越狭窄管道时的性质。

我的第一份正式工作始于康奈尔大学数学系。非常幸运的是，该校当时还是生态学、进化生物学的重镇。我很快便被那些领域所吸引：不仅为类似问题的重要性所激励，更为人们试图理解和解释的问题之宏大所震撼——诸如生物世界的多样性如何产生又如何维持等"大问题"。物理世界有其自身的基本规律，这是构建物理学相关理论的基础和依据。与此类似，达尔文和华莱士也提出了生物界的基本规律，即通过自然选择等机制而演化。我的最大兴趣便是探究如何通过演化这一"透镜"来理解生命世界的结构。同时，我还学习了流体力学、统计物理学、发育生物学以及模式形成与自组织的机制等。显然，生命的演化是一个典型的自组织过程，而生物发育的自组织机制又是由演化所致。同样，诸多证据表明，植物种群的多样性与连续发展，以及人类社会文化的出现，也是自然演化过程的集中体现与结果。并且，既已形成的事物转而又回馈和影响演化的过程。值得注意的是，演化并不只是发生在遥远过去的事件，而是持续地渗透于生态和社会的互动过程之中。

长期以来，我反复思索时间、空间、组织复杂性的意蕴。在此基础上，探求数量巨大的个体如何在实现自身运行的同时，导致了更大尺度上模式与过程的出现，并进而反过来影响和制约微观过程。事实上，所说的情形与统计力学的内容并没有太大不同。较之于物理世界，生命个体复杂多样的交互作用以及由基因变异引起的生物体的持续变化，只不过更为显著而已。

在过去的岁月里，随着思想的逐步成熟与学识的不断丰富，我对生命世界的认识广度和深度与日俱增。我的学术合作颇为宽泛，令我在观念及知识诸方面获益匪浅。康奈尔大学和普林斯顿大学的优越条件给我的研究提供了极大便利，特别是身边有许多可以请教与合作的杰出同伴。我从他们那里学习了数学、逻辑学、物理学和自然史。1982 年，我第一次访问国际理论物理中心（ICTP），参加了由哈勒姆（T. Hallam）组织的首届数学生态学研讨班。此一机会极大地拓展了我的视界——能够与来自世界各地的人们共享知识，并了解他们各自所面临的独特环境问题。我的研究领域涉及生态毒物学、流行病学、生物保护学以及新兴的可持续发展科学。20 世纪 80 年代中期，我全身心地投入康奈尔大学生态与分类学研究所的工作之中，并担任该所负责人五年之久。同时我还创建了以解决社会所面临的环境问题为宗旨的"生态系统研究中心"。这些与社会现实关系密切的互动，使我的研究较以往更接近于应用科学。整体而言，以上工作不过是更为清晰地提出了某种具有普遍关联性的概念框架，从而强化人们对所面临困境的认识，并根据生态原则导出某些重要的组织原则。

在普林斯顿大学的工作经历是我职业生涯的又一重要阶段。在这里，不仅生态学和演化思想受到了应有的重视，而且关于经济学和政策科学方面的研究也得到了充分发展。在此期间，我还定期到斯德哥尔摩的贝耶尔研究所访问讲学，该所被认为是当今世界上最有效地整合了生态学与经济学这两个学术共同体的典范。随着研究的深入，我更为重视经济学的作用。我以为，经济学既是解决环境问题的关键所在，同时经济系统其实也就是生态系统——或者反过来说，生态系统也是经济系统。无论生态系统还是经济系统，都体现了行为主体间对有限资源的争夺，以及实现争夺的方式——合作或剥削。两种系统都是复杂适应系统的典型例证。其中，新的多样性由众多行为个体间的互动所产生和维系。几乎与此同时，我还在圣菲研究所工作过一段时间，在此遇见了不少思考着与我类似问题的优秀同行，而且该所有着令人神往的软硬件条件和工作氛围。在这里，新的理念被不断地孕育和抛弃，就像自然系统通过突变和重组生成多样性时所展现的那种无拘无束。他们的做法所隐含的前提是：思想无禁区。如同生物世界的"突变"一样，伟大思想的产生得益于不受约束的自由思考，正如自然选择可以确保从稗谷中筛选出良种小麦一样。该思路跟许多人持有的科学观颇为不同。多数人认为，思想应当从既有结果中抽象提升。这种观点有其道理：登山式进步是自然选择的重要一部分，但它过于局限，可能会限制发展。应当说，对质朴、原创思想的宽容与呵护，是促进知识生产的关键。在一定程度上，我自己的研究经历正可视作某种平衡激进与保守做法的综合历程。此种平衡无论对普通人还是对科学家都是必要而有意义的。

Syukuro Manabe

真锅淑郎
美国普林斯顿大学

气候模型的数字化历程

1958年,施马格林斯基(J. Smagorinsky)来信邀请我参加美国气象局的一个工作小组,主要任务是建立所谓的大气环流模型。该模型试图借助电子计算机来模拟基于物理定律的大气运动。这是"借助流体力学方程实现天气预测模型数字化"计划雄心勃勃的延伸,前者可追溯到新泽西普林斯顿高等研究院冯·诺依曼领导的研究。虽然当时计算机技术尚不发达,但他已高瞻远瞩地指出:应当建立适用于气候研究的地球综合数学模型。

收到邀请信时,我还是东京大学气象学专业的研究生。当时,我已基本做完博士学位论文,并开始找工作,但要想在战后不久的日本谋到一份适合专业的职位,却非易事。因此,收到这份来自美国的诱人邀请后,我便毫不犹豫地接受了。况且,当时美国的计算机技术处于全球绝对领先的地位。直至今天，我始终认为那是我研究生涯中最重要、最明智的一次选择。

1958年秋，我作为美国气象局大气环流研究室的职员开始工作。该研究室后来发展为"国家海洋和大气管理局"（NOAA）的"地球物理流体动力学实验室"（GFDL）。很快我便参与到了大气环流的建模研究之中。我们解决了许多极其困难的问题，成功地模拟了20世纪60年代中期的大气环流和降雨量的宏观特征。结果令我们兴奋异常，并成为我以后漫长职业生涯的一个良好开端。

20世纪60年代初，我与GFDL的韦瑟罗尔德（R. T. Wetherald）先生合作，构建了一个关于大气的垂直一维模型。该模型属于将要建立的三维大气环流模型的第一步工作，通过定量计算"辐射、对流平衡"时的垂直温度分布，一维模型成功地模拟了大气基本热分布状况：由对流层和稳定的同温层组成。

使用辐射和对流模型，我们定量考察了全球变暖的现状与发展趋势，以估量大气二氧化碳浓度成倍增长的真实后果。可以不夸张地说，这项研究使人类第一次能够准确地估计从地球表面到大气层间对流热传递的变化。同时，该项研究还修正了阿伦尼乌斯（S. Arrhenius）等人关于全球变暖之早期研究的严重缺陷。1967年，我们正式公布了研究结论，并因此形成了第一个经得起现代测量技术严格检验的全球变暖理论。

20世纪60年代和70年代初期，我集中精力探索了三维大气环流模型。在此过程中，我研究了由热辐射与潮汐对流所引起的垂直热传递，并分析了大陆表面热量和水的收支状况。这些对建立三维模型发挥了至关重要的作用。20世纪60年代末，我们成功地模拟了对流层-同温层系统的垂直与水平温度分布状况，同时也较好地把握了全球范围的降水分布及其与季节变化的关系。上述模拟研究表明，大气环流模型已足够胜任研究气候变化的实际问题了。

1975年，韦瑟罗尔德和我发表了另一项关于全球变暖的里程碑式研究成果。运用大气环流模型，我们首先模拟、评估了大气温度和水循环对大气中二氧化碳值翻倍的三维响应。研究表明，变暖使全球水循环急剧增强，也就是说，全球的平均蒸发和降水速度都在增加。

为了更好地模拟大气运动，还必须考虑海洋的作用，因为正是海洋与大气持续不断地相互作用，并贮存了巨大的热量。从20世纪60年代起，我开始与DFDL海洋小组领导者布赖恩（K. Bryan）合作，试图通过将大气环流模型与海洋作用相结合，寻求包括海洋与大气在内的综合模型。我们的合作持续了许多年，最终形成了卓有成效的综合模型。如今，该模型已成为研究自然与人为气候变化的基本理论。我与布赖恩合作得非常愉快，他不仅思维敏捷、坦诚开放，而且总是慷慨地让我分享其丰富的想法与资料。

1969年，布赖恩与我在一篇发表的论文中率先实现了包括海洋与大气的综合模型。同时，我们还应用该模型在大尺度范围内考察了海洋热传递对地表温度和降水的影响。

20世纪70年代后期，斯托弗（R. Stouffer）加入我们的研究团队，并对海洋-大气综合模型的改进作出了重要贡献。到20世纪80年代末，我们作出了另一项突破——实现了综合模型与地理学的有效结合。在1989年公布的结论中，我们描述了随大气中二氧化碳含量的逐渐增长而反映在新模型中与时间相关的作用和影响。在深层次模拟与分析的基础上，我们成功地阐述了海洋及陆地表面对于延迟和塑造由大气温室气体逐渐增加所致之气候反应起何种作用。该项研究在1990年出版的"政府间气候变化论坛"的第一份报告中被广泛引用。

20世纪90年代，我们又将海洋-大气模型推广到自然的、非强迫的气候变化研究之中。在千年范围内对海洋-大气模型的研究使我们成功地模拟了一年之内和数十年间地球表面空气温度的主要变化。根据对既有材料的广泛分析，我们成功地发现了一些影响气候变化的基本物理机制。

在整个职业生涯中，我还与GDFL的同事们一起研究了古地质时代的巨大气候变迁。例如，我们描述了温室气体（如二氧化碳和水蒸气）对维持中生代温暖气候和末次冰盛期寒冷气候至关重要的作用。近年来，运用我们的海洋-大气模型，我们还成功地模拟了所谓突发性气候变化，这种变迁通常发生在冰川期和冰消期。

概言之，我们进行了不计其数的"数学实验"，找到了适合于过去、现在和未来气候变化的物理机制。我们的研究已经证实了如下猜想：人类活动对全球气候的改变影响极大。

虽然我在东京大学研究生院所受的是动力气象学领域的训练，但我较好地实现了跨专业的转移与合作，从而开辟出一条全新的研究路径，也取得了一些成果。当我为探寻温室效应而提出辐射、对流平衡的大气模型时，我从德国的默勒（F. Möller）教授那里学到了很多东西。他是大气热辐射领域的先行者，曾访问过我们的实验室。同样幸运的是，我也曾经与布赖恩合作。海洋是人类把握气候变化不可或缺的重要因素，而他作为海洋学家参与了我们的海洋-大气模型研究。我的经验表明，跨专业的课题往往能产生崭新的视界，从而向研究者指明最具想象力的道路。

进入21世纪，人类所面临的困难依然很多，其中特别需要关注的是，应在飞速发展的技术与全球环境和生态系统的保护之间维持某种恰当的张力。同时，为了谨慎决策，人类需要某种事关全球未来变迁的可靠估计。为何有必要建立涵盖整个地球系统的模型，其原因即在于此。有关气候模型的研究正是朝着这一宏大目标迈进之第一步。

众所周知，地球系统极其复杂。因此，建立数字化地球系统模型，并对由此得到的未来预测进行解释，所面临的困难之大可想而知。我们必须找出影响地球系统行为过程的关键变量，而忽略次要的因素。这无疑是一项极其艰巨的任务，同时也是未来地球系统研究者所必须面对的严峻挑战。

Benoit B. Mandelbrot

芒德布罗
美国耶鲁大学

粗糙、孤独与激动

农场主、银行家的孩子，"长大"后往往顺理成章地继承父业，因为他们从小耳濡目染，已经熟悉了父辈的行当。我的家庭既无土地亦无银行，有的只是一种强烈的家族传统，那就是期待着年轻一代成为专家、学者。在这样的氛围下，若没有足够充分的理由，我无疑是不能脱离学术之路的。照此说来，我的职业选择似乎应该简单明确、没有悬念了。可事实并非如此。我发现自己的成长环境其实也颇为复杂：先是经济大萧条和二战的冲击，后是我父亲和叔叔就我的专业选择所发生的激烈冲突。

在我13岁那年，我叔叔当上了蜚声世界的法兰西学院教授。从那时起我便深知，从事包括纯数学在内的学术研究乃是一件受人尊敬、令人神往的事情。

我思维敏捷而且学习成绩优异，于是便很想效仿叔叔成为一名学者。然而，这一想法遭遇了很大的阻力。首先，父亲不希望我从事过分抽象的理论研究。事实上，父亲的影响以及我一直以来的阅读，已使我形成了喜欢解决实际问题（如探究机器的工作原理）而不是更多关注数学简约性的倾向。其次，学业因战争而频繁中断，也使我分析与解决问题的能力大不如前，学习成绩仅中等水平。另一方面，我 19 岁时曾经历了影响我一生的关键几周，那时的体验突然表明我具有某种非凡的天赋：我能够用几何图形在头脑中进行复杂的数学推理。现在回想起来，我因战争而无缘接受相对完整和严格的分析训练，从一定意义上讲也许并非坏事。否则，我的这种才能或许会被"冲淡"、抑制甚至扼杀。直到我满 20 岁，我的职业选择仍未有定论。似乎没有任何显而易见的道路适合于发挥我的独特才能。同时，我也因屡屡婉拒亲朋好友出于关切的"择业"建议而招惹众怨。看来，我在专业选择上的犹豫和反复，正是我率先关注并为之作出贡献的所谓"现实世界复杂性问题"的生动写照！复杂性问题，直至 1950 年还是一个少有人问津的话题。我很幸运地生活在一个可以相对自由地思考与行动的时代。这意味着，我在学术研究上能够有机会比当今的许多人冒更大风险。企业家远较科学家懂得冒险的意义。他们深知冒险与收益的关系：冒险与收益成正比，而同时又不能不计后果、鲁莽行事。重要的是应当努力做到胆大心细，以便在貌似荒谬的两难选择中趋利避害。就此来看，尽管我已颇为"保守"和谨慎，但仍然因"不合时宜"的举动而被当作我行我素的"独行者"。

"复杂性"一词直到很久以后才登上科学的"大雅之堂"，并且"保守的冒险者"之身份也使我丧失了发挥更大作用的机会。实际上，尽管我的观点似乎与主流相左，但我自己并不认为已找到了作出新理论发现的关键原理。我同样是从相对较窄的问题入手，由小到大逐步拓宽研究领域的。最意味深长的是,我在解决复杂性问题的时候,并不是首先理解现实世界的复杂性,进而简化之;毋宁说,我最为关注的乃是世界显而易见的"外观",即展示在人们面前的粗糙与破碎的图景。纵令有这般局限,但所获的成果亦已足够丰硕。诚然,仍存在诸多未解之谜,因为"粗糙"无疑是一种普遍的存在,而且迄今为止,仍是理解和控制现实世界的主要障碍。

对于新生的"粗糙之理论",我在浏览拉丁文词典时想到了一个新词来描述之,即"分形理论"。该理论随后的发展超出了人们对其最大胆的预言。它所提出的纯数学问题令众多数学家瞠目结舌、嗒然若丧。有意思的是,关于"粗糙"研究的物理学也异军突起,大有与已成熟的重量、运动、光、声等理论并驾齐驱之势。有关金融价格变动的"粗糙模型",其解释能力较当今任何其他相关理论都更贴近于实际。粗糙或分形理论业已成为地球科学的重要工具,并能够生成令人叹为观止的图案。粗糙理论还使人们发现,自远古直到当代的诸多艺术品与建筑物无不潜藏着丰富的分形意蕴。

回想起来,贯穿我分形研究道路的是无比艰辛和毫不懈怠的努力以及长时间的孤独,当然更有时时令我为之心驰的欣喜!假如有机会重作选择,我还会这么干吗?答案是肯定的,矢志不贰!但这只能是假设而已。其他人应当尝试吗?大可不必,除了我学到的两个教训值得给大家分享。那些敢于预言未来人类需求者往往难容于世俗,况且他们的观点大抵不但狭隘而且错误。探索者委曲求全地去适应种种浅陋之见可能是免遭麻烦的最安全途径,但对作出创造性的发现来说,事实上却又是最危险的。在此情况下,完善你所拥有和热爱的技能是最好的开端——这种技能应当是开放的,而非固步自封的。一旦在你热爱的学科上接受教育,你也许便得冒精通专业而缺乏洞见之险,你便可能永远无法理解真正的科学。你想让自己的人生与众不同吗?跟其他社会领域一样，科学需要的是那种知识渊博、训练有素而又勇于接受高风险挑战的"初生牛犊"；无论对成就个人功名还是对造福社会大众而言，情形都是如此！

Mambillikalathil
G. K. Menon

梅 农

印度新德里

走向真正自由的研究

小时候,我对好些职业产生过兴趣,曾梦想着成为科学家、医生、律师、历史学家、政治家以及经理。真正促使我献身科学的机缘在于一次极偶然的相遇。16岁那年,我有幸结识了因提出拉曼效应而获诺贝尔奖的拉曼(C. V. Raman)教授本人——一位热情睿智的长者。在他看来,世间恐怕没有比从事科学更激动人心的事情了。同时他还对我说,献身科学是一件无比高尚快乐之事。我极为珍视他的建议,并一直对这位前辈的指点心存感激。另一方面,我当时也觉得科学课程学习起来既轻松又有趣,而且我的各门理科成绩都很优异。就这样,我在一种鼓励自由阅读、广泛涉猎的氛围中,水到渠成地进入了学术研究领域。如今回想起来,当时那种学习、思考和行动的整体自由,无疑使我形成了坚实的物理学基础,有效地磨炼了实验所需的种种技能。

极其幸运的是，我涉足物理学伊始，便有机会跟随物理学大师鲍威尔（C. Powell）从事学习和研究。说来侥幸，我在《自然》杂志上读到了他的一篇论文。论文内容非常精彩，事实上正是该文的研究成果使他后来获得了诺贝尔物理学奖。当时，我激动地给他写了封信，表示非常希望能在他的指导下从事物理学研究。过了很短的时间，我便收到鲍威尔教授欢迎我去的亲笔回信。我简直喜出望外！回信的速度即使在通信发达的今天看来，也足够及时快捷了。就这样，我满怀热情地进入了渴慕已久的布里斯托尔大学。

更令我兴奋的是，我不仅一去就加入了著名的鲍威尔研究小组，而且还参与了由莫特（N. Mott）和弗兰克（C. Frank）领导的凝聚态物理小组的研究。在布里斯托尔的六年里，我亲身经历了数次难忘的重大科学发现，其中大部分工作都与发现 K 介子（或重介子）以不同方式衰变为次级粒子有关。当时，鲍威尔小组在感光乳胶上观察到：τ 介子可衰变为三个带电的 π 粒子。我参与的第一项观测表明，显示于核乳胶之中的粒子踪迹，应当是某种重介子衰变成的极高能量次级粒子所留下的。该重介子质量约为 π 介子的四倍。第二项观测表明，当测量该重介子衰变所产生的单个次级粒子的质量时，发现在某些情况下它们是 μ 介子，而在另一些情况下，它们是 π 介子。奇怪的是，当是 μ 介子时，其能量似乎是变化的；而 π 介子时，它们所具有的能量似乎又相等。后者显然表征着重介子的两体衰变；而如果假定中性次级粒子是 π^0 介子的话，则父粒子的质量可以与 τ 介子相同。这些问题在当时引起了广泛的猜测和争论，后来被称作"τ-θ"之谜，需要引入弱相互作用的宇称不守恒研究（李政道和杨振宁）来解释。概言之，纵观粒子体系，有一种反映空间对称性的物理量，称为宇称。基本粒子随着种类的不同，或具有偶宇称，或具有奇宇称。一般认为，各个粒子组成的体系，其总宇称是保持不变的，此即宇称守恒定律。但在"τ-θ"之谜中，τ与θ同属介子中的一种。实验表明，τ与θ从质量、电荷、寿命上看可能是同一种粒子，然而它们的衰变方式又不一样。τ衰变为三个π介子，宇称为奇；θ衰变为两个π介子，宇称为偶。如果承认宇称守恒定律，τ与θ就不可能是同一种粒子。假如它们不是同一种粒子，为何又如此相似呢？1956年，李政道和杨振宁发现，至少在弱相互作用下，宇称守恒定律从未得到实验的证明。在"τ-θ之谜"中，人们只能在两种可能性中选择一种：或者承认宇称守恒定律成立，则τ和θ不是同一种粒子；或者τ和θ是同一种粒子，而宇称守恒定律在此不成立。李、杨二人提出，可能在弱相互作用下宇称不守恒。同年，吴健雄等人用极化的钴60做实验，证明衰变过程中宇称守恒定律不成立，从而彻底解决了"τ-θ"之谜。τ与θ实际是同一种粒子，现称为K介子。该问题还引起了人们对弱相互作用的更深入探索，并导致了萨拉姆、温伯格、格拉肖电弱相互作用统一方面的工作。所有这些研究，迅速引发了下一个30年里物理学相关领域的突破和繁荣。对我来说，能跟作出上述发现的许多伟大科学家保持密切的私人交流，无疑是一种难得的体验和感受。

此外，我们的研究还第一次表明：在重介子衰变中存在电子作为次级粒子的现象，并由此建立了两体、三体衰变中重介子衰变为μ介子和π介子，以及三体衰变中衰变成电子的诸多模式。我们还发现：当重介子进入核乳胶时，其相互间不会产生相互作用。与此不同，π介子与核乳胶会有作用。由于这一性质以及其他相关特征，重介子又被称作"奇异粒子"。盖尔曼（M. Gell-Mann）等人提出了奇异数的概念，即奇异粒子除了已有的质量、电荷、自旋等量子数外，还应该有一个"奇异量子数"。他们崭新的思想先后为实验所确认和深化,这类实验采用了巨大的 15 升核乳胶垛——从 400 微米厚的乳胶层开始,一直到可观的 15 升。当然,核乳胶技术本身以及低密度宇宙射线的问题,都制约了相关问题研究的进一步发展。因而,加速器的出现成为了更有效的手段。

1955 年,在布里斯托尔度过难忘的六年之后,我回到印度,开始在孟买的基础研究所(TIFR)工作。事实上,很早以前我便立下志向,无论在何处求学,一定要回到祖国工作。我想向世人证明,只要条件允许,我们在本土同样可以做出世界水平的成就。

在 TIFR,研究主要从两个方面展开,即所谓"上天"和"入地"。"上天"需要掌握制作放飞巨型塑料气球的技术,以进行近地大气上部的宇宙射线观测。从最初尝试直至最后取得成功,其间的经历简直就像一场饶有趣味的儿童冒险之旅。最终,我们获得了巨大的成功:用 3 000 万立方英尺的巨大气球携带数吨重的检测设备,飘荡在地球大气层的最上端,进行宇宙射线、X 射线、红外线和 γ 射线的研究。

另一项研究则与"入地"有关,即在更深地层处探测那些穿透力极强的粒子射线。例如,在深入地下两英里的金矿中开展研究。我至今仍清楚地记得,当我们的探测设备在深至 8 400 米的地底获得无干扰的检测环境时,大家都兴奋地欢呼了起来,因为这意味着可以开始检测自然产生的中微子了。我们将最初测定宇宙射线强度的思路推广至地下检测,从而为研究自然界产生的中微子相互作用开辟了新的途径。由此,也在一定程度上改变了物理学、天体物理学对来自太空的中微子的检测方式。的确,借助深入地下的大型探测设备,一项由 TIFR、日本大阪、英国的达勒姆合作开展的项目已经首先成功地捕获了自然界的中微子相互作用。

说起萨拉姆，我记起了我们曾经在一起的一些情形。在纽约一次沉闷的联合国会议上，我们私下热烈地讨论了质子衰变的测定问题。众所周知，这一检测将为电弱相互作用理论和强相互作用的更大统一奠定基础。当时，萨拉姆想知道的是：根据常规理论，质子寿命约为 10^{29} 年，在这种情况下，如何检测质子的衰变？在旧信封背面所作的简单计算表明，可以用一个大约 100 吨左右的探测器检测之。那段时期，我在 TIFR 的同事以及来自日本的同行都在思考这种可能性，我们还设计了第一个检测质子衰变的可能实验。尽管迄今尚未有任何真正证明质子衰变的成功实验，但新的大型探测器最近给中微子物理学和天体物理学带来了出乎意料的全新见解。

对我个人而言，科学研究意味着首先要学会把握那些出乎意料、稍纵即逝的机会。同时，这种由小及大、进而达成对自然界深刻理解的经历，可谓一种难得的伟大人生经历。如今，通过全世界不同领域科学家的共同努力，以往的许多研究设想都得以实现，而我也幸运地与一流科学家中的许多人保持了密切良好的个人联系。

我不仅将科学视为理性精神与客观求真的态度和方法，更把科学当作促进社会公正、开放和人们友好相处的重要支柱。我们已经目睹了众多科学发现如何转化为技术和走向应用，从而在过去 50 年间极大地改变了世界的方方面面。同时我也欣慰地看到，在我的祖国，许多人转向了粒子物理、天文学、现代生物学、电子学、信息技术以及可持续发展理论等新兴学科，并取得了优异的成绩；而且其中一些研究与保护我们地球的"蓝色天空"有关，更多的则是事关国家强盛与人民富裕。

科学是一项真正伟大的事业，我由衷地庆幸今生能与科学为伴。

Keith Moffatt

莫 法 特
英国剑桥大学

与流体力学的终身之约

受父亲影响,我从小便喜欢做数学游戏。还记得大约在 12 岁时见过一道题:已知 $8+8+8=24$ 且 $(9\times\sqrt{9})-\sqrt{9}=24$;问:如何模仿上述两式,依次用整数 1~9 中的一个数来构建数 24 的算术表达式?而且这个数出现且仅出现 3 次。试试看!我做过的有些题目可能比较难,但都是可以实现的。

我上中学时非常喜欢数学,并且很自然地在大学选择了主修数学。与此同时,我也被物理学所吸引,并最终转到爱丁堡大学应用数学系——没有明确的专业界限,同时兼顾数学与物理学的一块"无主之地"。后来我进了剑桥大学三一学院,在那里学了一年量子力学之后,我发现自己真正喜欢的是流体力学。这是一个充满更多数学挑战,更直接关系到实际应用,因此对我更有吸引力的领域。我特别欣赏流体力学的一个方面是：流体力学可以被很好地视觉化。无论拍岸惊涛、萧萧落木，还是弄风片羽，都极为生动直观地体现着流体力学的魅力。流体力学之意趣万种，岂量子力学可同日而语哉！

值得庆幸的是，我在步入流体力学之初便蒙巴特切勒尔（G. Batchelor）的教诲。他是湍流统计理论的伟大先驱之一，在当时的流体力学界颇负盛名。正是巴特切勒尔教给了我科学研究中的自我批判艺术——如同评判他人的观点那样，严格、审慎地对待自己的设想。随着研究经验的增长，我逐渐形成了某种通常所称的"物理直觉"，即一种直观感觉能力，藉以判断复杂流体系统在给定条件下将可能如何运动。这种直觉对于选择和修正数学模型以满足严格定量分析的要求，常起着至关重要的作用。研究者往往需要设计判决性实验，以判定理论与实验结果是否相符。长期的经验积累使研究者有可能获得并强化这种难以言传的"物理直觉"！

泰勒（G. I. Taylor）爵士是 20 世纪理论和实验力学（包括固体与流体力学）的最伟大奠基人和推动者。作为剑桥三一学院的研究员，泰勒可谓成果等身，其最著名的发现也许是 1923 年提出的"泰勒涡旋"，即发生在同轴转动柱体间的流体运动。"泰老"（所有与他熟悉的人都这样亲切地称呼泰勒）始终不服老，直至 20 世纪 60 年代，他依然活跃在研究前沿，而且被朝气蓬勃的剑桥年轻一代流体力学家视作研究灵感之源泉。他的物理直觉有如神助，令人叹为观止。同时，他还能娴熟地假借数学来描述经验事实与现象。我从他那里不仅学会了欣赏数学复杂性自身的美妙，也切实感受到了把握自然现象简洁性的真正艺术。我逐渐掌握了凭着相对简单的数学来把握复杂事物的能力。当然在实际物理效应与流体力学方程或规则的数学表达之间，有时也会出现差距，此时我们便会说：啊哈，这里肯定存在问题！

我在 1962 年完成的博士论文题目是：磁流体动力学湍流，主要讨论了可导电流体（如极端条件下被电离的气体、通常的液态金属等）之行为特征。这是一项对于天体物理、地球物理、热核聚变以及工程实践均具有重要意义的课题。这类流体通常会被磁场渗透，磁力线几乎被"冻结"在流体中，它们像弹性线一样随流体一起运输，其运动过程很容易在人们头脑中形象地显现。同时，磁力线相对于流体会发生扩散，因而造成磁力线不时被中断又被连接的状态，也即拓扑性质的改变。如今专业人士对上述理论早已耳熟能详，但它们在 20 世纪 60 年代却是很有新意的思想，其深远的意义还没有被人们很好地理解和领悟。研究的挑战性很强，而幸运的是，我能在初创之时便进入这样一个横跨流体力学与电磁学的新领域。自那以后，我的研究时常会涉及与此相关的问题。

担任剑桥大学教师伊始，我在为学生讲解荣誉学位数学考试课程方面付出了很多心血。这番教学经历也对我日后的研究起到了推动作用。例如，正是在出 1962 年的考试题时，我思考了两个刚性平面连接角附近黏性流体的运动。此一视角导致了一系列出人意料的结论。相关研究表明：转捩角处的流体运动中，通常有一个无穷的涡旋序列。1964 年，我就以上研究发表了一篇文章。15 年后，该项预言在日本被一项漂亮的流体视觉化实验所证实。比这一结果更令人满意的是，一个纯粹的理论预言在经过很长时间之后，终于找到了充分的实验证据。

虽然我并非实验专家，但我常常在家中厨房的水槽里专心致志地"做实验"。1977 年，我发表了由此得出的第一篇实验论文，主要讨论了黏性液体（金黄色糖浆）厚油膜在定轴转动水平圆柱体表面均匀散布时的复合动力学问题——我是在一次学术讲座上最初注意到这一现象的。1974 年我在国际理论物理中心（ICTP）流体力学夏季研讨班上听普赫纳切夫（V. Pukhnachev）演讲时，突然想到了这个问题。该研讨班的重要贡献之一是促使人们承认：流体力学无疑是理论物理学的合法分支领域！对于任何尝试这个实验的人来说，都会有一个美妙的惊喜：液体会在圆柱上自我组织成一系列环形带，这些环带沿着圆柱的长度大致均匀分布；每个环带有一个深度不连续点，并随着圆柱旋转，但旋转速度较慢。这个实验囊括了黏性流动的许多方面，这些方面是流体动力学的核心——稳态流动的存在性和稳定性、波的陡峭化、界面的形成，以及与之相关的自由表面极隙的形成，这一现象因与油和醋之类流体的微观混合相关而受到当前广泛关注。有兴趣的话，下次你在拌沙拉或把蜂蜜搅入酸奶酪时，不妨留心一下它们的混合过程，或许你做的食品味道会更好！

Marcos Moshinsky

莫申斯基
墨西哥国立自治大学

加入一个好团队

我的科学兴趣萌生得很晚。初中及高中早期，我只是个成绩平平的学生。

我父母是 1927 年从德国移居墨西哥的，之后一直忙于生计而根本无暇接受高中以上教育。因此，虽然他们对知识极为崇敬，却无缘进入大学。

上初三时，在升学考试中遇见一位数学教授，而我居然考了个数学全班第一。

这也激发了我对数学的兴趣，使我以优异的成绩完成了数学学习。

接着便在墨西哥城上高中。当时学校要求学生根据自己的兴趣有针对性地选修课程，以便为进入大学后的相关学习做一些基本准备。

我选了数学和物理学课程，并把工程作为未来的职业意向和可能的选择。然而在高中毕业时，我的精神状态有些异常。医生无法断定究竟是何病症，建议我休学一年以缓解精神紧张。

于是我到纽约一家针织厂当了一年的工人（1939 年），并利用业余时间提高英语水平。

第二次世界大战前夕，我返回墨西哥。同时得知，墨西哥国立自治大学已于 1938 年新成立了涵盖数学和物理学的科学系。

1940 年我进入该系学习。第二年，又应聘担任该校物理研究所的助理实验员，此研究所也创立于 1938 年。

我当时的任务是负责宇宙射线测量中的计数工作，主要是协助研究所所长开展研究，他是宇宙射线研究开创者之一巴利亚塔（M. S. Vallarta）博士的学生。

以上工作并未影响我的学业。1944 年，我获得学士学位。

那时候，恰好有三位著名的美国数学家在墨西哥讲学，他们的学生大多在二战期间为军队服务过。这三位数学家是伯克霍夫（G. Birkhoff）、维纳（N. Wiener）和莱夫谢茨（S. Lefschetz）。在普林斯顿大学任教的莱夫谢茨建议我去他任教的大学做魏格纳（E. Wigner）的研究生。魏格纳当时已是知名的物理学家，后来还获得了诺贝尔奖。我 1945 年入学并得到奖学金，最后在 1949 年获博士学位。

普林斯顿大学当时是全世界理论物理学的圣地，其原因不仅在于有魏格纳、惠勒（J. A. Wheeler）和巴格曼（V. Bargmann）这样名动一时的教授，而且还因为：1947 年奥本海默（R. Oppenheimer）出任普林斯顿高等研究院主任之后，吸引了一批优秀年轻的物理学家和数学家，从而让与之仅有一英里之隔的普林斯顿大学受益匪浅。

因此，在普林斯顿大学的那段学习充实丰富，令我大开眼界。此番经历也使我能在回到墨西哥国立自治大学后不久，就帮助它迅速提升了物理学研究水平。

在普林斯顿大学的经历也使我深深体会到，一个民族的未来及其在国际社会中的地位，从根本上讲并非由工业或军事所决定，而是取决于公民的知识水平以及国家的科技实力。返回墨西哥后，我广泛地宣传这一思想，让我们的国家和人民充分意识到提高全民科学素质、推进科学实际应用的重要性。

为此，在40多年的教学生涯中，我竭力为大学生、研究生开设量子力学等课程，努力帮助他们掌握现代物理学知识，并尽可能地结合我的最新研究，实际引导他们大胆探索。

那段时期，我指导了物理系30名大学生的毕业论文，先后带过15名物理学博士研究生。我逐渐赢得了国际声望，大约有15名国外的博士后到墨西哥国立自治大学寻求我的指导或与我进行合作研究。

我在物理学方面的出版物，包括发表于国际一流杂志的275篇论文。我已撰写5部著作，同时还在报刊上发表了大量文章，论述科学、教育的社会影响和冲击。

我与墨西哥国立自治大学有着千丝万缕的联系。虽然我曾在世界各地的众多研究机构中进行过许多次为期数周到一年的学术访问，但我从未觉得在墨西哥从事科学研究有什么不便之处。的确，能够在其相对宽松的环境中工作，实在是一种享受。我不必承受发达国家的科学家那种不断追逐热点课题的压力，因而能够相对自由地专注于自己认为重要、有趣的问题进行探索。

回想起来，我当初认为值得研究的许多问题，在我发表研究论文之后，很多都成了学界所公认的重要课题，如正则变换的对称性在量子力学中的作用，利用谐振子变换括号简化核结构的计算，以及相对论性多体问题和狄拉克振子等。我对于年轻物理学家，同时也是对所有领域年轻科学家的建议是：我们大多数人无法如爱因斯坦那样可以独立地工作于远离压力和喧嚣的环境之中，但应当谨慎地选择加入一所或一个能使你取得一流科学成就的大学或研究小组。

David B. Mumford

芒 福 德
美国布朗大学

我的科学生涯

有时候，人生之路无非是顺势而为，未必要经历常言的那种内心挣扎或痛苦抉择。尽管作出有些决定耗时颇长，但促使人下定决心的原因通常都是环境影响，而非个人因素。幸运的是，促使我进入科学领域并愿为之奉献一生的志向和行为，几乎是自然而然地萌生并实现的。我渴望了解自然界的运行机理，而科学似乎是揭示这些奥秘的最有"魔力"的工具。此外，还有一些其他的诱因。很小的时候，有一次我缠着一位与我家关系很好的画家，要他停下正在作的画陪我玩，但他表示他正在工作，正在为他"自己"工作。他的说法在我幼小的心灵里留下了深刻印象。的确，一个人如果能够做着自己喜欢的工作而悠然谋生，干嘛还要被迫"为他人"工作呢？这一看法中貌似矛盾的真实，我在后来的岁月里才逐渐明白。重要的一条是：如果你为别人工作,那常常会有完成任务的时间限制,因为别人要的是结果;而如果你为自己工作,一件事情可以持续十余年乃至更长,会吸引着你投入充足的时间和精力,从容不迫地尽情发挥创造力。最终证明了费马大定理的怀尔斯(A. Wiles),在书斋中一待就是十年,其间几乎没有发表任何研究论文,诚可谓"十年磨一剑"!这样的自由,特别是研究者选择问题与支配时间的自由,在当今社会实在是太少、太宝贵了。

如今,政治家、管理者在提供研究经费的同时,往往也将严格的"任务期限"强加给受资助的科学家,从而彻底改变了科学作为自由探索事业的性质。在此意义上,成为一名大学教师或许是一种不错的职业选择。学术研究(特别是数学研究)不可能时时处在思考的高峰期,每当新思想和研究经费匮乏之时,教书至少能够使你有所事事,度过那些艰难而苦闷的日子。

上高中时,科学是我最喜欢的科目,特别是物理和天文学。在大学里,我的兴趣逐渐转向了数学,缘由之一是我虽曾努力学习量子力学,但结果总是难尽人意。这让我认识到,物理学与数学已经变得多么不同。同时我逐渐意识到,从古代直至 20 世纪 30 年代前后,数学与物理学一直是关系极其紧密的一对"伙伴",历史上横跨这两个领域并在两方面都取得卓越成就者,可谓比比皆是。量子场论的出现似乎是重新界定数学与物理学关系的一个契机。量子场论提出了一种具有美妙物理意义的思想,却无法找到支撑其形式化的数学框架。物理学家发现,通过物理直觉(如用费曼图),他们能够深化其思想,甚至提出一些令人信服的启示性方法,从理论中作出定量的预测。数学家间或也能发现此类理论的"局部",他们能够从逻辑上推导出某些部分,但永远不可能解决全部问题。结果,数学家把今天的物理学家看作一群桀骜不驯、自以为不会误解自然界的牛仔,指导他们行动的是一种理性与"牛仔信念"的奇异组合。另一方面，物理学家认为数学家有如"强迫症患者"——为了给直观概念以严格性，终日埋头于细枝末节。

思来想去，我还是决定在大学主修数学，并遇上了一位数学技能精湛的教授——扎里斯基（O. Zariski）。每当谈起他所研究的代数几何学时，扎里斯基都会眉飞色舞地描述名为"簇"的几何对象，仿佛它们就活生生地呈现在我们面前！他会走到黑板前说"令 V 为一个簇"，同时在黑板上写下一个大大的 V 字。单凭这些，你便能从他的言谈举止中感到：他似乎领着你进入了一个有生命的世界、一个充满"个性"的簇世界。一句话，簇领域好像就是他家的后花园。耳濡目染之余，我不禁蠢蠢欲动，想"进去看看"。

一段时间后，我果然"溜了进去"。现在想起来，我热爱数学的最重要原因在于它那种貌似抽象、实则丰富的性质。数学创造出某种虽非物理实在、却如同地球上其他事物一样多姿多彩的奇异世界。比方说，"何种曲线模空间具有正几何亏格"这样的提问不就与"亚洲有哪些伊斯兰国家"如出一辙吗？所以我认为，成为一名数学家之最基本素质是应当具备"暂时中止怀疑"[*]能力，就是能够把思想中的世界看作与现实世界具有同等重要的意义。总之，大学期间的经历给了我深刻的熏陶，激励着我梦想成为数学海洋中的"麦哲伦"，尽有生之年探索遨游于其间。当然，在探索中会与现实世界的同事结下友谊，也会领略从未涉足之地，例如我去过印度。

具体而言，"模空间"以及代数几何学中的诸多问题成为了我持续 25 年的研究主题。我使用一切可能的数学工具努力工作，逐渐突入问题的"腹地"。令人惊奇和兴奋的是，数学与物理学的神奇关联

---

[*] 中文版注：文学术语，指观众或读者暂时放下对是否符合真实世界逻辑的质疑，而全心接受作品中虚构的设定，以投入到故事或表演中。

再一次得到了生动的体现。弦理论家采用模空间的思想，使该理论成为理论物理学中极为抽象而又富于想象力的分支。

我的另一个工作领域是对人脑机理的研究。当时，无论心理学抑或脑科学都还处于萌芽阶段，但是零散的一些观点先后问世，比如亥姆霍兹的"精神物理学"，弗洛伊德的"精神分析"，卡哈尔关于脑细胞网络的光学描绘仪绘图术，彭菲尔德所做的癫痫手术患者暴露大脑皮层实验，等等。不过，关于大脑生理和解剖的很多基本知识、影响大脑功能的药物、与大脑各种任务相关的 fMRI，这些在当时都还闻所未闻。在研究上更加捉襟见肘的是，当时还没有发明晶体管，要想构建一个像样的计算器都极为困难。（我上高中时曾经制作过一个简易计算器，但当我用它做两位数乘法时，纸带便烧坏了。）

20 世纪 80 年代早期，我与同事沙阿（J. Shah）受英国天才科学家马尔（D. Marr，他不幸因患白血病早逝）的思想启发，彼此勉励，决定投身于计算机视觉研究。马尔提出的问题是：大脑在解析来自外部世界的视觉信号并识别我们面前的物体时，使用什么样的数学或计算科学模型？该问题事实上指出了一条理解"人脑如何工作"的有效途径。当你让计算机识别某幅照片上共有几张人脸的时候，它几乎总是出错。这种事对于人类而言轻而易举，却叫计算机一筹莫展。由此可见，即便最简单的思维活动仍有赖于众多微小而不可忽略的隐性细节。要设计出某种算法并不难，比如针对 50% 人脸的算法；但此类算法不能顾及诸多人脑处理起来不费吹灰之力的复杂因素，像照明、姿态、表情、须眉等等。计算机会全然无中生有地在古怪的地方发现"人脸"。

为此，我们使用所谓"变分形式化理论"来结合"证据"，进行了数学方法的尝试。该模型最大的突破是我在格雷南德（U. Grenander）开创的统计研究基础上所作出的新发现。相关的工作使我相信：人脑无论在完成最简单还是最复杂的任务时，都与逻辑性无密切关系。事实上，大脑更多时候遵循的是"贝叶斯统计推断"。在此，人们关于世界模式的长期经验可以被有效地整合到对当前知觉的分析之中。如今，类似的研究取得了许多突破。我深信，在不远的将来，马尔问题将会得以解决。目前还不明确的是：上述行为是如何在人类大脑皮层的"湿件"（wet-ware）中实现的？计算机与人脑的判断方式无疑是极不相同的，因此我认为：我们根本无法通过计算机直接模拟来实现人脑的功能。这些问题或许在后基因组生物学中能够有所突破。

此外，我还想就纯数学与应用数学之间的割裂再说几句。由于我在两个领域都有所研究，因此深切地感到：当前这两种数学间实在是太缺乏沟通与交流了，其情形正如数学与物理学在 20 世纪中叶发生的分裂一样。当纯数学开始集中发展其抽象部分的时候，例如代数拓扑学；应用数学则随着计算机的问世而更多地以数值计算取代了传统的分析和定性陈述。从我的切身体验来看，两者在当今的明显差异是：在纯数学领域，最高标准是定理的证明。衡量一种理论成功与否，要看其能够导出何种深度、多大难度的定理。与此不同，在应用数学中，最重要的成就在于所构建的新数学模型的有效性，即借助数学而将复杂的现实世界简化为直接明了的数学模型，并由此澄清那些实际发生着而相关科学家却无力解释的问题。我真诚地希望：新一代数学家应当以高明的方式弥合两类数学的鸿沟。只有那些既珍视数学之美，同时也承认数学计算和应用对于人类之重要性的远见卓识者，才能担此重任。对此，我寄厚望于年轻一代的数学才俊！

Yoichiro Nambu

南部阳一郎

美国芝加哥大学

25 岁以后仍可大有作为

我生长在日本一个信奉佛教的传统小镇。父亲因为不愿继承其父母开办的专卖佛事器物的商店，独自一人跑到了东京，这也是我后来的出生地。父亲热衷文学，梦想着成为一名专业作家。然而，1923年那场毁灭首都的大地震让父亲失去了一切。他只好极不情愿地重返故乡小镇，最终成为了一名高中教师。虽然没有接受过科学训练，但父亲始终认为，作家应当了解人类的一切活动，因而他一直有意识地汲取科学知识。小时候，父亲给我买过许多儿童科普图书。当时我心目中最伟大的英雄是大发明家爱迪生。

上中学期间，我经常往祖父母家里跑。我有一位很早便因患肺结核去世的叔叔，估计他没有接受过正规大学教育，但看起来曾经涉足科学。我在祖父母家发现了他留下的一些科学仪器目录，制造者是京都一家著名的公司。我饶有兴趣地浏览着,并被一把漂亮的计算尺所吸引。父亲深知我的心愿,于是买了一把作为新年礼物送给我。我至今还珍藏着这件对我意义深远的礼物。还有一次,我在叔叔遗留下来的资料中见到一些无线电电路元件示意图和一本手册。那看起来高深莫测的电路图和公式立刻激发了我对无线电的热爱。虽然当时还没有任何电磁理论基础,但我竭力想搞懂它们。不管怎么说,我从猜测电路图和公式含义的活动中得到了极大的乐趣。那个年代,我们所在的镇已开通了无线电广播。于是我用叔叔留下的材料,花去整整一个夏天自制了一台晶体管收音机,我们通过它收听一年一度的全国中学生棒球联赛。这项赛事直至今天仍然是牵动日本千家万户和众多中学生的盛事。我至今仿佛还能感觉到当年收听决赛时颤栗难抑的兴奋。两个伟大投手之间的决斗产生了令人难以置信的结果——该场比赛创造了击球 25 次均未得分的纪录("25"这一数字还会在下面出现)。据我所知,那是迄今世界上费时最长的棒球比赛。有人上网查询后,告诉我的确如此。

上高中以后,我又在祖父母家中找到了有关微积分知识的笔记本,这是我另一个叔叔上大学时的学习心得。我花费了不少时间自学微积分,同时也初次尝到了高等数学的滋味。当时,东京一家著名出版社印制了一套涵盖各学科的普及性读物,价格不高且到处可以买到,其中一本《矩阵与行列式》吸引了我。买回来之后才发现,对我来说书上的内容还是太难了一些。不过我从书中得知,17 世纪的日本数学家已经发展了行列式理论。高中阶段在课堂上学的物理学和数学颇为乏味,只有当我自己勾勒出彩虹轮廓,并由此计算出相关角度的大小时,才感觉到学习的乐趣。

20 世纪 30 年代前后,我逐渐长大成人。那些年,日本的生活变得越来越令人难以忍受。非理性思潮和狂热的民族主义甚嚣尘上,战争和暗杀接二连三。好在这令人窒息的歇斯底里情绪还未对我在东京的大学生活形成太大冲击，因而我得以度过人生第一段自由自在、无忧无虑的时光。宿舍自我管理的做法对一个来自乡村的纯朴少年来说简直就是天堂。其间，我发展了许多兴趣爱好。通过与比我更有知识的朋友交往、争论和相互学习，我学会了物理学家的推理方式。尽管如此，我的热力学考试还是没有及格。我觉得，热力学也许是物理学中最重要，同时又是极其概念化和最难学的学科。一位数学教授对我影响甚深，并使我切身体验了学习的甘苦。这位教授是庞加莱、伽罗瓦、阿贝尔的崇拜者。他喜欢在上课时不断提到那些名字，接下来便教育我们说：如果你们不在25岁前有所成就，将会终生一事无成。无独有偶，我在陆军学校也听说过类似的训诫：男人的生命关键在25岁前。而我当时颇为不安的是：我能做些什么呢？我甚至无法想象自己未来五年内的情形。但最终我还是下定决心投身物理学研究。作出此决定的原因之一是我觉得物理学最适合于我，另一个重要原因是日本出了一位著名物理学家——汤川秀树。

我总算幸运，在战争期间活过了25岁，而且事后想来也算有所得：服役期间进行的雷达研究为我后来的学术生涯提供了某种便利。战争结束后，我很快回到了往昔同事们的行列之中——在他们与朝永振一郎共同探索重正化理论的关键时刻。最后，我要衷心感谢我的父亲、叔叔、朋友及所有曾给予我启迪和帮助的人们。

Roddam Narasimha

纳拉辛哈

印度尼赫鲁高等科学研究中心

我是如何成为科学家的

应当说，我对科学的最初兴趣源自家庭。我父亲是他家乡小镇上最早的科学硕士，其导师是伟大的印度科学家萨哈（M. Saha）。当时，他在距我父亲家乡千余公里外的班加罗尔中心学院讲学。我父亲研究生毕业后，留在班加罗尔任教。后来，他以卡纳达语（Kannada）撰写了许多涉及科学的作品。父亲几乎没有直接教过我任何物理学和其他自然科学知识，但他的言行和观念——现代科学精神、社会自由精神和文化继承精神，给了我很深的熏陶。我母亲10岁以后便未再接受学校教育，不过她酷爱阅读，具有良好的文学基础和教养。同时，她也是一个乐观大度的人。在睡觉前祈祷时，她会教我们背诵经文，并且总是恳求神赐予我们更多的智慧和知识。

上学之后，我有幸遇到不少杰出的老师，诺贝尔奖得主拉曼

（C. V. Raman）也曾到学校与我们座谈。拉曼是印度科学界大名鼎鼎的人物，说话机敏睿智，把复杂的物理学研究讲得生动活泼，令师生们入迷。对我影响颇深的还有 KVR 先生，他也是安排拉曼访问我们学校的联系人。KVR 先生教给了我们最重要的写作原则：简明扼要、诚恳充实。当时有很多考试，我们已经习以为常。经常碰到像"太阳系有几颗行星"这样的问题，要是我简单地回答说：共有九颗，老师往往会批评我没说出行星的名字。我觉得老师的批评太不公平，因为提问并没有要求答出具体的名称。每逢类似的情况，KVR 先生总是站在我一边。于是我们之间的关系进一步拉近——不是简单的"私交笃好"，而是他对我更大的期待与爱护、我对他由衷的尊敬与信赖。我和另一位名叫 BLA 的老师则建立了颇为亲密的个人友谊。他经常带着我和其他学生外出，与我们一起喝咖啡、吃快餐并长时间地聊天。他曾经送给我两本书。一本是《伟大科学家的生活》，它使我"睁眼看西方"，我一下子便被奇异的西方世界迷住了。另一本是卡罗尔《爱丽丝漫游奇境》的卡纳达语译本，我立刻喜欢上了它的情节。BLA 先生也许不完全知道，那两本书当时曾给我带来了多大的震撼和快乐。

1949 年我上了大学，物理学是我深思熟虑后选择的专业。其时，声势浩大的政治社会运动正席卷整个南印度。我无法实现学习物理学的愿望，只能进入班加罗尔政府工程学院机械工程系。这期间最令我兴奋的事情是可以参加印度科学院的"开放日"活动。参观刚刚成立的航空工程部时，见到四方院内停放着一架迷人的二战时期的"喷火"战斗机，它是从印度空军部队租借来的。我不觉眼前一亮，这可是第一次如此近地感受战斗机呀！又一个崭新的迷人世界展现在面前。我眼中的"喷火"战斗机无比完美：机身简洁优雅，椭圆形的机翼熠熠闪光。它的内部结构又惊人地复杂，宛若一座电线、油管、导管、阀门组成的"森林"。使我倍感震撼的是：在优美的曲线和漂亮的表面之后，隐藏着令人眼花缭乱的复杂技术！我不禁对有能力设计、制造和控制这机器的人产生出由衷的敬畏之情。

所以，我得到学士学位后便一门心思地想进入航空领域。这在当时固然属于一种非常不合潮流的想法。在我父亲建议下，我请教了他在科学院的一位老朋友。父亲的朋友直率地叫我别干傻事，他建议我加入印度铁路公司或缅甸壳牌公司——那些差使在当时类似于如今在班加罗尔从事软件开发之类的美差。我婉言谢绝了他的提议。回家见到父亲之后，他只简单地问我："你真的想好了要做什么吗？"我说我想从事航空研究。他立刻回答说："那就去干吧！"原本以为得跟父亲软磨硬缠几个时辰，没料到父亲竟答应得十分爽快。于是，我最终进入了印度科学院。在这里，我充分发挥了自己的才智，而且一干就是50年。

进入研究院后，达万（S. Dhawan）教授领我进入了一个更为广阔开放的世界。他从加州理工学院毕业返回印度后，带回了一股前所未有的清新空气。与当时研究院大多数部门的工作作风不同，达万教授倡导一种既不拘一格、又严谨求实的做事态度和方式。如同"喷火"战斗机一般，他的实验正是科学和技术相互融通的无缝之网。在他主持下，研究院建造了由巨大压缩机驱动的超音速风洞。不过电子技术当时尚不发达，风洞中的许多测量仍需借助透镜和检流计来实现。达万后来成为了印度科学的伟大领导者，并组建了一个空间开发机构，该机构后来发展成印度极重要的技术开发公司。可以说，达万既注重事关国力强盛的大科学，又对小科学情有独钟，他把两者有效地结合了起来。我从他那里学到了怎样在没有任何所需实验仪器的情况下创造性地开展研究。达万的实验室充满了各种精巧的小发明，而且后来我也为这些自制仪器贡献了才智；其中包括简单有效的一美元盒式相机，用以快速记录示波屏上的踪迹，由此得到的研究成果后来发表在了《流体力学杂志》上。

两年以后，达万告诉我：要想学习更多的东西，应当去加州理工学院。现在想来有些奇怪，因为我并非热衷出国一族，也不大喜欢做"时尚"之事，况且在班加罗尔有一个才华横溢的年轻科学家圈子。我极其尊重留在印度从事科学的人们。尽管如此，我还是听从达万的建议去了加州理工学院，并且很快意识到，他坚持让我来这里是对的。我跟随利普曼（H. Liepmann）做博士研究，他也是达万当时在加州理工学院的导师。我用了近一年的时间来熟悉这种转移，因为 20 世纪 50 年代的班加罗尔和帕萨迪纳几乎是全然不同的两个极端——无论地理、科学、文化还是经济方面都有天壤之别。但在接下来的五年里，我度过了一生中最忙碌而充实的时光。帕萨迪纳和加州理工学院极为友好地向我展示了具有国际水平的最前沿科学成就。这里的人们大度地接受了我这个只吃素食、行为有些怪僻的亚洲人。逐渐地，我感到帕萨迪纳成了我的第二故乡。

1962 年底，我回到了魂绕梦牵的班加罗尔。之后，我又不时到世界各地交流访问。每一次与家乡的短暂离别都让我愈发感到她的恬静与美丽。从那以后的 40 年间，我一直努力在自制仪器和做实验之间保持良好的平衡。虽然不时会遭遇挫折，但我始终没有放弃。不久以后，我便成了一名受到同行承认的知名流体力学家。我寻找一切可能的机会，不断自制实验所需要的仪器设备，完成我所感兴趣的实验探索。这真是一个缓慢艰辛的过程。但在数年之内，我们研究小组中的学生和助理研究人员都迅速成长起来，成为可以独当一面、从事高等研究的专家。我涉及的诸多研究或多或少地都与我一直思考的"流转捩"有关。通常我们观察到：流体或为层流，或为湍流——比如打开浴缸放水阀时的情形。后来，我特别注意到了流体从一种状态转变为另一种状态的转捩运动。变化是突然发生的，就像流体通过平板而陡然转为湍流那样，抑或是逐渐发生的？如果是后者的话，可能发生的缘由何在？流体能否从湍流变回层流？这种"逆变"在当时被认为是难以理喻的事情。我至今还清楚地记得，20世纪六七十年代有一位专家访问我们实验室时表示，他根本不相信会发生这样的事情。事实上，我和我的学生对有关问题已积累了大量的第一手材料。此外，我还研究了激波现象——另一个与流转捩有关的问题，即从亚音速到超音速的转变。上述问题十分有趣，耗费了我许多的时间和精力。

20世纪七八十年代，我认为最适合印度科学家同时也是最有趣的流体力学问题便是关于季风的研究。从那以后，经过我们许多人的努力，成功地建立了一座大气科学研究中心（如今也包括海洋）。1982年，属于印度科学院的该研究中心组建了一支生气勃勃、训练有素的研究队伍，从各个方面对季风问题展开了长期研究。我本人对此似乎有一种异乎寻常的兴趣。在班加罗尔和其他热带地区很常见的积云并非如快速上升的羽毛一般扩展开来，而是如花椰菜一样堆积起来，呈高耸的塔状。这一点常常让我惊叹不已。经过数次尝试之后，我们最终找到了一种在水箱里研究"羽毛状云"的有趣办法！我们的做法是：通过使呈酸性的水带电，并由此为"水云"加热，来模拟云层的实际放热过程。实验有力地表明云层为何如人们看到的那样运动。初听起来似乎令人难以置信，它看来是某种局部无序的"亚转捩"——当时发现的一种柔性转捩。我想起了小时候的情景：在我凝神看云的时候，一位本性善良的严厉长辈教训我说，喂，看云的小孩，有时间的话多关心一下地上的事情吧！可我没有理会他，继续热衷于看云。时至今日，我依然痴迷地在实验室里创造着类似于天上飘荡的朵朵白云之物。

回顾过去，我庆幸自己能遇上众多的良师益友，他们在我面前开启了一扇又一扇新世界的大门。同时我也发现，自己非常喜欢做一些不大入流和有悖时尚的事情，但我所做的种种研究真的非常有趣！

Jayant V. Narlikar

纳尔利卡尔
印度浦那大学

激动人心的科学事业

当教育事业日益为纯商业的考虑所左右时,我以为有必要提醒人们:正是以追求知识为动力的纯科学,成就了以科学为主导的现代社会。因此,纯科学无疑是应用科学和技术甚至整个社会的重要基础。可以说,"纯科学"乃是人类长期以来探索自然奥秘的结晶。如同古代先贤历尽艰辛揭示自然之谜一样,当今科学家理解自然、探求真理的过程依然充满着坎坷和不确定性。我们先来看看近代物理学奠基者牛顿的故事。

牛顿诞生已经有350多年了,历史资料可以从一个侧面反映牛顿同时代人对他的看法。事情发生在1696年,当时牛顿已非职业科学家,去当了英国造币厂厂长。然而,真正的科学家是永远不会停止思考的。可不是吗?欧洲著名数学家伯努利(J. Bernoulli)提出的一个有趣的数学问题引起了牛顿的注意。在过去六个月间，那一颇具挑战性的难题已叫许多科学家百思不得其解，只有垂头丧气的份儿了。问题是这样的：设在一个垂直平面上有 A、B 两点，A 的位置在上，高于 B 点。以光滑线连接 A、B 两点，并令串在线上的珠子无摩擦地由 A 向 B 滑动。问：光滑线呈何种形态时，珠子由 A 滑至 B 所需时间最短？如果回答"AB 间为直线"的话，你可就错啦，答案绝非如此简单。如前所述，当时欧洲许多最聪明的人对此问题都束手无策。

据说牛顿看到这个问题后，也觉得有点意思，于是晚上回家花了几个小时得出了答案，所用的是他本人发明的微积分的变分法。之后，牛顿将解题过程写出并提交给皇家学会，请学会干事隐去他的姓名将题解公开发表，同时也寄了一份给伯努利本人。伯努利看到解法，立刻意识到它不可能出于别人之手——除了牛顿，谁会想到呢？他对此评论说："我从爪子上看出这是一头狮子。"

上边的趣事表明，思考与研究如何时时影响着科学家的喜怒哀乐。即使像牛顿这样的科学家，虽然已功成名就、身居高位，但仍然热衷于寻找富有挑战性的问题，而且是不达目的誓不罢休。接下来我们再看看另一位伟大科学家的轶事。

声望卓著的开尔文勋爵原名为汤姆逊（Thomson）。这里要讲的是年轻的汤姆逊与另一位名叫帕金森（Parkinson）的同学竞争剑桥大学数学荣誉学位考试第一名的事儿。最终，帕金森名列第一，汤姆逊第二，而后面考生的成绩远远落后于难分伯仲的前两名。

考试中有一道特别难的题，只有他们两人做对了。最令考官生疑的是，他们的解答几乎一模一样。其中会不会有抄袭作弊之嫌？

考官先叫来帕金森问个究竟。他问帕金森："告诉我，你是如何解这道题的？"

帕金森回答道："先生，我偶尔读到过一篇研究论文，里面正好有这道题的解答过程,因此我当时便学会了。"他说出了发表该论文的杂志。

考官本人也是受这篇文章启发而设定考题的,对此印象很深。于是,他轻拍着帕金森,表扬他能够在课外广泛阅读,追踪科学的最新发展。接着又叫来汤姆逊,以颇为挑剔的口气说:"我想知道,你是如何解决这道题的。帕金森做对了,是因为他看过一篇论文中的解答。可别告诉我,你也是从那里看到的!"

"当然不是,先生。"未来的开尔文勋爵回答道:"那篇文章是我写的。"

科学研究之根本在于原创性。今天,几乎无人记得考过第一名的帕金森,汤姆逊的工作却成了我们教科书的经典内容。

伟大科学家的故事寓意深刻、发人深省。下面让我们回到红尘凡间,我想讲讲自己是如何走上科学之路的——其实不过是学童们耳熟能详的诸多"个人成长经历"之一。

我对数学和科学的热爱是我父亲最初发现而且进一步培养鼓励的结果,父亲的言传身教使我很早就体会到了数学的魅力——它的趣事、游戏和歪打正着的佯谬命题。父亲也非常支持我们兄弟做实验。我家位于大学校园中,房子很大,父亲亲自设置了一个小有规模的家庭化学实验室,那真是我们兄弟的乐园。

那个年代,大学研究人员之间互相访问、交流频繁,因而我有幸在自己的家中见到如森(N. R. Sen)、贝哈里(R. Behari)、班纳吉(A. C. Banerjee)和维迪亚纳塔斯瓦米(R. S. Vaidyanathaswamy)等数学家。他们经常来我家与父亲切磋交流。我虽听不懂谈话的内容,内心里却很早就对超凡脱俗的数学讨论充满敬慕。

八年级的时候,一个偶然的机会唤醒了潜藏于我心中的对数学的渴望和对数学研究的献身热情。我的舅舅胡祖尔巴扎尔

（M. Huzurbazar，我通常称呼他为莫鲁玛阿*）为准备科学硕士论文而到我家暂住一段时间。他以极其优异的成绩通过了孟买大学科学学士考试，后来成为著名教授，并曾担任过孟买科学研究所所长。

莫鲁玛阿发现我喜欢做数学题，于是在父亲专为我们兄弟砌的大黑板上指导我做题。后来，他只要一有机会便在黑板上写几道数学题或猜谜题，称之为"挑战纳尔利卡尔的难题"。这些题一直要保留到我做出来或者向他请教后学会了为止。至今我都可以自豪地说：绝大部分题我都能独立解答，只有极少数需要舅舅帮助。

莫鲁玛阿的题超出了我在校所学的内容，它们通常都需要进行分析性推理和"机智的解答"，这番锻炼使我切身感受了数学的真谛。令人遗憾的是，当时没有把那些题保存下来，但那样一段经历的确培养了我勇于面对困难和接受挑战的精神。

当时我还阅读了许多书籍，其中对我产生过重要影响的有《数学家》《数学世界》以及《伟大科学家传记》等。它们令我眼界大开，更全面地了解了科学家的工作和生活。本文前述几个小故事也使我懂得：科学并不是仅靠记忆的单调科目，而是充满开拓精神的探险历程。我们还应当看到，伟大科学家与普通人一样有喜怒哀乐，也有一叶障目、失之偏颇的时候。尽管科学家也会犯错误，但科学具有某种"自我纠错"的机制，因此无论科学道路如何坎坷曲折，它最终总能拨乱反正、走向真理。可以说，是现实和书本中众多德高望重科学家的感召，促使我下定了投身科学事业的决心。

进入剑桥大学后，我很幸运地能在著名科学家霍伊尔（F. Hoyle）指导下完成博士论文。当时我只是一名缺乏研究经验的学生，霍伊尔却以其特有的修养和气度平等地与我谈话和讨论问题。

---

* 中文版注：音译，意为"酸奶舅舅"。

他的平易近人、循循善诱的作风给我留下了不可磨灭的印象。通常他会提出一些设想,然后问我:"你觉得这样做是否能行呢?"而在我提出建议时,他总是非常仔细耐心地听我说。1961年初,在我成为他的学生大约六个月时,霍伊尔与赖尔(M. Ryle)发生了一场科学争论,我以霍伊尔合作者的身份参与了论战。赖尔领导的剑桥射电天文学小组声称,他们的射电测试数据否定了霍伊尔的稳态宇宙理论,该理论认为:宇宙整体上是不变的,且没有始点、没有终点。霍伊尔认为赖尔的数据并非无懈可击,并要求我找到其观点的反例。

我们得知,赖尔将在伦敦召开的皇家天文学会上正式公布其研究结果。于是我夜以继日地努力工作,寻找推翻赖尔数据的反例。后来霍伊尔发现,他有一个事先约定的重要约会使他无法分身参加皇家天文学会的会员大会,于是让我在会上陈述我们前一段时间的相关研究结果。我当时颇为吃惊——我这样一个既缺乏经验、又无专业资历的人,能在公开场合与著名的赖尔先生争论吗?霍伊尔鼓励我说:在科学界,声望不是决定性因素,重要的是有证据和信心。霍伊尔深信,他对我的训练足以让我在规定的时间内把问题阐述清楚。我没有辜负他的期望,在会上清晰地表明了我们的观点,神采飞扬地走下了讲坛。

这段经历极大地增强了我的自信心。我觉得,当一名年轻学生为捍卫共同的理论而与同伴共担责任时,会激发出巨大的工作热情,如此更能切实地感受科学研究的乐趣。与解答莫鲁玛阿已有答案的数学题不同,在探索活动中,科学家需要设法根据事实并依据推理,去判断何为正确的"答案"。我走过的科学道路表明,科学研究绝非一帆风顺的历程。在我所涉足的宇宙学、引力理论、电动力学以及天体物理学中,需要不断面对各种困难。事实上,所获得的回报也是丰厚的,其中最重要的便是取得成功时那种令人心醉的成就感。当然,科学并非无穷无尽的游戏，科学研究也是一个有得有失的相对过程。

结束本文之前，我简要谈一下与此相关的另一种职业选择。1952年，大约在我参加剑桥大学荣誉学位考试前，我拜访了剑桥大学1899届毕业生帕兰吉帕耶（R. P. Paranjpye）高级研究员。他问我："考完之后你愿意去印度科学院吗？"这是当时人们常提的问题。剑桥的学位对于进入印度政府部门工作无疑是块金字招牌。当伟大的帕兰吉帕耶在剑桥成为名人以后，印度许多行政机构都希望他能去任职，但他拒绝了这些好意，选择了教师职业。

我对帕兰吉帕耶先生的回答颇为肯定："不，先生。我要做教师和科学家，因为我发现，科学比其他事更有趣。"我从未对自己的选择有过丝毫后悔！

Sergey P. Novikov

诺维科夫

美国马里兰大学

从数学到理论物理

诺维科夫是美国马里兰大学著名教授，1969年以来一直在"数学、物理科学技术系"任教。他积极与多家俄罗斯大学及研究机构交流合作，被选为俄罗斯科学院院士。同时，诺维科夫以其科学成就获得了世界各国众多学术机构的尊敬。目前他担任：美国国家科学院外籍院士；意大利猞猁之眼国家科学院外籍院士；欧洲科学院院士；布鲁塞尔欧洲科学院高级研究员；伦敦数学协会荣誉会员；塞尔维亚艺术与科学院院士；雅典大学和特拉维夫大学荣誉博士。诺维科夫所获的主要奖项包括：国际数学联盟颁发的菲尔兹奖；苏联列宁勋章；苏联科学院颁发的罗巴切夫斯基奖。1985年，诺维科夫接任柯尔莫哥洛夫的莫斯科数学协会会长之职，他在这一位置上工作了十一年，直至1996年阿诺德继任。20世纪以来，该协会一直是莫斯科数学家的主要论坛，并对数学事业的发展作出过重要贡献。诺维科夫已指导了 35 名博士研究生，他们中许多人业已成为杰出的科学家。

诺维科夫生长于著名的诺维科夫-凯尔迪什科学家族。他的父亲彼得·诺维科夫（Petr Novikov，1901—1975）是著名的群论、数理逻辑、描述集合论和牛顿引力逆问题领域的重要人物。他的母亲柳德米拉·凯尔迪什（Liudmila Keldysh，1904—1976）是描述集合论与几何拓扑学方面的著名专家和数学教授。她还是一位精力旺盛的杰出女性，不仅担负起抚育五个孩子的重任，还要悉心照料她那极富天才但体质欠佳的丈夫。她以超群的智慧和刻苦耐劳的韧劲，在繁琐的家务与抽象的科学研究之间找到了兼顾二者的平衡点。毫无疑问，如果没有她的奉献，她的丈夫、兄弟和两个儿子便不可能成为数学、物理学领域的佼佼者。20 世纪 20 年代，她违背外祖父的意愿帮助堪称数学天才的弟弟姆斯季斯拉夫（Mstislov Keldysh）成为了数学家。外祖父是著名的建筑工程师，在赫鲁晓夫的著述中曾有记载；他本来非常希望儿子能继承其工程师的衣钵。后来，母亲的弟弟姆斯季斯拉夫成了苏联的著名应用数学家，并且是 20 世纪五六十年代第一颗人造地球卫星"史普尼克"（Sputniks）的主要理论家之一。"主要理论家"乃当时苏联报纸的一个常用术语，虽然政府隐去了科学家的名字，但莫斯科的许多数学家、物理学家都知道"他们"是谁。苏联第一颗人造地球卫星发射之后，姆斯季斯拉夫在 1961—1975 年期间担任了苏联科学院负责人。诺维科夫的哥哥列奥尼德（Leonid Keldysh，生于 1931 年）是著名的固体物理学家。这个具有科学传统的家庭没有出过音乐家、艺术家和议员，却把献身科学几乎当作自然而然、不容置疑的选择。诺维科夫在中学时代便发现，他学习数学、解数学问题非常轻松，但又觉得家族里已经有太多的数学家了。1955 年，他最终还是决定走父辈的道路，考入国立莫斯科大学数学-工程学院的数学系，其负责人为著名数学家柯尔莫哥洛夫（A. Kolmogorov，1903—1987）和彼得罗夫斯基（I. Petrovski，1901—1973），系里还聚集了当时苏联所有的优秀数学家。莫斯科大学的数学一直以来享有世界声誉，其优良的传统和严格的训练确保了学生很早便切入真正具有创造性的研究。柯尔莫哥洛夫是这里最辉煌的人物，他培养了一代又一代的著名数学家，例如阿诺德（V. Arnold，生于1937年）和西奈（Y. Sinai，生于1935年），他们很早便跟随柯尔莫哥洛夫从事研究，都成了著名的数学家。

在1955—1956年间学习了诸多课程后，诺维科夫决定专门研究"代数拓扑学"，因为有关消息说，西方已在该领域作出了重要突破，而在当时的苏联，该项研究却还几乎是无人涉足的"冷门"。不过，代数拓扑学与诺维科夫-凯尔迪什家族的研究专长相距甚远，家庭成员们本来希望他也能加入他们一起。当时，苏联年轻一代数学家中有两个人对诺维科夫影响甚大，即拓扑学家波斯尼科夫（M. Postnikov，生于1927年）教授和当时还在做博士后的施瓦茨（A. Schwarz，生于1934年）。从1956年起，诺维科夫跟随他们学习拓扑学，参加学术讨论。通过听课及阅读当时世界一流拓扑数学家的最新论著，诺维科夫已可独立进行该领域的研究。此外，20世纪50年代后期，苏联与西方的铁幕开始有所松动，西方一些著名科学家如米尔诺（J. Milnor）、希策布鲁赫（F. Hirzebruch）、斯梅尔（S. Smale）、嘉当（H. Cartan）、阿蒂亚（M. Atiyah）以及辛格（I. Singer）都先后访问了苏联。平心而论，他们在20世纪60年代初对苏联科学家的帮助甚大，诺维科夫在此过程中更是受益匪浅。

1967年，诺维科夫荣获列宁勋章；1970年获国际数学联盟的菲尔兹奖，这是数学领域的最高奖项。但诺维科夫未被允许赴尼斯领奖，因为他此前曾向当局写信，为一名遭逮捕并被送入精神病院的持不同政见者呼吁。1968年,诺维科夫提出拓扑学的重要定理,建立了由黎曼曲率构成的解析表达式的拓扑不变性。这些量对于流形上的分析和几何研究具有非常重要的意义。进而,诺维科夫构造了多维流形的有效分类方法(即布劳德-诺维科夫理论,1961—1964),并发展了诸如计算同伦群(homotopy groups)和配边(cobordisms)等拓扑量的新的代数工具。在他的一些研究"双曲"动力系统的朋友如斯梅尔、阿诺索夫(Anosov)与阿诺德影响下,诺维科夫创造了一个通过二维空间处理三维空间分叶的定量理论(1964—1965),该理论后来在数学界非常有名。从一个学习代数的大学生开始,诺维科夫后来又成为了莫斯科斯捷克洛夫数学研究所常微分方程部的研究生。1964年,他接受了该所代数系的长期聘任。这是一个全部人员都工作于数论或代数几何的部门,他们迫切需要学习有关拓扑学的代数知识。结果,诺维科夫与这里的同行建立了广泛深入的联系。20世纪60年代初期,诺维科夫开始对其朋友研究的动力系统和经典力学问题发生兴趣,并参加了阿诺德的学术讨论班。自1963年以来,他又与泛函分析和偏微分方程领域的专家合作,参加了盖尔范德(Gelfand)的研讨班。至20世纪60年代,代数拓扑学已越来越为数学界熟悉,一些其他领域的科学家开始借鉴和使用拓扑学的概念与结果。

然而在20世纪60年代后期,诺维科夫心中却滋长着一种极大的不满足感。令他不解的是:为何当代纯数学和应用数学共同体与20世纪最伟大的理论科学——理论物理学——失去了联系?当然,理论物理学也在使用,乃至间或也会提出新的数学理论,其所用语言对于有效地运用数学以及表达奇妙的相对论或量子世界特别有利;并且理论物理也体现了某种不断提升人类社会文明水平的伟大工程能力。20世纪60年代后期,许多物理学家开始预言:在诸如高能量、大磁场、强引力、低温度等极端条件下,离开拓扑学便无法理解所发生的物理现象。为此，诺维科夫花费数年时间学习理论物理学。1971年，他开始在朗道理论物理研究所工作，以帮助理论物理学家学习和使用诸如拓扑学和动力系统这些新的数学理论。在诺维科夫及其小组协助下，20世纪70年代的苏联理论物理学家作出了若干项重要发现。诺维科夫也在寻求适合自己的新的研究领域，特别是那些需要应用现代数学（如拓扑学、代数几何和黎曼几何）的问题——那些对数学家和理论物理学家而言都是全新的问题。诺维科夫最重要的物理发现之一是解决了著名的孤立系统（如 KdV）的周期边界问题。局域化的"孤子型解"的非常态特性已经导致了20世纪60年代后期著名的"逆散射变换"，但当时无人解决其周期问题。1974年，由诺维科夫提出的"有限隙解"率先在现代偏微分方程问题上实现了动力系统、代数几何以及黎曼面上分析的大综合。诺维科夫小组的所有人以及许多科学家参与了这项对非线性偏微分方程、周期算子的谱理论和量子力学均具有重要意义的研究。同时，诺维科夫及其研究小组还完成了适用于该领域的大型分析程序和数值研究手段。诺维科夫的另一系列成就是在1981年发现了变分法和场论中的新拓扑现象（莫尔斯-诺维科夫理论）。他观察到，在一些经典和现代物理系统中，如处于恒定重力场中的陀螺、在狄拉克磁单极子场中的带电粒子，作用量泛函实际上是多值的。这一发现导致了"耦合常量的拓扑量子化"，为Wess-Zumino-Novikov-Witten 拉格朗日量提供了新的视角，并在流形的拓扑学和周期轨道的变分法中产生了新的思想。最近，诺维科夫与他的研究小组积极工作，构造了一些显著的离散化方法，并应用于多个基本系统，如二维薛定谔方程和著名的柯西-黎曼方程，揭示了量子散射理论与辛几何之间的深层联系，还研究了强磁场（如100特斯拉）下具有复杂费米面的三维单晶常规金属（如金）中的电子行为。这一理论预测了电导率中的一些非平凡拓扑现象。

Paul M. Nurse

纳　　斯
美国洛克菲勒大学

完全因为好奇心

　　最初激起我科学兴趣的是一种想要探索世界运行之谜的好奇心。我记得自己第一次意识到这一点大约是九至十岁间一次在学校的散步。当时我注意到，把长在太阳光下与长在树荫下的植物相比较，后者的叶片明显比前者大。我反复思考这一现象，并在没有完全弄懂的情况下作了如下推理：树荫下植物的叶子得到的阳光较少，因而需要长出更大的叶片。我对诸如此类的问题充满疑问，而且觉得别人肯定都知道答案。后来发现事实似乎并非总是如此。总的说来，我对自然界的奥秘充满着不可遏制的好奇。例如：苍蝇怎么靠扇动翅膀而停在空中？毛毛虫和蝴蝶的关系怎样？为何不同化学物质有不同的颜色？人们是怎样知道恒星与地球距离的？……如今，我依然对自然界充满好奇，而且仍在不断地提问题，当然所用的语言较儿时复杂多了。我认为，提问对保持与提高科学兴趣至关重要，特别是以下两点：其一，始终保持对现实世界的好奇心；其二，表述对所见所闻的确定解释。缺乏好奇心，人的求知欲和从事科学的激情多半难以维持太久。

对我而言，好奇心指向哪里呢？它始于探求控制细胞分裂的机制。众所周知，包括我们人类自身在内的所有生物体都是由细胞构成的——细胞是生命的基本单位。细胞以一分为二的方式增殖，细胞分裂过程造成了一切生物体的生长与繁殖。当分裂过程出现问题时，便会出现疾病，特别是癌症。我使用一种单细胞生物酵母（类似于我们做面包、酿酒所用酵母）进行了相关研究。酵母的生命机制非常简单，且繁殖速度极快，可保证研究的顺利进行。我和我的同事发现了一个抑制酵母细胞分裂的基因亚群，进而研究了基因的作用机制，以确定它们是如何影响细胞分裂的。做了相关的研究之后，我们还想知道：包括人体细胞在内的其他细胞是否也在发生着同样的事情？进一步的研究显示：同样的基因确实以类似的方式控制着人体细胞的分裂，说明从简单的酵母到极其复杂的人体，绝大多数生物体都由相同的基因控制着细胞分裂。

激励我作出以上发现的，完全是好奇心的驱使——我就是想知道控制细胞分裂的机制！这与我小时候对周围简单现象的思考并无本质的不同。

Douglas D. Osheroff

奥谢罗夫
美国斯坦福大学

探索宇宙之谜

我出生于有着五个孩子的家庭，童年是在华盛顿州的阿伯丁——具体说是在太平洋西北地区的一个林区——度过的。我们兄弟姐妹常常沿着废弃的伐木小道嬉戏，蜿蜒的小道通往阿伯丁周围的铁杉和冷杉森林。我们假扮探险者，主要任务是穿越眼前一望无际的森林。感谢物理学，能使我一直保持冒险的刺激与新鲜感。

我认为自己对物理学的"喜爱"大约始于6岁。当时，为了玩电动火车里的小马达，我将玩具拆得七零八落。促使我逐渐走上科学道路的重要因素之一是父母并没有因此责骂我，相反，父亲还抽空专门向我演示马达的工作原理，后来他还常常带给我一些他以为有趣的东西，例如电力公司的磁铁盒、电话公司的配件箱。我8岁那年，父亲把他小时候使用过的照相机给了我，当时我简直是爱不释手。父亲还给我带回一个配有钻石柄螺丝刀的机械钟，建议我试试能否拆散后再组装起来。我一直以为，这是维持我科学兴趣的最好"营养成分"。

上小学时，我基本上没有学习科学方面的课程，对科学的了解仅限于所订《每周读者》杂志中的相关介绍。我至今还能回忆起当时刊载的关于留声机的小知识。中学就不同了，在学完一整年的科学之后，又上了两年的生理卫生与科学方面的课程。一些人谣传，我们的生理卫生兼科学教师米勒（Miller）先生会体罚影响课堂纪律的学生，我起初非常害怕他。他每周都会从放映给学生看的影片中出题，考察我们的学习情况。第一次考试时，我甚至心慌得无法在考卷上写下名字。米勒先生在发回试卷时却和蔼地对我说：你肯定能比这次做得更好，并表示他很愿意帮助我。仅仅这一句善意的关怀之词就鼓起了我的信心。在接下来的两年之内，米勒先生所教五个班的学生中，没有任何人的任何一次考试成绩比我高。

高中期间，我的化学老师霍克（Hock）对我正确地认识科学起了很好的引导作用。他是化学专业的研究生，经常告诫我们：应当学会向自然界提问，进而通过实验找到解决方法。这与我摆弄高压电器和火药大不相同，但同样令人兴奋。只是我要说，很少有同学能够理解霍克先生的一番苦心。

之后我进入加州理工学院学习，在那儿幸运地遇到了费曼教授——他给低年级学生讲授物理学。想一想，一位如此杰出、著名的物理学家，竟花这么多时间为一二年级学生上物理基础课！* 许多年后，当我受聘高级职位重返加州理工学院时，我由衷地将此看作是费

---

* 中文版注：基于费曼的课程，诞生了多部著名图书，如《费曼物理学讲义》（共3卷）、《费曼物理学讲义习题集》、《费曼物理学讲义补编》、《费曼失落的讲义》。以上图书皆有中文版，由上海科学技术出版社出版。

曼教授教育的结果。进入大学一段时间后，我对自己能否从事物理学产生了怀疑，因为我面对的似乎是总也做不完的物理题，而我又不太喜欢解题。于是我开始逃避物理学，成绩也因此而下滑。正当我为自己的专业选择苦闷彷徨之际，诺伊格鲍尔（G. Neugebauer）教授邀请我加入了他的天体物理研究小组。我很快发现，这一领域所处理的问题与我以往所面对的问题大不相同。虽然仍需要计算，但这些计算是我非常愿意做的。

1967 年春季，我从加州理工学院毕业并获物理学学士学位。后来回想起来，也许我在大学里学到的最重要东西不是任何具体的物理学知识，而是明白了天体物理学不需要做实验，只需设计仪器和进行观察。天体物理学家虽然如我的高中化学老师霍克那样提出问题，但不用通过实验来回答问题。而我想做实验，我想通过控制所研究的系统而"迫使"秘密暴露出来！为此，我从天体物理转向了更感兴趣的凝聚态物理学。

1967 年，我进入康奈尔大学读研究生，在此经历了许多激动人心的时刻。我跟随威尔逊（K. Wilson）学习量子力学。他当时正全力以赴地研究二级相变过程，以便能将粒子物理学家所提出的重正化思想应用于固态物理。他后来因这一贡献而赢得了诺贝尔奖。当时有两个固态物理研讨班特别吸引我，所讨论的主要内容均为新的冷却机制。我意识到，这可能将开辟一个全新的科学研究领域。因此，在我还是一年级研究生时，我便按此思路设计、建造了一台 ^{3}He-^{4}He 稀释制冷机，它能够将物体冷却到绝对零度之上 0.015 度（即 0.015 K）。我制造的另一种设备称作波梅兰丘克制冷机，是以最初提出该设想的俄罗斯科学家波梅兰丘克（Pomeranchuk）的名字命名的。这种制冷机的制冷能力更强，可以获得 0.002 K 温度，其设计是我在医院病床上完成的。那时我是一年级研究生，因冬天滑雪摔伤膝盖而住院手术治疗。在不到三年的时间里,我便使用这两台制冷机发现了液态 ^{3}He 的三种超流相。这些相呈中性,有点类似于超导性。不过,在出现超流相时,形成可见超流冷凝物的"库珀对"有内在的自由度、自旋和角动量,因而使其行为变得极为复杂。这是人们首次找到"非常规 BCS 态"的例证。在此意义上,该研究类似于 15 年后发现的高温超导体。由于前述的发现,我与我的两位教授分享了 1996 年的诺贝尔物理学奖。

我的职业生涯一直与发现和理解自然界的奇异现象密切相关,其中包括液态 ^{3}He 的三种超流相、固态 ^{3}He 的两种核自旋定序相,后者由于相互作用的简单性可导致有序,因而可用于磁性系统模型。相关的奇异现象还有所谓"弱局域化现象",即当温度降低时因弱无序而引起导体电阻的不断增大。我还研究了温度接近绝对零度时的玻璃性质,这是自然界中最高度无序的系统之一。这些都显示了超低温状态下某种形式的有序性。对我来说,物理学不仅是知识体系,也不仅是认识世界的方式,而且还是理解宇宙及其演化的永恒追求。只要我仍然能不断地提出问题,不断通过实验找到解答,我就始终是一名探险者。

Jacob Palis

帕　　利
巴西数学及应用数学研究所

成为科学家的快乐

我对科学的热爱，大约始于童年。我的家族中有医生、工程师和律师等，他们虽然不是严格意义上的科学家，却是各门具体学科的实践者。我在崇尚知识的家庭氛围中耳濡目染，不知不觉也喜欢上了科学。从中学起，我就一直爱与数学和涉及数学推理的问题打交道。当时，我经常会愉快地与同伴谈论上课、读书、作业和考试的乐趣。

上高中时，老师常常让我和另外几个同学到黑板前讨论问题，那种氛围非常激励人。况且，我们的许多老师都是战争期间以及战后移居巴西的欧洲知识分子，所以课堂讨论就更有价值。显然，鼓励争论的宽容环境以及优秀的本土和外籍教师过去是、今天也仍然是哺育年轻一代学生的最重要因素。

16 岁那年，我到里约热内卢准备参加大学入学考试，我的两位老师再次给了我巨大的鼓励。他们认为我应当考虑去拿数学或物理学位。我的视野与知识在里约迅速扩展。但奇怪的是，由于我觉得数学、物理、化学都在工程学院开设，因此"想当然"地以为工学院比其他大学水平更高。我在工学院学习期间向教授们提了不少问题，逐渐在内心里形成了要同时学习数学和物理学的志向。我在数学方面下了许多功夫，以优异的成绩获得了工程学位。然而，我没有如父母期望的那样做一名工程师，而是决定去攻读数学博士学位，以实现我成为科学家的夙愿。

我对当今年轻才俊的忠告是：做自己喜欢的事，你会成为更快乐的人！与此同时，我不仅献身科学事业，也积极参与了种种有益社会的活动，以建设一个更加平等、美好、富裕的大同世界。当代社会在科学和技术的驱动下，正以惊人的速度向前发展着，知识经济在新世纪的曙光里闪耀着更加迷人的光彩。科学训练使创新性的技术更易推广，也激发出人们更大的创造力。这一点跟工作于兴衰频繁行业的年轻人关系尤其密切。的确，不少新兴产业如今无论最终产品是什么，都更愿意雇佣数学家、物理学家、化学家、生物学家和工程科学家。因此，天才的年轻人不必担忧未来，请大胆地踏上那迷人的科学之路吧！

此刻我也想起了 ICTP 这一闻名全球的理论物理中心。诺贝尔奖得主萨拉姆（A. Salam）的伟大梦想和远见卓识早已融入 ICTP。该中心 40 多年来一直致力于推进理论物理和数学的高水平研究与训练，同时亦涵盖了数学、物理在其中发挥重要作用的那些学术领域。它主要为来自发展中国家的科学家服务，但又不拘泥于此。事实上，ICTP 已经成为具有世界意义的高水平学术研究中心。

数十年来，ICTP 为推进发展中国家的科学事业，特别是物理学和数学事业，作出了重要贡献。在当今知识社会，我们不仅要努力拓展和加强科学研究，还要想方设法向世人展示科学的迷人风采，以吸引更多的年轻人选择科学、造福社会。

ICTP还是年轻人体验科学成功与快乐的家园。它以广博的胸怀面向世界，成为包括最不发达国家年轻人在内的青年实现梦想的"加油站"。由于来自联合国教科文组织（UNESCO）、国际原子能委员会（IAEC）及相关机构和意大利政府的慷慨支持，ICTP已成为一座载入史册的科学殿堂——一座面向亚德里亚海的空气清新的学术圣地。相对于我那"小小的世界"，相较于我对高中时代外国老师的怀念，ICTP是一个多么难得的国际大家庭，一个共享科学促进人类福祉之崇高精神的大家庭！

Martin L. Perl

珀　　尔

美国斯坦福直线加速器中心

热爱实验科学的理由

科学家的公众形象和科学研究的过程往往受到歪曲，致使许多有才华的年轻人远离科学。在此我将以自己从事实验科学 50 年的切身经历，对科学究竟如何运行略加说明。我总结出实验科学令我流连不舍的 13 条理由。

1. 在选择学科及研究课题时，一定要考虑自己的喜好。

例如，我对宇宙持一种机械论的自然观；我有一定的数学才能，却不敢说能力超群，故而成为了实验专家。我觉得物理学肯定很有趣，但没有从事理论研究，因为我动手能力较强，喜欢和仪器设备打交道。不管怎么说，不必拿自己硬套某种科学家的形象标准。你不必是数学天才，也未必要十分心灵手巧，但是要愿意探索自然奥秘。只要能踏实地通过实验认识自然界，就能成为科学家。当你第一个得到答案时，会感到无比快乐。

2. 最好根据自己的想法去做实验。

由于你常常属于某个有着明确研究目标的群体，所以往往很少有机会按自己的想法做实验，但要是能按自己的设想进行实验，则会更有趣。

3. 你不必是一个反应灵敏、心直口快的人。相反，科学家最好别充当这样的角色。

研究中，你最初注意到的新思想也许被表述得不恰当，甚至是错误的，而那些反应灵敏、立刻便能指出错误者往往会在无意之中扼杀有缺陷的新思想。此时需要的不是吹毛求疵的挑错者，而是充满同情心和乐于助人的同事。

4. 你不需要万事皆通，必要时相关的知识和技能是可以学习的。

当代科学技术突飞猛进。进入某一新领域之前，你或许觉得要花相当多的时间学习有关知识。可行的办法是，最好删繁就简，大胆跳过相对次要的内容，然后从同事、书本、课程或经验中学习最重要的东西。

5. 在得到一个好主意前，会遭遇一二十个有问题的想法。

不要指望自己的主意总是正确、可行的，只要能有一两个好主意就该满足了。

6. 准确预言工程或科学领域中的技术应用前景是不可能的。

在我成为物理学家之前，曾是一名化工工程师，20世纪40年代末为通用电气公司工作。我从事的项目是研制更小的电子真空管，使收音机能够做得更小巧和更省电。与此同时，晶体管却在实验室中诞生了。

7. 要欣赏甚至迷恋你所用的技术或数学工具。这样，最不顺利的实验也会显得很有趣。

实验研究不会总是一帆风顺，常常有束手无策或需要作重大修改的时候，此时尤其需要痴迷和执着于所研究的内容，也只有这样才能支持你穿越障碍、走向成功。

8. 痴迷于所用技术或数学工具的另一个作用是：你会想方设法去努力改进、完善它们。

这一点很明显。

9. 也许你不喜欢甚至害怕在大型实验或工程项目中应用某些技术及数学工具，你很乐意将这些领域留给你的同事。但如果必须由你自己亲自进入这些领域，也大可不必茫然失措。

我最初的专业是化工，但我未必喜欢它的每一个领域。我如今在研究陨石材料中的分数电荷粒子时，需要用到胶体化学的许多知识——没关系，我再学习就是了。

10. 应当相信你所用的技术和数学工具，但又不能耽溺于斯，因为或许还有其他更好的方法。

这一点很明显。

11. 应当学会科学技术研究中坚持与舍弃的艺术。

做实验时要屏弃杂念，全身心投入；即使午夜梦中醒来，想的也应当是实验。然而，一旦发现无法从根本上突破，或者其他人已在此领域进行了更富成效的实验，那就应当适时中止无望的研究，转向更有意义的领域。这是科研中坚韧性与灵活性的平衡艺术。

12. 在科学的许多领域，既擅长实验又精通理论的人才日益难觅，在粒子物理、天体物理领域尤其如此。

在许多科学领域，现代实验设备的设计与制造已成了非常专业化的工作，其难度不亚于理论研究本身，研究者往往只能择一而为之，因为时间几乎不允许你齐头并进。

13. 理论应当成为实验家、发明家和工程师的亲密伴侣；有时是实验先导，有时它又紧随理论之后。实验家和工程师不应当让理论流于形式，或者为理论所左右。

理论，甚至思辨性极强的理论，如今业已在科学共同体内主导着人们的思考和表达。实验通常要依据极其抽象的理论来进行。无论你做何种实验，往往不会花时间去检查猜想本身。但如果你做了自己相信的实验，便可能会更多地认识自然并感到快乐。本质而言，科学的有效性取决于实验和测量结果。

William D. Phillips

菲利普斯
美国国家标准与技术研究院

与日俱增的研究乐趣

从能够记事起,我便对科学产生了浓厚的兴趣。大约5岁时,我已收集了一大堆用于"化学实验"的瓶瓶罐罐。我还用父母送我的显微镜"研究"了周围几乎一切可以观察的东西。不过科学只是我儿时的爱好之一,我同样喜欢钓鱼、棒球、骑自行车和爬树。随着时间的推移,我对套装工具、显微镜和化学实验用品的兴趣日益超过了对球棒、钓鱼竿和橄榄球头盔的喜好。可以说,我在10岁之前已立下了做一名职业科学家的志向,并且从那时起便开始以某种纯真素朴的方式欣赏物理学的简单性和美感。

在家里的地下室内,有一块属于我的"实验室",里面堆满了我搜集到的种种"宝贝"玩意儿。当时我还不大知道石棉、电和紫外线的危险,而且花了很多时间做一些像燃烧、爆炸、烟花和碳弧灯之类颇为危险的实验。父母虽然没有刻意培养我的科学兴趣，但他们对我种种"淘气"举动的宽容却让我求知的信心大增；甚至当我用电过载，烧断了家中的电路保险时，父母也没有责骂我。他们常鼓励我大胆尝试，让我享受学习、探究和娱乐的充分自由。

上高中时，我受到了卓有成效的科学与数学训练。可是回想起来，当时学校其实更重视语言和写作能力的培养，而这些能力在我后来的职业生涯中发挥了跟科学和数学同等重要的作用。可以肯定地说，高中时参加辩论赛等活动，对我后来的科学交流大有裨益；重视写作的风气使我的科学论文表述更为清晰；学习法语也让我后来能与塔诺季研究小组更好地交流合作。

高中一年级后的一个夏天，我在特拉华大学做阴极真空管喷镀实验。这真是一次伟大的经历，因为我从指导我的研究生那里学到了极为重要的东西。他告诉我："实验物理学家是一种能把研究与爱好统一起来的职业"。

进入朱尼亚塔学院后，我真正能够欣赏数学和物理的关联。微积分之于物理学不仅是一种挑战和工具，更是让人体验数理结合乐趣的美妙途径。我切身感受到了数学-物理学统一之美，但在那时我仍未很好地理解它们。

在朱尼亚塔，我开始研究电子自旋共振，由此大大加深了对该问题的了解，还在阿贡国家实验室度过了一个学期。那段经历后来帮助我进入麻省理工学院克莱普纳（D. Kleppner）小组做博士研究，主要从事磁矩的精密测量。不过，就在享受前所未有的高测量精度带来的快乐同时，我还被一种想法所深深打动：可调色激光开始进入实验，预示着一种全新而重要的实验物理学诞生。

在克莱普纳教授鼓励下，我开始尝试一系列新的实验。利用激光激发钠原子，以研究其碰撞时的情况或性质。我通过两种非常不同的研究实践完成了博士论文，两者在我后来的科学生涯中都发挥了重要作用。这是克莱普纳给予我的宝贵"礼物"。他还以雄辩的事实给我上了极为生动的一课：工作于物理学前沿者不仅要跟世界的一流同行竞争，更应以开放、善意与合作的方式推进研究。

在麻省理工学院度过了两年激动人心的博士后研究，接下去进了位于盖塞尔斯堡的"国家标准局"（如今的"国家标准与技术研究院"），我以自己在精密测量方面的突出经验得到了满意的职位。并且，我还事先得到承诺，允许我在工作时抽出一些时间继续激光方面的研究。于是在进行精密电气测量的同时，我还开始设计一种用激光冷却和捕获原子的实验。

事实上，1978年我在麻省理工学院时便曾读到过几篇有关以激光冷却、捕获离子和钠原子可能性的论文。借鉴我以往用激光激发原子束中钠原子的经验，我相信自己能在中性原子激光冷却方面拔得头筹。实际的研究过程却远较预想的复杂。经过几年的艰苦攻关，我与来自美国纽约州立大学石溪分校的梅特卡夫（H. Metcalf）——一位思维敏捷、训练有素的博士后——逐渐掌握了如何减慢原子速度并在极低温度下捕获它们的关键技术。结果惊奇地发现：我们能够用激光将原子气体冷却到人们原本以为几乎不可能达到的极低温度。最终，我们用激光将铯原子冷却到了1微开温度以下。

原子捕获和激光冷却技术是我们实验室以及全世界许多实验室得以实现的突破，它开辟了原子物理学研究的又一重要途径。该项研究已导致了许多技术进步，从极精确的原子钟到玻色-爱因斯坦凝聚。我深切地感到，这些研究激励着人们走向更广阔的领域。我以为，成为一名物理学家的满足感不仅来自新知识的学习和新事物的探求，而且包括有幸与来自世界各地声气相投、志同道合科学同行的惺惺相惜、彼此激励。我从他们身上学到了许多东西，并且很高兴能与他们成为知交。

Alexander M. Polyakov

波利亚科夫
美国普林斯顿大学

开始点

上高中时，偶尔读到过著名数学家柯尔莫哥洛夫（A. N. Kolmogorov）写的一篇通俗文章，文中列举了检验年轻人是否具备数学天赋的若干测验。例如，你能否想象出通过正方体中心并垂直于正方体对角线的平面在正方体中的截面？我想了许久，没有成功。他还写道，数学天才具有某种特别的代数能力——他作了详细的解释，并简要地提出问题。我试着给出解答，最终仍是不得要领。当时我想，自己恐怕是做不成数学家了，于是准备学习物理。我阅读了一些物理通俗读物和大学低年级的物理教科书，然而令人气馁的是，学习进度非常缓慢，而且书上解释得越详细，我能掌握的似乎就越少。

后来有一天，我买到了一本朗道（L. D. Landau）和栗弗席兹（E. M. Lifshitz）撰写的《力学》。突然间，我似乎抓住了物理学的真谛。阅读此书时我常会感到兴奋和激动。"最小作用量原理"、对称性、世界统一性等等，诸多美妙的理论令我流连忘返。这本深入浅出、充满智慧的作品对我的一生产生了重要影响。正是从那时起，我一门心思地想学物理——不管自己是否有相应的能力！

但要想通过大学入学考试，必须能解答前述那些颇为枯燥的标准问题。为了实现理想，我静下心来踏踏实实地啃书解题。一段时间以后，我发现解题其实是有规律可循的，后来差不多成了解题高手。切身的感受是：只要你对事情有目标、有好奇心，便能激发想象的潜力。上大学后，我师从著名物理学家米格达尔（A. Migdal）教授，他建议我研究凝聚态物理和粒子物理。我听从他的意见，开始从事一些当时看来颇为不可思议的实验。渐渐地，我的工作结出了硕果。如今，凝聚态物理和粒子物理间的关联与交叉研究业已成为一个重要的领域。在研究中，我注意到了临界现象与基本粒子在极短距离范围内相互作用的相似之处。前者人们都很熟悉，例如磁化，或者一定压力下水沸腾着转化成水蒸气。然而在1966—1967年，有关临界现象的研究才刚刚起步。我以此为研究对象，探索所谓的"反常量纲"与"共形对称"现象。后来我意识到，这些现象与粒子物理学存在着数学方面的相似性，因而可借鉴粒子物理学的相关理论来研究临界问题，并且可以将同样的思想应用于分析那些实验：比如高能电子撞击质子并引发一片混乱的现象。令我倍感快乐的是，由此我又找到了另一个相似的领域——湍流理论。直至40多年后的今天，我依然对这三个领域充满好奇、陶醉不已。在物理思想的统一性之中，也许蕴涵着自然界最美妙、神奇而又难以言喻的讯息。

稍后，我再一次得益于类比思维。凝聚态物理中存在着影响物质属性的有趣因素。例如，晶体具有某种称作"位错"的结构缺陷。当温度达到一定值时，缺陷会迅速扩张，并引起全面融化。又如，超导体所具有的某种旋涡会破坏超导性。于是，我寻找与此相似的其他现象，并在真空中极小尺度范围内发现了相应的情形，如今它们被称作"单极子"和"瞬子"。一个显著的影响是，单极子和瞬子如果广泛存在于真空中，将阻止了夸克的传播，从而导致所谓"夸克禁闭"。顺便说一句，上述新的发现对数学产生了重要的促进作用。它们帮助解决了拓扑学中长期悬而未决的一些问题，有些甚至是我在研究之初全然没有想到的。这也提示人们，世界的内在统一性或许远较我们所能想到的更为基本。

后来，如同许多研究者一样，我开始探索更小的尺度，在这些尺度上，时空变得量子化。我继续着我的"类比"研究思路，希望从世界的统一性以及相似现象中寻求适用于该尺度的规律。当然，"类比"研究思路不一定行得通，我只是凭借自己长期的研究经验和某种难以明言的直觉而已。正如人们凭空间想象力（我在学校时相对欠缺）将东西放在恰当的位置一样，也许存在着某种可以帮助我预见未来的"时间想象力"。我以为，不妨将这种想象力称作"直觉"，它可以随经验的积累而改善和提升。

所有努力的最终目标是回答极为简单的问题。今天，我们能够以简洁、准确的方式回答像"热是什么"之类的问题——它是分子运动的体现。我想人们也将能同样精确地阐释"时间是什么"。当然，我们现在还无法令人满意地作出回答，但经过上一个十年的有趣研究，我们如今已可用科学的语言来描述问题了。

人类当前面临的问题日益严峻而深刻，所以要求抽象程度更高的思考和研究。我有时会不无遗憾地思忖：是否存在着人类智慧所无法处理的复杂性——正如不可能教会三岁小孩代数一般？再一想，即使这种猜测果然正确，我们离人类思维所能及的疆界仍然非常非常遥远。在科学的征途上，我们仍有广阔的天地，可大有作为。

Helen R. Quinn

奎 因
美国斯坦福直线加速器中心

你能成为一名数学家

我的学习经历

我出生于澳大利亚——一个在当时不鼓励女孩子长期就业的国度。姑娘们结婚前可以工作些年头，但结婚后得回家相夫教子，操持家务。无论我的老师或父母都希望我过这种按部就班的生活。说心里话，我小时候甚至没有梦想过自己会在事业上走得如此远，会成为一名与世界各国同行有广泛联系并赢得他们尊敬的科学家。

话说回来，我的父母在教育我今后成为一名合格妻子和母亲的同时，也鼓励我珍视想象力和好奇心。在这点上，与对待我的兄弟们并无二致。两年级时的转学对我可以说是一次幸运的选择。我所在的学校以杜威教育思想为指导，无论课程设置还是教学的理念与风格都颇具特色，特别注重学生个体的激励和智力开发。高中的课程设置规范合理，而且都由高水平的女教师任教。我们的女老师聪慧博学，但几乎都是未嫁之身。事实上，教师职业是当时女性可选择的很少几种职业之一。她们对我很好，非常肯定和支持我的求知热情。这些鼓励对我无疑是极大的鞭策和促进。

至今我还清楚地记得我们最好的数学老师对选择专业的忠告。她说："海伦，你能做一名数学家，"不过在片刻停顿后又补充说，"因为你太懒了，你不喜欢踏实苦干，总指望能找到聪明省事的办法。"我不能确定她的话是褒是贬，抑或二者兼而有之，但我突然惊奇地发现，研究数学的确是可以作为职业的。

小时候我并不刻意追求科学，也没有幻想成为一名科学家。我最初思考自己今后应当选择哪种职业，大约是上十年级的时候，当时我设计了一套相对简单的自然科学学习方案。尽管其中没有太多挑战性的知识，我的老师和父母还是认为它不适合我。我采纳了他们为我选择的课程，并在接下来的两年内学习范围狭窄而内容逐渐加深的相关课程。不过，我还是尽可能地选修其他课程，包括所有的科学和数学课程。之所以能坚持这样做，一方面是因为我学习那些知识毫不吃力，另一方面是因为我的科学兴趣不断受到父亲的肯定和支持——他是一名工程师。

我16岁高中毕业，升入墨尔本大学。按照父母的意愿，我申请了"定向生"资格，即让公司或政府机构支付大学生在校学习的费用，大学生毕业后到提供资助的单位至少工作五年时间作为回报。我接受澳大利亚气象局的资助，并成为了一名气象研究者。

对于1960年夏天在澳大利亚气象局任职的情形，我至今记忆犹新。当时卫星云图刚刚开始成为澳大利亚气象局可利用的材料。墨尔本的气候主要取决于海岸与南极间绵延空间所蕴含之种种因素的影响，而当地气象部门却一直只能在极为有限的数据基础上绘制气象图和作出天气预报。卫星数据的引入极大地改变了气象预报的方式，轰轰烈烈地引发了一场气象学革命。可以说，我对当今种种预测理论的怀疑，可以追溯至卫星云图出现以前墨尔本气象局的活动。

在我进入墨尔本大学的第二年，父亲作为一家美国大公司在澳大利亚分公司的负责人被调往美国工作。总公司帮助办理了我们全家移居美国三年或更长时间的手续。我们一家人都觉得，在美国生活三年肯定是一段有趣的经历；而实际上，我们在美国待的时间远比预先估计的要长得多。

借此机会，我终于从气象局定向生的约束中解放了出来，因为无论于情于理，人们都认为让一个不足18岁的女孩子远离父母独自生活三年是不合适的。抵达美国之初，我对其教育制度可以说是一无所知。我查寻到，离我们居住地最近的有斯坦福大学和加州大学伯克利分校。我向两所学校都提交了入学申请。斯坦福大学因我在澳大利亚气象局的工作经历，给了我更慷慨的资助。于是我进入斯坦福大学，准备主修物理学。我要衷心感谢当时评估我素质的派因（J. Pine）教授。经他考核评定，学校同意我用一年零三个月的时间完成学业。我很快迷上了物理学，我所在的系也鼓励我继续深造。在此情况下，我尽管对自己能否胜任物理学研究心存疑虑，还是申请了做博士研究。其实这么做在某种程度上也是无奈之举，因为我所心仪的研究生院根本就不接受硕士学位的申请。因此，当时我虽然开始学习博士课程，内心中却计划着用一年时间拿到硕士学位，然后当一名中学物理教师。我起初对选择以物理研究为业缺乏信心，可一年之后却完全被神奇的物理学"俘虏了"。于是我留了下来，选择了核物理学方向，渴望着成为一名真正的物理学家。

我的生活工作概况

我与一位物理学同行结婚,并在位于德国汉堡的 DESY 高能物理实验室开始博士后研究。后来我们移居波士顿地区,丈夫在塔夫茨大学任教,我则受聘哈佛大学。我们在此生活了七年,生育了两个孩子。我常常引以为荣的是:无论过去还是现在,我始终都是一位尽职的妻子和母亲,同时也是一名物理学家。这几年,我又在盼着当祖母了。1976 年,在我开始一项关于决策分析的新研究时,我们一家又重返加利福尼亚州。从 1977 年起,我一直在斯坦福直线加速器中心(SLAC)工作。

我的主要科学贡献

约稿者要我向年轻人谈谈自己主要的科学贡献。在具体介绍之前,我得先概括一下人们对自然界中的力或基本相互作用的认识。通常认为,我们所处的世界存在四种基本的相互作用。一是我们时时都能感受到的重力(引力);二是电磁相互作用,如在电动机或磁铁上的表现,而在更微观的基本层次上,电磁力束缚着电子的绕核运动,从而形成原子。另外两种类型的相互作用见于原子核内部,即强相互作用和弱相互作用。前者约束夸克而形成中子和质子,并使它们在原子核内相互作用;后者使某种类型的夸克转换为另一种类型,从而将质子转变为中子(或在一定条件下导致逆转变),同时从原子核内释放出某些极轻的粒子。

我发表第一篇具有较大影响论文的时代背景是:当时粒子物理学已发现,强力、电磁力和弱力具有相似的数学性质,只是强度不同。表明相似性的证据是:三种力事实上同属于某一更高层次相互作用或者说某种统一相互作用的不同方面。这一思想通常被称作"统一场论"。但问题是,既然三种相互作用能够统一,为什么强度却如此不同呢？温伯格（S. Weinberg）、乔基（H. Georgi）和我的研究解释了其中的可能性。

我们意识到：相互作用的强弱仅取决于发生作用粒子的能量，并且不同的相互作用以不同的速率改变着强度。我们的研究表明：在一个非常高的能量尺度上，那些在日常能量甚至最高能量的加速器实验中看起来截然不同的三种相互作用实际上会显得相同。我们还能够解释统一理论的对称性——这种对称性将这些不同的相互作用联系在一起——如何以某种方式被打破，从而导致它们在低能量下的强度有所不同。统一场论至今仍是粒子物理学非常重要的部分，其所涉能级是如此之高，以致人们仍然无法直接得到该理论所预言的实验证据。

我的第二项主要贡献更加复杂难以解释，而且尚未通过实验验证。然而，它如今也是许多理论的一部分，并且作为我们——也就是我和佩奇（R. Peccei）——试图解决的问题的答案，其正确的可能性绝对没有被排除。如我们所知，强相互作用遵循 CP 对称性，此性质在弱相互作用中不成立。这意味着，关于物质和反物质的物理学定律是严格地互为镜像的（反物质已在实验室被证明确实存在；除了具有相反的电荷之外，与物质极为相似。因电荷相反之故，反质子具有负电荷，而反电子则具有正电荷，通常称作"正电子"）。在标准粒子物理学理论中，违反 CP 对称性的意蕴为：如果弱相互作用不具备物质、反物质镜像对称，那么对称性的缺乏也会或多或少地自动影响强相互作用。

我们扩展了标准粒子物理理论，它们既保留了标准理论的所有优良特性，又避免了这一"自动影响"。由此我们还取得了一些意想不到的收获。我们的理论预言了一类与普通物质相互作用很小的基本粒子，它们被认为是弥漫于茫茫宇宙中的那种神奇的暗物质之基本成分，称作"轴子"（axion）。目前已设计出一些检验"轴子"存在的巧妙实验，只是尚未俘获此种粒子，但其存在的可能性并未被排除。

也许我能在有生之年看到以上的一个或几个设想被直接的实验所证实；当然，也许不能。该理论框架所面临的挑战之一是，其中许多内容的实验检测难度很大。我所研究的大部分内容与实验关系密切，因此更多地涉及到理论框架的细节方面，且与一些尚未得到普遍承认的大胆设想有关。评价这些设想的初步标准是它们对既有理论的冲击和影响，而要最终判定它们能否正确反映世界运行的实际，看来尚需时日。

Chintamani N. R. Rao
拉　　奥
印度尼赫鲁高等科学研究中心

无限追求的快乐

我很庆幸自己有热爱学问的双亲，学习和研究对于他们是极其高尚而重要的事情。我高中时还遇到了几位非常优秀的老师。上中学期间，我特别喜欢观看那些"神奇的"实验，喜欢实验过程中产生的色彩、气味和反应结果。同时，我还结识了印度科学院的一些科学家，对他们所从事的研究充满敬畏。我很快迷上了这种"真正的"科学研究——发现人类尚未认识的新物质、新现象。我想，这样的工作一定是件令人神往的事情。我也听过一些著名科学家的事迹，被他们的卓越才智和传奇故事所感动，特别是上高中时与诺贝尔奖获得者、伟大的拉曼（C. V. Raman）相逢，极大地改变了我的人生。11岁那年，拉曼带着我和另外两名同学参观了他的实验室。拉曼的睿智和他探求自然的提问方式给我留下了深刻印象。受此激励，上大学时我便立下了从事科学研究的志向。然而，我所在的学院实在条件有限、机会难觅，不过仍有一位老师向我展示了他发表过的硕士学位论文。他还鼓励我，在得到学士学位后应当继续到大学读硕士，因为在硕士阶段，研究是必不可少的重要组成部分。

我在班加罗尔获学士学位才 17 岁，在当时也算是件稀罕事。满怀着做一名科学家的梦想，我毫不犹豫地选择了进一步深造。很幸运，我在贝拿勒斯申请到的研究生课程有一套非常好的研究计划，导师也很支持我的研究。在硕士研究的基础上，我撰写并发表了一两篇论文，后来还在《科学》杂志上独立发表了一篇研究报告。这期间，鲍林（L. Pauling）的一本书彻底改变了我对化学的看法，并激起了我对该领域一些基本而重要问题的研究兴趣。抱着那样的想法，我于 1954 年进入美国普渡大学攻读化学物理学博士学位，在此除跟随自己的导师之外，还跟随另外几名导师从事其他研究。宽松的环境使我发表了数篇研究报告和论文，我也为自己小小的成功所激励，更加坚定了献身科学的信心。几位老师都尽可能地给我提供方便和支持，诺贝尔奖得主布朗（H. C. Brown）教授还特别鼓励我公开业余研究的结果。他真是一位终生献身研究的科学家，93 岁高龄时仍在发表论文。

在我的职业生涯中，还有几位给我以激励和鞭策并被我视作行动楷模的"伟大灵魂"，我衷心感谢他们。固体物理学界老前辈、剑桥大学的莫特（N. Mott）便是其中之一。莫特勤于探索，硕果累累，一直工作到去世时的 91 岁高龄。有史以来最伟大的实验学家法拉第是我童年时心目中的英雄，也是我从事科学的重要精神力量。他一生独立发表论文 450 篇，却丝毫不为权力地位所动。如果他生活在 20 世纪的话，至少应当获五次诺贝尔奖。法拉第曾言，科学只是"研究、发现和发表"，从事研究要提出有见地的问题，还应制定恰当的实施计划，科学探索便是从研究到发表的过程。

多年以来，从事研究已经成了我的生活方式。科学为我提供了追求卓越的广阔空间。它使我感受到无与伦比的快乐和激情，并丰富着生命的意义。析天地之理、判造化之机，这是我献身科学、成就自我的唯一目标和追求。一直以来，不论身居何处、做何研究，探索自然奥秘始终是我生命的主旋律。作出新发现时那种宛若从雪山极巅风驰电掣般一掠而下的刺激感，或许只有亲身经历过的人才能真正明了个中滋味。

我从学生那里也收获颇多，他们提出的问题往往会成为新探索的起始点。例如，为了回答"构成一块金属需要多少个原子"，我花了数年时间做实验才给出了答案。与年轻人一起工作是件美妙的事情，它常常令我忘记年龄，思如泉涌。

回想起来，父母的鼓励、老师的建议，以及与一些科学家的不期而遇，使我走上了科学研究之路。年少时有机会追随著名科学家求学深造，激发了我献身科学、追求真理的无限热情。年轻时勇于尝试新事物的信心和早早便开始发表论文的经历，有效地提升了我从事研究的境界和品味。一旦激活了潜在的创造力，发现的热情与才干便会自然萌生，且长盛不衰。那种对论文上印着自己名字的渴望，会激励年轻人全身心地去完成一项又一项研究。

据我所知，不少在商业、金融和产业界取得骄人成绩者，似乎并不如人们想象的那般快乐。他们往往承受着某些难言欲望的折磨，那感觉只有少数误入迷途的科学家或后来从政、经商的科学家才会有。科学界的这些"迷途羔羊"们常斤斤计较、患得患失，在貌似强大傲慢的面具下，隐藏着的是远离科学研究前沿之后的浅薄与空虚。就此而言，我庆幸自己始终能与科学相伴，做我想做的事情，享受研究的乐趣。诚所谓，人生如此，夫复何求？

科学的奇妙之处还在于它是一项追求无止境的事业，种种的机会等待着我们去把握,科学高峰的无限风光只有在攀登途中才能真正体会与欣赏。在我看来,科学研究是一个聚沙成塔、汇涓成河的积累过程。一粒小小的花粉融入胚珠发育为橡子,橡子长成葱葱橡树,棵棵橡树发展为无际的森林,于是我们眼前呈现出一片片崭新的天地。世界之大、变化之奇,蕴藏着几多的奥秘有待探索。许多科学家的一生或许就用在了追寻微小花粉颗粒的过程中。那些能够分享橡子如何成树成林之缘由和知识者,无疑是最快乐的人。探明缘由颇为不易,而机会更偏爱有准备的头脑。我最大的快乐来自寻找"花粉踪迹"的不懈努力——特别是能与年轻人一道追寻。

Martin Rees

里　　斯
英国剑桥大学

科学是无止境的求索

科学的发展往往是不平衡的。不少学科时而停滞不动，时而汹涌向前。例如在20世纪60年代我上学那阵子，黑洞还是个颇为新奇的概念，而今已有可靠的证据表明我们的宇宙始于一次大爆炸。那段日子可谓初涉宇宙学领域者的大好时光——当一切都是最初发现的时候，该领域几乎不存在有无经验的区分。人人都是从零开始，没有权威与入门者的优劣之分。时至30年后的今天，宇宙学的进展步伐依然丝毫未见减缓。

我本人可谓书斋型的理论家，主要工作是理解新发现和提出理论解释。应当说，在宇宙学研究中，更多的工作是由那些设计与建造仪器、并在地面和太空进行观测的研究者完成的。

许多人都知道哈勃太空望远镜。但我们现在用巨大的地面望远镜可以比它知道得更多,也更省钱;其中最著名的是"甚大望远镜"(VLT),位于世界最干旱地区之一的智利北部,由次第排开的四块巨大的镜子组成,每块镜子有八米宽。

大型望远镜在某些方面颇似时间机器,它所观测的星系离我们极其遥远。事实上,那些星系的"光芒"在地球形成之前便已经行走了数十亿年。

因而,似乎可将上述的"光芒"看作是从遥远过去——在星系主要由氢组成的演化初期——流传下来的信息。与研究地球史的地质学家相比,宇宙学家有一个明显的优势:能够看到宇宙发生的具体历程,而不只是简单地从化石证据中推断猜测。

若以一句话来概括我的研究目的,不妨说:宇宙学勾勒出了我们的宇宙如何从简单的开始,演化至现今的状态,如何会形成几十上百亿的星系,以及每一星系又为何包括几十上百亿的恒星。

浩瀚星空中有一颗被称作太阳的耀眼恒星;而在环绕太阳运转的某一行星上又发生了一件令毫无生气的死寂世界勃然生辉的奇迹:出现了生命以及复杂的生物圈,乃至像人类这样有意识且能反思自身起源与存在的高等生物。

我们时常会猜测,同样的情形是否也在宇宙其他地方发生?生命是一种普遍的存在,抑或地球所独有?

现在看来,太阳系内似乎很难说存在着除人类以外的智慧生命。但在下一个十年之内,我们将有可能更多地了解火星上是否存在着生物,空间探测器也许会在木卫二(木星的卫星)冰封的海底找到某些奇异的生命形式。

我们的太阳是茫茫太空中几十亿颗恒星之一,然而就在十年以前人类还无法肯定,是否其他恒星也有绕其运转的行星。今天我们可以肯定地说:恒星-行星系统是一种普遍的存在形式。

我敢说：我们的银河系极有可能包罗数以百万计的类似"太阳-地球"的体系。不过我不敢断言，那些"地球"上一定蛰伏着生命体。我们迄今尚不知道：地球上产生生命的条件能否外推至所有星球。

虽然我们如今对地球的形成及其在更广阔宇宙中的地位已认识颇深，但仅根据太阳一个例证，似乎还不足以理解宇宙中正在发生着的一切，如同无法从一只老鼠推断出整个生物进化一样。

也许我们可以自豪地宣称，人类有能力洞悉宇宙中的一切，但实际情况与此相去甚遥。造成此状况的主要原因，不在宇宙之大，而在其超乎想象的复杂性。

一颗恒星远比一只昆虫简单，恒星内部的化学反应不算复杂——不过是最简单原子的聚变反应过程。另一方面，即使是最微小的生命体，其中原子的组合也极其错综复杂，在构造上环环相扣、层层叠加。于此意义上，生物学较天文学远为复杂。

就人类而言，其尺度恰好介于原子和星球之间。人体之于星球，恰如原子之于人体。我们可以将人类自身的存在也归因于恒星，因为正是恒星生成了构筑世界的原子。

恒星在核聚变反应中发光发热，与氢弹中发生的核聚变类似。此过程将最简单的原子转变为碳、氧和其他构成人体的原子。当恒星走到"生命"的尽头时，会发生超新星爆发，爆发后的残骸被抛入宇宙空间，进而再重复着吸引聚集并形成新恒星和行星的过程。

面对这周而复始的循环，悲观论者或许会说，人类不过是引起太阳燃烧发光的核反应之废弃物。

而今，大多数人都认可大爆炸假设，即宇宙始于一种高压的热状态。我们对大爆炸发生后数秒内的情形也已有相当的了解，比如温度可达十亿度。但是更早些时候——当温度更高更热的时候，特别是爆炸第一秒内——究竟发生了什么变化呢？我们对此仍然所知甚少。

为了理解宇宙诞生的最初时刻，我们可能需要彻底更新现有的时间空间概念，也许还应当在综合包括引力和量子世界在内的所有自然力的基础上，构建某种全新的宇宙理论。

在新理论中，常规的三维空间、一维时间观念已难以适应要求。我们需要设想一个十维空间的世界，而不是与常识和经验相对应的三维空间。

我经常就新的宇宙观受到宗教和哲学方面的质询。不过，我的回答多半令提问者觉得枯燥乏味，因为我认为，今天对许多宇宙问题的思考与三百年前牛顿时代人们的理解方式并无根本的不同。

那时的牛顿已经可以解释宇宙的一些特征，例如为什么行星以某种特定的轨迹运行。只是他无力解释太阳系如何由太阳、行星和彗星构成。

我们现在的理解是：行星脱胎于一块环绕"原始太阳"运转的星云盘。这条因果链可延伸至星系形成以前，甚至可追溯到大爆炸的最初几秒钟。不过，我们今天对有关现象的理解仍局限于"因为那样，所以那样"的想当然层面。

说到底，科学永远无法告诉我们为什么会有宇宙，也无法说明生命为什么需要呼吸，并因此而使现实的宇宙充满生机。我们依然面临着与牛顿时代类似的障碍。

如同 17 世纪的科学家一样，宇宙学家仍在尝试着解答种种问题，一些研究者求助于实验，另一些则另辟理解的蹊径。不过，我以为现在的宇宙学家已经学会了正确看待人类自身及其在自然界中的地位。越来越多的人相信，我们眼前的未来远较已然发生的过去更为漫长。

我们的生物圈已经演化了 45 亿年，而太阳也将在另一个 50 亿年内耗尽其聚变燃料。现今，太阳的生命历程才刚近一半，整个宇宙也许会不断地继续扩展。就此而言，人类还未达到进化之终点，甚至还处在诞生的初期。

在此意义上，我们的科学才刚刚开始，其过程更是一种无止境的追寻。每一项发现和进步都使一系列相关的问题成为人们关注的焦点。

在新的千年里，人类的知识无疑会更加丰富，但我们的大脑似乎仍对诸多问题无能为力。诸多未解之谜有赖于"自然的"或"人工的"更高智慧揭开重重面纱。

真正使我惊异的是，我们已经在各个方面取得了惊人的成就：我们能够区分自然界中形形色色的模式，而且至少能够部分理解我们所寓居的宇宙。

若干世纪前，航海探险者证实了地球的形状和大小，描绘了各大陆的粗略轮廓。如今，我们已能勾勒整个宇宙的概貌，并且知道它由何种基本单元构成。我们对宇宙的定量了解较往昔增加了许多，同时也有更新的数据材料可资利用，甚至可以在世界各地从网上方便地下载和获取材料。

应当说，对于准备献身科学的年轻人而言，这是一个令人羡慕的时代。

即便对于中年科学家而言，能目睹丰硕的宇宙知识成果，无疑也是极其幸运的。

Tullio E. Regge

雷 杰

意大利都灵科学交流研究所

我们必须改善自己的形象

在不少人眼中，科学家越来越像狂人"弗兰肯斯坦"。科学因此蒙受羞辱，并遭遇失去公众信任的危机。我们必须寻求有效的途径，以拯救科学之公众形象。

尤其令人沮丧的是，对科学最尖锐的批评，更多地是来自科学界内部。我想，设若弗洛伊德再世，他一定有兴趣对这些唱反调者搞精神分析。

前些日子，我应邀参加了一次讨论科学形象的圆桌会议，听众主要是来自皮德蒙特的高中科学教师。我介绍了当今与环境相关的热点科学问题，其中包括核能、转基因生物、电磁技术，以及尚处于实验阶段的人类基因组调控问题。

如今，意大利所有的核电站均被关闭或捣毁，同时还得继续向无所事事的员工支付薪金。核电站被代之以其他发电设施，靠进口的化石燃料——煤、石油和天然气来发电，而以往产生的相当数量的核废料则以很不稳妥的方式储存于亚平宁半岛之内。令人费解的是，所有试图重新更安全地处理和储存核废料的提议，却遭到许多人不问青红皂白的反对。那些宣扬"核能危险"最起劲的人士，往往又是阻挠核废料妥善储藏的最主要力量。

在圆桌会议上，我们还讨论了转基因产品可能对常规农作物造成"污染"的问题。为了避免意外的"物种入侵"，我们可以使作物不育或设法消除花粉中可能导致意外基因入侵的因素。当我说到这种可能性的时候，大厅中的绿色主义者起了阵阵骚动，他们指责我传播不可靠的信息。其实，我所说的一切都是世界各地转基因专家的研究成果。

我是政府委员会成员，近来也涉足电磁方面的问题。我们中的一名委员是来自世界卫生组织（WHO）的该领域专家，其研究表明，某些国家的媒体关于电磁危害的报道实在有些言过其实、耸人听闻。意大利媒体在这方面的过度渲染，加上关于电磁的立法，正导致公共资金的巨大浪费。

人类遭受着众多基因疾病的折磨，有的致命性疾病使患者及其家庭身受难言的痛苦和恐惧，那些反对基因治疗的空想家却无视灼灼的事实。平心而论，他们的反对除了平添若干无知的恐慌之外，并无太大实际意义。

我引用了四篇敌视科学的文章，其中或是直接责难科学，或是批评科学理论的推广应用。一种批判科学的论调是，即便让公众就某一科学的应用达成最低限度的一致，也几乎是完全不可能的。那些反对科学的"急先锋"不是狂热分子，就是因害怕失去选票而拒绝接受任何解决问题可行方案的政治投机家。眼前的这幅众生相让我想起了门肯（R. Mencken）的一句名言：

"清教主义：子虚乌有的恐惧，在有的地方却成了某些人谋取私利的乐土。"

自门肯的时代起，就未曾见过一个清教徒，可近年来我却频繁地与"清教徒"们相逢。确确乎，科学家必须注重改善自己的公众形象。

Vera C. Rubin

鲁 宾
美国华盛顿卡内基学会

我们需要你

我十来岁时住在华盛顿特区。为了能躺在床上看星星，我特意把床放在面朝北边的窗前。的确，遥望灿烂星空比蒙头睡觉要有趣多了。怀着几分敬畏，注视恒星沿北极星的运动轨迹，还有流星偶尔划过天际，那神秘而庄严的苍穹令我沉醉。我甚至觉得，生于地球却不能解释星空的景象，岂不叫人遗憾！地球上有陆地和海洋，若从太空俯瞰，地球该是怎样的容颜？我还想知道，星系、恒星、行星之间的关系如何，它们在宇宙中又是何等模样。

抱着这些疑问，我到当地图书馆寻找答案。父亲特意为我制作了一架望远镜，父母的朋友们经常带我到弗吉尼亚郊外去畅览辽阔天空。至今我依然认为，用望远镜在高山之巅观测紧密镶嵌于幽蓝天幕之上的荧荧星斗，乃是"地球人"能看到的最美图景。伫立于南半球抬头眺望，辉映夜色的银河中心带映入眼帘，有时甚至能看到它的阴影。面对绵延广袤的银河，知道自己正站在宇宙间一颗极微小的星球上，观察着银河系的主平面。念及于此，真是奇妙不可言传！

我是一名科学家。我热爱这学无止境的生涯，也喜欢向昊昊苍天叩问再三。出于对宇宙无限风光的渴慕，我选择了富于挑战性的天文学事业。

凭借一项天文学奖学金，我进入了瓦瑟女子学院。从该学院1865年创立直到1888年，米切尔（M. Mitchell）一直都在此教授天文学。20世纪40年代中期，美国开设天文学专业的大多是私立大学，而且不招收女性。我从康奈尔大学得到硕士学位后，即与丈夫转至华盛顿特区，并在乔治敦大学获博士学位。我的导师是著名物理学家、宇宙学家伽莫夫（G. Gamow）教授。所以说，我是以某种与当时惯例颇不相同的方式进入天文学领域的——并未接受过"传统的"天文学训练，早期的研究也不属于正统的天文学范畴。

在乔治敦大学任助理教授期间，主要关注的是河外星系的未知领域。与星系中心部分不同，河外星系区域因无法为主动的观察和研究所及而长期被人们忽视。我选择了一个相对冷门的项目，这里不存在太多竞争，因而可以照自己的节奏按部就班地开展研究。同时，作为一名妻子和有四个活泼顽皮孩子的母亲，还得想方设法处理好家庭与事业的关系。

由于有效地协调了科学研究与家庭生活，也由于我那身为数学家、物理学家的丈夫鲍勃（Bob）给予了支持和鼓励，我收获了许多常人难以体会的生活乐趣。当然，也要感谢乔治敦大学对我的宽容和照顾。前些日子，我最小的孩子艾伦回忆说，他小时候喜欢问："妈妈哪里去了？"当得到的回答是"妈妈正在观测"时，小艾伦便会安静下来。家人们似乎都已习惯了这样的生活，连不懂"正在观测"

含义的小儿子都如此懂事和配合。

兼顾家庭、孩子和研究毕竟是件很累人的事情，因此我1965年转到了地球磁学系，它是华盛顿卡内基研究所的一个实验室。当时，该实验室的福特（K. Ford）博士刚刚建造了一台高质量的像管摄谱仪，使得测定光线微弱的河外星系区域的恒星轨迹速度成为可能。

在接下来的15年内，福特和我研究了超过100个星系中的恒星和气状物的轨迹速度，结果发现：对每一星系而言，外部区域物质的轨迹速度较其内部较亮部分物质的轨迹速度要大得多。我们由此推断：星系中大部分是暗物质。正是来自暗物质的动力加速度使得恒星以出乎意料的高速度运转，而免于失控。星系中物质的分布与其明亮程度的分布是极不相同的。

研究某种不可见的物质当然很难，却并非完全不可能。事实上，暗物质便是依据其对可见的发光物质之作用而被检测到的。根据有关研究，暗物质应当具有如下特征：它不像可见物质那样集中在星系中心；其广延远远超过星系的光学边界或可见边界；其形状并不像扁平之盘状物；它不释放任何波长的波。在旋涡星系中，至少有90%的成分是暗物质。由此看来，组成我们身体和宇宙发光部分的原子、分子并非宇宙的主要成分。在宇宙初期形成的暗物质团块，可能是后来的物质坍缩形成星系的区域。

1930年，兹维基（F. Zwicky）就曾指出：暗物质存在于众多星系之中；但其思想一直未得到广泛认可。关于高速转动星系的研究无疑对他的暗物质思想提供了证据和支持。

不过，以上证据并非无懈可击。20世纪初，物理学家认识到，经典物理定律并不适用于像原子、原子核那样的微观结构，我们只能在星系级别的大尺度上检验牛顿定律。可是这种检验同样失败了，后来人们将失败归因于暗物质的存在。也许人类只有到真正了解暗物质的那一天，才能知道牛顿引力理论是否需要修正——使之适用于如星系间那般遥远的距离。最理想的情况是提出能够立刻解决若干问题的新宇宙学理论，比如回答何为暗物质、何为暗能量，并有助于人类正确理解宇宙演化等问题。

实际上，我们如今对宇宙的了解并未从根本上超越400年前伽利略的水平。伽利略当时用自制的望远镜观察到：银河系是由无数颗恒星汇聚而成。就时间而言，你或许知道还有隐藏的时间、隐藏的维度，就连我们的宇宙也可能是众多宇宙之一分子。对于那些热爱科学者，我有如下建议：不要放弃，科学需要你，天文学需要你——任何立志献身于科学的人都能为知识大厦添砖加瓦。你可以成为一名科学家，你也可以激发他人热爱科学。我希望你对科学的热爱如同我对宇宙的好奇一样深挚和持久！

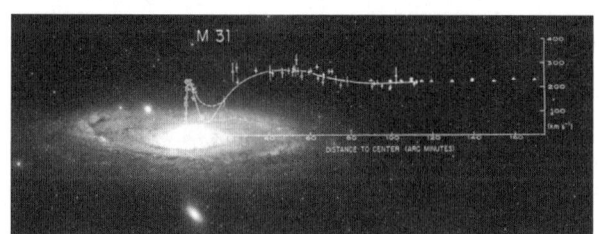

仙女座星云（M31）——我们在宇宙中的近邻，图片来自 Paloma Sky Survey。从光学气体云测量所获的速度用实心圆圈和空心圆圈表示，观测中性氢辐射所获的速度用实心三角表示。请注意，尽管该星系的发光强度非常非常低，但恒星绕轨道运行的速度依然很高。

David Ruelle

吕 埃 勒
法国高等科学研究所

知识的魅力

第二次世界大战后,作为一名充满科学幻想的比利时少年,我开始了自己的智力探险历程。我遇上了许多渴望知道和理解的奇妙事物:遥远的国度、前所未闻的语言、古人类文化遗迹、史前动物、危险而美丽的药用植物、神秘莫测的微观世界、广阔无垠的宇宙空间。一段时间以后,我的好奇心更加扩展到原理化、抽象化和概念化的路子上。我被数学和现代物理学所深深打动:哥德尔定理、相对论、量子论,等等……我还如饥似渴地阅读了化学、精神分析、植物学和哲学(孔德和斯宾诺莎)方面的著作。很快地,我对诸如 $e^{i\pi}=-1$ 或 $E=h\nu$ 的兴趣,远远超过了对"上帝存在之本体论证明"的兴趣。

回想起来,那真是拥有科学天赋者的黄金岁月:你可以集中精力进行研究和探索,而不必忙着找工作。当然,适当的时候还是得作出职业选择。我放弃了某些工程训练后,系统学习了物理学和数学,从而在工作时可以借助数学来理解事物的物理属性。数学是一种纯粹的智力魔术,它让人赏心悦目,而数学化的物理则是"魔术"在现实世界里的精彩应用。古代人希望通过预言和符咒实现对自然界的控制,牛顿、普朗克、爱因斯坦、海森伯和薛定谔则借助数学化的物理达成了类似的目的。爱因斯坦将自己描述为一个数学化的物理学家,后来一代的物理学家如费曼却削弱了数学对理解物理世界的作用。更近些年来,数学在处理类似弦理论这样的问题时又发挥了至关重要的作用,数学之于物理的重要性重新为研究者所认可。美中不足的是,弦理论迄今尚未获得可靠实验证据的支持。

我在更为理论化、抽象化的研究进程中,颇为幸运地选择了一个非常具体的论题:混沌研究。扼要言之,低维混沌研究关注的是:某些物理系统如何随着时间的流逝而以复杂、奇异、混乱的方式演化,但是与此同时,人们又可以理解和预测其行为(更准确地说,那些系统的可预测性能够被分析)?在庞加莱(H. Poincaré)、洛伦兹(E. Lorenz)等先驱工作的基础上,混沌终于在1970—1980年代引起了人们的普遍关注。那时,数学的、计算机的和实验的技术已足以支持对种种复杂现象的混沌分析了。结果是:一些现象被理解为低维混沌,如弱流体湍流、某些尺度上的气象学、化学湍流、太阳系天文学的部分内容;而其他现象如金融时间序列分析,则不能归结为低维混沌。我的研究生涯适逢混沌理论发展的黄金时期,因而我能够从某种艰难而纯粹的角度,与不同专业的研究者进行多方面的沟通和交流。例如,在实验室与实验专家讨论数学,与气象专家、化学家、经济学家等各种才华横溢、智慧超群的专家探讨混沌理论及其应用。我可不愿像一些学院派理论家那样,整天躲在书斋里证明关于实在的严格定理,却对真实世界不闻不问、漠不关心。

混沌理论的黄金年代已经不再。那些曾在其中扮演过重要角色、作出过重大贡献者，即使仍活跃在研究前沿，也大都另辟疆域了。我自己的研究兴趣也在很大程度上转向了非平衡统计力学方面，这是以动力系统和混沌理论为手段的一个理论物理学分支。对于少年时迷恋的一些有趣问题，我现在仍保持着某种非专业的兴趣，正如我认识的许多科学家（例如盖尔曼），他们也对远非自己数理本行的真菌或语言学等保持着儿时的痴迷。知识对人的这般魔力几乎见于所有坦诚的科学家的言行——无论是出于职业的需要，还是仅仅为了满足好奇心和丰富人生。

Myriam P. Sarachik

萨拉希克

美国纽约市立大学-城市学院

为何选择物理学

由于历史的原因，我的童年可谓四处辗转漂泊、充满艰辛。我生于1933年，正是希特勒上台掌权的那一年。我从出世伊始，生活的轨迹便被一系列无法抗拒的事件所拨弄。我们一家先是逃到了比利时。1941年后期，我进了古巴难民营，并在那里从8岁一直待到13岁半。之后，我终于转移到了充满希望、自由和机会的美国，并在此完成了中学、大学和研究生教育，获得了高级学位。

我的家庭和所居住的社区非常传统，特别是不鼓励女性外出工作。在传统观念中，女性的职责就是抚育后代、照顾家庭，这当然也是颇为艰苦的劳作，但女性通常不在社会上从事专门职业。如果一个女人在外"抛头露面"去工作，人们多半会以为她丈夫没有独力养家的能耐。

记得我的幼年时代相当沉闷乏味，甚至常有压抑感。上学之后，情况发生了巨大的改变，眼前呈现出一个前所未有的崭新世界：阅读是快乐的，计算是快乐的——我真的非常喜欢这些活动。上学前我是个乖巧听话的好孩子，有些多愁善感；如今我实现了自己的价值，对生活充满信心。

在小学一年级之后，我便跟随家人不断地在一个又一个国家逃亡、迁徙，上学也是断断续续。大约有一年多时间，甚至根本就无学可上。迫于生计，父亲很少给我买书，因为我们时时处在危险之中，他很难抽出时间和金钱考虑子女的教育问题；但母亲仍然尽可能地买书给我读。于是我一遍又一遍地阅读我所拥有的每一本书，直至下一本新书拿到手。8 岁的时候，全家迁居哈瓦那，在那里我又可以上学了。

我对周围的许多事情都充满好奇。我喜欢文法、语言、解剖、地理，可以说随便什么科目都喜欢。我能演奏钢琴，并狂热地爱上了音乐；而算术、代数、几何以及种种定量问题则带给了我特别的乐趣。

究竟是什么因素促使我最终选择物理学为业，我自己好像也很难说清。我觉得物理学是我所遇到的最难学的科目，起初的成绩可以说非常糟糕。其他事情都能应付自如，物理却是一个真正的挑战。物理学很难，但又是一门令人景仰的真正的科学。我父亲就认为，物理学是人类智力成就的精华。我非常热爱和崇拜父亲，而他对我在学术上的追求一直抱有某种奇怪的矛盾心理。一方面，他崇尚知识并鼓励我追求卓越。父亲曾说，如果当年条件许可的话，他一定会选择做一名物理学家。另一方面，我又是个姑娘，而女孩子就该本分地结婚生子、操持家务。

1954 年，我从巴纳德学院获得物理学学士学位。这家学院与哥伦比亚大学仅一街之隔。由于学院中对物理学感兴趣的女生太少，我的所有课程都是在哥伦比亚大学完成的。同年夏天，我与萨拉希克（P. Sarachik）结婚，过上了我所向往的生活。稍后，我在靠近哥伦比亚大学的 IBM 沃森实验室找到了一份工作。那个时候我已深深迷上了物理学。物理学对我来说依然很难，同时又使我着迷；我有信心学会它。我非常想继续攻读博士学位，但条件似乎不允许我这么做。不过离哥伦比亚大学如此之近，多学几门课程总不是坏事。当时我丈夫已开始攻读电气工程博士学位，于是我也跃跃欲试。

在我选择的道路上，存在着许许多多的困难和挑战。那个年代，很少有女性去做物理学的博士研究生。我不仅没有得到周围人太多的鼓励，还受到物理学系对女性从事物理学的颇多冷遇和怀疑。除此之外，倒没有遭遇什么公开的反对。我与男同学们一样，参加同样的考试，完成各自的研究，通过要求的论文答辩，得到了博士学位。

接下来的道路更为艰难。特别是在生下大女儿克伦之后，我不得不努力兼顾事业和家庭。在照顾孩子的同时，还得竭力应付我的第一份工作。尽管困难重重，但我下定决心要坚持下来。

人到中年，我依然不断寻找学习与提高的机会。简言之，在 IBM 沃森实验室做完博士后研究，又在贝尔实验室完成了另一项博士后研究，最后进入纽约市立大学-城市学院任教，并在此度过了我最有意义的学术生涯。我喜欢这所学校的一切，而且随着时间的推移越来越热爱教学工作。在过去的岁月里，我一直承担着饱满的教学任务。

同时，在科研方面也做出了一定的成绩，由此获得了巨大的快乐和成就感。在贝尔实验室做博士后研究时，我完成了一项重要的实验测量。该测量表明，局域磁矩与某些合金"阻抗-温度"关系中的最小值存在一一对应关系。大约与我的这项研究同时，近藤（J. Kondo）提出了一项如今十分著名的计算，表明该最小值的确是由局域磁矩所致，由此解决了 20 世纪 30 年代以来一直困扰人们的问题。更近些时候，我与克拉夫琴科（S. Kravchenko）的研究表明，某种超常规的金属态可在二维系统中存在。1996年，我的研究小组中一位名叫弗里德曼（J. Friedman）的博士生与我一起，通过观察分子纳米磁体Mn12乙酸盐的磁化曲线中的阶跃现象，发现了大磁矩隧穿效应。该发现激起了众多的相关研究，如今称作"单分子磁体"。

我的研究兴趣现在已超越了专业，也跨出了所在的纽约市立大学-城市学院。我积极参与科学家人权活动，也通过提供咨询、组织会议以及为美国物理学会服务等多种方式，回报物理学共同体。我的努力得到了同行的认可，2003年我当选美国物理学会会长，组织了大量的会议和颁奖等活动。

我作为物理学家的一生充实而快乐。当然，这并不意味着所有时候都一帆风顺。我的物理学之路不时会遭遇困难和挑战、挫折和失败。尽管如此，成为一名物理学家（或者数学家、化学家、生物学家，等等）的最畅快之处，是能够而且必须不断地学习、拓展与探索。我们不仅寻求真正的新事实、新现象，并且还学习那些别人知道而自己却陌生的知识。这真是一场令人振奋的挑战！

John H. Schwarz

施 瓦 茨
美国加州理工学院

超弦

我的父母都是科学家,他们在我儿时就非常支持我对数学和科学的兴趣。我在哈佛大学念本科时主修数学,它一直是我所喜欢的科目。然而当申请研究生资格时,我决定改学理论物理,因为我想用数学公式来描述现实的世界。在加州大学伯克利分校念研究生时,我对物理学的认识受我导师丘(G. Chew)教授的观点影响甚深。1966年获博士学位后,在普林斯顿大学做了六年助理教授,后来到了加州理工学院,并一直待到现在。

我作为一名理论物理学家,几乎把全部精力都贡献给了弦理论。弦理论假定:物质的基本单位是微小的"环"状物(称作"弦"),而非通常所认为的"点"状物。由该假设所构建的相对论量子理论与传统的如遵从"点假设"的相对论量子场论有着根本的区别。让我们先简要回顾一下弦理论颇为不平凡的发展历程。我们将会了解，现今的弦理论虽是一种先进的手段，用于构建包括所有基本力和粒子的统一理论，但其创立之初衷却是为了解决另外的问题。

将夸克束缚于原子、中子及其他强子之内的强核力，直到 20 世纪 60 年代仍未被很好地认识。在那十年中，理论家面临的挑战是：为实验物理学家运用大型加速器不断发现的基本粒子家族，找到一种简单明了的解释与分类方法。在加州大学伯克利分校，丘教授、曼德尔斯塔姆（Mandelstam）教授等人正在创立一种颇具吸引力的新思想，诸如"自展假设"、"雷杰极点理论"均被纳入他们的"S 矩阵理论"计划之中。该计划最终并未给出一项关于强核力的完整解释，却在一系列不同寻常的事件之后，导致了弦理论的诞生。

1968—1970 年期间，韦内齐亚诺（G. Veneziano）以及南部（Y. Nambu）等人提出了"对偶共振模型"，并很快被解释为"相对论性弦理论"。实际上，该理论是对自展法和雷杰思想的一种综合，可用来描述强子物理学的很多定性特征。1971 年，雷蒙德（P. Ramond）、内沃（A. Neveu）和我提出了第二个对偶共振模型（或称弦理论）。该理论包含了一种被称作超对称的新对称形式。经过进一步的完善后，新的弦理论便被称作超弦理论。不过，两种弦理论都存在着某些共同的缺陷。最主要的两个问题是：数学一致性要求更多的空间维度，并要求存在无质量的粒子。对强子理论而言，这两点都无法成立。1973 年出现了被称作量子色动力学（QCD）的量子场论，它成了宣告弦理论不适合强核力的最后一颗"盖棺之钉"，并直接而有说服力地成为了理解强核力的正确理论。与此同时，五年来甚为活跃的弦理论转眼间便门庭冷落、无人问津了。

1974 年，加州理工学院的舍克（J. Scherk）安排我做了一趟为期半年的学术访问。舍克教授是一位法国物理学家，我早些时候曾在普林斯顿大学与他共事。我们都强烈地感到，超弦理论漂亮的数学结构似乎使它完全与现实的自然界失去了关联。我们坚信，即使承认量子色动力学是正确的，在彻底放弃弦理论之前，也有必要重新审视和挖掘其深层次的意蕴。我们很快意识到，如果用在完全不同于提出之初的目的上，那么它的缺陷完全可能变成优点。

自然界确实存在无质量的粒子，构成光的光子和引力的"引力子"便是典型的例证。当然，这些粒子不是强子。我们的研究表明：弦理论引力子在低能量状态时的相互作用，与爱因斯坦广义相对论的预言惊人地一致（米谷民明亦独立得出了这一结果）。在此背景下，更多维度的空间也不再是问题了。早在20世纪20年代，卡鲁扎（T. Kaluza）和克莱因（O. Klein）已经指出：额外空间维度在引力理论中扮演着重要角色。

20世纪80年代以前，几乎所有的粒子物理学家都忽略了引力，因为在常规环境下，其作用完全可以忽略不计。例如，氢原子中电子和质子间的引力作用较其相互间的电相互作用要弱10^{38}倍。另一方面，专门研究引力的相对论物理学家也从未运用过粒子物理学，他们关注的是宇宙中宏大的星体，甚至宇宙本身，而对微观粒子不感兴趣。直至20世纪80年代，相对论专家参加的会议、阅读的期刊都与粒子物理学家颇为不同，而且似乎也没有像样的交流和沟通，正如粒子物理学家在理解基本粒子时觉得没有必要思考黑洞和宇宙早期状况一样。

由于这些原因，即使舍克和我意识到弦理论具有某种描述引力的显著数学特征，我们最初也并不倾向于将其解释为有关引力的物理学理论。值得庆幸的是，经过数周的深思熟虑之后，我们提出，应将弦理论重新解释为统一引力及其他基本力的新思路。这是一种根本的改变。为了确保引力的适宜强度，需要将弦的尺度设定为近似于普朗克长度（10^{-33} 厘米），比当时弦理论用于描述强子时的 10^{-13} 厘米缩小了 20 个数量级。

除了将引力纳入统一理论之外，超弦理论还带来了另一个意外的优势。此前所有关于量子引力理论的提议在对经典公式进行量子修正时，都会得出无意义的无限大结果。而弦理论在短距离行为上比点粒子量子场论要好得多，因此避免了这一问题。

弦理论相继克服了其他类似理论的不足与缺陷，舍克和我越来越为超弦理论可能成为统一场论的"最后圣杯"而激动不已。除了在学术期刊上公布我们的研究结果之外，还在世界各地的学术会议、大学等场所开展演讲和交流。我们的大部分工作被礼貌地接受了，没有人指责我们想入非非。可是在之后的整整数年内，很少有专家认真对待我们的假设和建议，我们只能自己不断完善这一别人不感兴趣的理想。1980 年，年仅 35 岁的舍克不幸去世，令人悲痛不已。作为最初的合作伙伴，我为他没能亲眼看见超弦理论成为人们重视的"显学"而深感惋惜，也为后来超弦理论的发展缺了舍克的参与而遗憾。

1979 年，格林（M. Green）和我开始了密切的合作，我们携手拓展超弦理论。我们每年都会作出一些能够向其他物理学家证明该理论优点的发现。这种努力直至又一个五年之后才真正开始取得突破。1984 年夏天在阿斯彭物理中心，我们找到了超弦理论如何克服某些表面上看似矛盾之处（即所谓的异常）的解决方法。在作出此发现数月之内，超弦理论变成了理论物理研究中最活跃的领域，其势头一直持续到了今天。

Yakov G. Sinai

西　奈

美国普林斯顿大学

超越国界的科学自由

上高中时，我并未在科学方面显示出太多才能，也从未在正式的数学竞赛中得过任何奖项。我酷爱运动，特别是排球。我祖父卡甘是莫斯科大学教授，一位非常著名的数学家。直至今天，在一些微分几何著作的参考文献中还能经常见到他的名字。我和兄弟巴伦布拉特受祖父母影响很深。不过在我高中毕业时，没有任何迹象表明我会成为一名数学家。当时祖父告诉我：如果你想成为数学家，你就应当知道数学家一天24小时所思考的问题有别于他人。我至今都记得祖父的这段"名言"，并一直努力按照祖父的教导去做。

我师从20世纪的伟大数学家柯尔莫哥洛夫。我的导师对数学的应用非常感兴趣，并希望他的研究生参与应用导向的各种数学研究。有一段时间，柯尔莫哥洛夫热衷于探索同地球转动轴相关的统计学问题，但围绕在他身边的年轻学生们都一门心思地想着数学。因此，他常常抱怨说：我的学生宁愿为通俗数学杂志写文章，也不愿做些有实际意义的事情。当然，柯尔莫哥洛夫给我们足够的自由去做自己感兴趣的数学研究。其实，这种自由可以存在于任何政治体制之中。回想起求学时代，当我的学生从事我不大喜欢的研究时，我也能宽厚待之，不给他们强加不必要的压力。

Maxine F. Singer

辛　　格

美国华盛顿卡内基学会

艰辛而欣慰的科学人生

每个科学家都以不同的方式发现自己对科学的热爱和激情。许多人声言，他们曾得益于老师的启蒙。我也有此心得，在纽约市读公立中学时曾蒙几位杰出的老师指点迷津。20世纪三四十年代，经济大萧条以及当时美国大学很少雇佣犹太人和女性的做法，使许多本该成为科学家的人才流向中学。回想起来，55年前的许多情景依然历历在目，一些老师的音容笑貌仍栩栩如生。高中化学老师演示的实验似乎比生物课程更生动有趣，因为对一个与大自然接触有限的城市孩子来说，生物学更多的是描述性的。后来考上大学，我选择主修化学。

除了挑选伴侣，进入斯沃斯莫尔学院也许是我一生中作出的最重要选择。1948年高中毕业后，我进了这所规模不大、男女兼招的学校。斯沃斯莫尔学院地处乡间，满目苍翠、清新宁静，与我以往生长的喧闹繁忙的城市相比，简直就是天堂。对我而言，这是一个学习和生活的完美地方，事实上也的确如此。该院的奖学金则为我的学业提供了可靠的经济保障。除化学外，我也学习数学、物理以及历史、哲学、英国文学和外语等许多科目。到 1952 年毕业时，我意识到生物化学已成为揭示多彩世界背后诸多奥秘之重要手段。

在斯沃斯莫尔学院不仅学习了知识，那段经历还培育了我进入科学共同体并成为一名科学家的基本素质。有些出人意料的是，20 世纪 50 年代斯沃斯莫尔的氛围与环境中弥漫着 19 世纪美国中产阶级的情调，人们崇尚公谊会的宗教传统，尤其重视古典意义上的通才教育，因而像我这样的女孩子能有机会接受高等科学教育。也正是斯沃斯莫尔养成了我独立思考和不盲从的做事风格，还树立了我直面挑战、不畏批评的自信心。更重要的是，斯沃斯莫尔为学习科学的女性撑起了一把"保护伞"，使我们免受外界的轻视和压力。

1952 年秋天，在满 21 岁并结婚后，我进入耶鲁大学生物化学系读研究生。这又是一个难得的良机。我的系主任和导师弗吕东（J. S. Fruton）教授没有丝毫轻视女性之心，对男女生一视同仁。我的论文课题涉及蛋白磷酸酶分析，那是该领域最早的研究之一。其间，弗吕东教授给了我许多好的建议和指导。他后来还推荐我去华盛顿近郊的美国国立卫生研究院，跟随赫佩尔（L. A. Heppel）教授做博士后研究。1956 年的时候，赫佩尔是世界上研究 RNA 和多核糖核苷酸的仅有几位科学家之一。当时，距发现 DNA 双螺旋结构只有三年时间，核酸化学和酶研究正处于创立阶段。

赫佩尔深度参与了分析由核苷酸-5-二磷酸通过多核糖核苷酸磷酸化酶（PNPase）作用形成的多核糖核苷酸的研究。PNPase 是在此前两年由格伦伯格-马纳戈（M. Grunberg-Manago）和奥乔亚（S. Ochoa）从细菌中发现的。该酶以及大约与此同时由科恩贝格尔

（A. Kornberg）及其同事发现的 DNA 聚合酶 I，是人们已知能够催化多核苷酸合成的最早的酶。上述发现开创了生物学的新纪元。虽然后来发现 PNPase 并非负责 RNA 的合成，而 DNA 聚合酶 I 也不是影响 DNA 复制的关键酶，但以上发现把生物化学家和遗传学家紧密地联系到了一起。

我在赫佩尔实验室工作了近十年。之后，在美国国立卫生研究院有了自己独立的实验室，所做的研究仍主要围绕 PNPase 和催化反应的核糖核酸酶机制。我与几名博士后一道，描述了催化酶聚合及解聚反应的过程，其作用机制后来被证明是极为常见和普遍的。研究表明，通过在反应过程中连续不断地添加和除去核苷酸，而不是在每一步骤后释放多聚物，酶得以始终与多聚核苷酸结合。后来，尼伦伯格（M. Nirenberg）与马太（H. Matthei）将我们的多聚物样本应用于确认苯丙氨酸基因编码的戏剧性实验中，激动人心的时刻终于来临了！到 1961 年春天，我和我的几名学生通过艰苦努力，又合成了另外一些多核苷酸，并进而测定了其他密码子的三核苷酸。

1970 年，我准备启动另一些不同的研究。动物病毒看来是个富于挑战性的领域，我以往研究多核苷酸的经验会有用武之地。1971 年夏天，我和丈夫及四个孩子去以色列魏茨曼科学院进行了一次旅行和访问。在这里我用了整整一年的带薪休假时间向杰出的病毒学家维诺库尔（E. Winocour）及其学生学习猿猴病毒（SV40）方面的知识。借助当时新的限制性核酸内切酶技术，我研究了来自猿猴宿主的包含可复制 DNA 片段的缺陷 SV40 基因组。返回美国国立卫生研究院后，我集中精力分析了以上可复制的片段。我对猿猴染色体着丝粒（又称为 α 随体）上的可复制 DNA 片段进行了研究和测序。到 20 世纪 70 年代后期，随着克隆以及 DNA 测序技术的完善，对这些可复制序列的了解较几年前大大增加。最令人振奋的进步是发现了"人体基因组中高度可复制的 DNA 片段为一种可换位的基本单元"。在 1990 年我的实验室关闭时，我们已对这种通常称作 LINE-1 的基本单元的自我复制及嵌入基因组的机制进行了一定的探索和研究。

科学研究很劳神、很艰苦。有许多回，受挫的经历和感觉只有在终于获得新发现时才得到补偿。可是与渴望了解自然奥秘的好奇心相比，研究的艰辛、失败和沮丧就显得微不足道了。从读高中至今的 60 年来，我始终对科学一往情深。

Stephen Smale

斯 梅 尔
美国加州大学伯克利分校

实迷途其未远

斯梅尔并不总是个灵感涌动的学生。在密歇根大学主修数学时，他常常在自己感兴趣的事情上消磨时光，又特别热衷于政治运动和旅行。即使到了研究生的第二学期，斯梅尔还放弃了两门课，另有一门课的成绩仅为"C"。系主任希尔德布兰特（T. H. Hildebrandt）提醒斯梅尔说：如果你想读完研究生的话，就得尽快提高学习成绩。后来，在斯梅尔寻找第一份工作时，希尔德布兰特教授给他的评语是："心不在焉、成绩不良的研究生"。

刚进大学时经过一次排名考试后，斯梅尔幸运地被编入由一位杰出的年轻老师思罗尔（B. Thrall）指导的小组学习。斯梅尔将他称作"第一位难忘的老师"。事实上，斯梅尔的导师博特（R. Bott）当时也还是尚未成名的学者，但正是他向斯梅尔提出了最有价值的问题。

斯梅尔是博特的第一个研究生。博特提出了一个可解的问题，这为斯梅尔后来的创造性工作奠定了基础。不久之后，斯梅尔证明了一个反直觉的著名定理——可以将 R^3 中的 2-球面翻转过来。整个"浸入理论"（immersion theory）领域因此蓬勃发展。拓扑学成为数学中的重要领域。

在数学、科学或工程当中，当你想进入新的研究领域时，往往会发现没有现成的路好走。同样，斯梅尔的数学研究也要靠自己开辟道路。后来，他从拓扑学转向动力系统的研究，并发现了混沌中十分著名的"斯梅尔马蹄"，揭示了混沌中存在稳定性。再后来，他向高维猜想发起进攻。他从四维的证明入手，打破常规认为高维较低维困难的教条，证明了高维庞加莱猜想的正确性。

一句话，斯梅尔有幸在年轻时遇见几位好老师和一些富于挑战性的问题，使他得以在数学领域迈出几大步。

Susan Solomon

所罗门
美国国家海洋与大气署

科学是社会选择的重要输入项

我生于芝加哥,最早被科学所吸引当是观看库斯托(J. Cousteau)拍摄的海底冒险节目那会儿。上高中时,在一次测量混合气体氧含量的全国竞赛中荣获第三名。这一成功坚定了我献身科学的信心和决心。后来,在芝加哥伊利诺伊理工大学主修化学,对木星大气的化学研究十分感兴趣。因此,我在接触化学伊始便更热爱星球而不是试管。大学毕业后,进入加州大学伯克利分校研究生院学习化学,博士论文仍是关于行星化学方面的内容,不过研究对象不是木星而是地球。1981年,我获得了化学博士学位。

在发现臭氧层空洞之前,我的工作主要集中于有些人感到颇为神秘的大气研究方面。当时,我一直在探寻中间层、热辐射层及同温层化学等自然因素的作用。后来,人们发现了臭氧层空洞,我的研究也因此而转向。对臭氧层及相关现象的观测，特别是关于中间层和热辐射层的研究，令我首先想到：那是否意味着源自太阳质子现象的活性氮在起作用呢？但同时又觉得，该假设与测试数据不符。那么，什么物质会引起上述效应呢？我开始猜想，是否地球的极地同温层引起了这种反应。当时已有极地同温层的卫星测量数据，却被当作有趣但无甚实际用途的材料而忽略了。其实北极上空没有像南极上空那样出现臭氧层空洞。另外，由于南极是地球上最冷的地方，其上空较之相对暖和的北极有更丰厚的云层。当时几乎还没有人将臭氧层的破坏与氯联系起来，我则开始着手探索氯在云层中破坏臭氧的可能性。1986年，我在《自然》杂志上公布了自己的研究结果，即盐酸与硝酸氯能在极地同温层中彼此反应。此反应并不发生于气态，但酸与云层表面接触后则很容易引起反应。所以，硝酸氯会在完全不同的状态下以惊人的速度与酸反应，从而证明了我当初的设想是正确的。

我坚决主张应当在南极进行实地测量，自己后来也很深地介入了这项工作。南极考察的目的，一是要考察臭氧减少的情况，二是要确定究竟何种化学物质在消耗臭氧，以便从科学上全面把握臭氧层遭破坏的症结。经过一再恳求，我有幸分别于 1986 年和 1987 年两次带队到南极考察。我们依托南极摩纳哥站开展研究，测定冰封南极上空的空气如何吸收极地漫长黑夜的月光。刚好"雪中送炭"，我在"超高气流物理实验室"的两位同事研制了一台质量超群、灵敏异常的测试装置，它非常适合检测可见光谱线范围内的光强度。我们不但用此装置测量臭氧层，而且还可精确测定二氧化氮、二氧化氯两种重要化学物质的数量。观测表明，南极上空存在着数量巨大的二氧化氯——若无化学反应，其数值本不该这么高的！我们第一次用实测数据表明：究竟何种物质是造成臭氧层减少的"罪魁祸首"。

在南极三个多月的考察生活堪称我一生中激动人心、充满挑战的神奇经历。当飞机舱门打开时，扑面而来的是零下40℃令人难以置信的凛冽寒风，恍若置身于另外的星球。我从未见过如此原生而自然的美景。南极黎明时分，天空呈深紫色和蓝色，令人叹为观止。极地的那些正在消耗着臭氧的同温层，看起来宛似一条高悬空中的小彩虹，可谓奇巧之至。1994年，我收到一份特别的荣誉和嘉奖，人们以我的名字命名了两处南极景观：所罗门冰川（78°23′S、162°30′E）和所罗门山脊（78°23′S、162°39′E），以表彰我领导的南极考察研究。之后，我还因揭示南极臭氧层空洞的工作获美国国家科学奖章。我非常珍惜这一荣誉，这可是美国科学家能够从国家那里得到的最高奖励。

我关注的另一些问题包括火山爆发怎样加速含氟碳氯化合物引起的臭氧层破坏。在火山爆发的喷射过程中，所形成的液态硫化盐漂浮物会加速中纬度地区大气臭氧的消耗，此过程大致与南极上空的情况相似。另外，我也从事其他物质（非二氧化碳）对全球变暖的影响研究。我和我的同事们已注意到了四氟化碳、六氟化硫等氟化物的温室作用。如今在大气中这些化学物的含量还不高，因而无法肯定它们导致温室效应的显著程度。不过我们的研究表明：这些化学物质理论上讲可以存在成千上万年——几乎就是不会分解的，而且它们都是红外光的有力吸收源。在此意义上，它们都是温室气体。当人们把寿命可与埃及金字塔相当的一个分子排入大气之时，的确应当谨慎权衡其可能的后果。事实上，涉及臭氧层破坏与气候变迁的一个最有趣问题也许是：臭氧层的过度消耗意味着人类不仅要借助科学克服当前的困难，还应当考虑随时间而日益加剧的种种环境问题。依靠科学，我们不仅能向世人阐释当下自然界正在发生的事情，也能预测人类可能遭受的挑战与冲击。

近年来，我的研究转向了另一些相关的问题。例如，低层大气中的各种分子是如何吸收太阳光能的？类似的问题与气候变化有同样密切的关系，而且至今仍显得扑朔迷离。在某种程度上，我又回到了早期关于极光的研究，希望能由此奠定辐射传播的基本机理——了解太阳光究竟怎样穿越大气。

我认为自己是一个深受命运恩宠的人。我对自己的研究生涯非常满意，而服务公众的理想与我成为科学家的初衷又非常一致。我们的星球哺育了人类，可是如今许多人正在将形形色色的化学品排入大气。因此，21世纪的环境化学将面临更多亟待解决的问题。这也意味着科学家可能有更多的机会。科学在服务社会方面扮演着极其重要的角色，它帮助我们理解正在发生的事情，明晰地阐释其成因。我也深知，科学家研究的终点正是经济学家、政治学家等开展工作的起始之处。科学在诸多社会选择中是一个重要的输入项，但它仅仅只是一个输入项。我们在反思科学的客观性与价值意蕴时并未考虑政治因素和个人好恶，我们对世界的最重要贡献便是作出真正的科学发现。

Robert M. Solow

索　洛
美国麻省理工学院

技术是经济增长的先导

与本书中其他许多人不同，我不是生物学家、化学家或物理学家，而是一名经济学家，因而我的故事可能与他们有所不同。

20 世纪 30 年代经济大萧条时，我还是个高中生，毕业时适逢第二次世界大战爆发，其间我在部队服役三年。我们那一代的学生都清楚地记得，当时社会一片混乱，各种机制遭遇严峻的挑战。失业、专制和战争严重威胁着社会的稳定和国家的安全。这些问题似乎是相伴而来的。德国经济不景气导致希特勒上台和纳粹兴起，最终走向战争。这便是我年轻时候的亲身经历。

当面临大学主修专业的选择时，我毫不犹豫地选择了经济学，因为自己在内心深处一直想对 20 世纪 30 年代那场大萧条作出解释。同时，经济学能够定量、精确与合乎逻辑地思考问题，不仅仅是意识形态的灌输和巧言令色的辩护。当然，我也从未指望经济学会像生物学甚至物理学那样精确，我始终认为：在经济学中，审慎观察、清晰且定量地思考，并尽量不为偏见和私利所左右，是极为重要的。这一原则在经济学中的意义甚至可能超过科学领域，因为经济学缺乏实验的可行性，而私利的影响往往异常强烈。

后来，在完成学业并开始教学和研究之后，另外一些经济问题进入了我的视野。近几十年来，包括欧洲的一些贫穷国家都在精心制订长期经济发展计划，以求缩短与发达国家的收入差距。发达的富裕国家也普遍存在着一定数量的贫困人口，它们也在寻求帮助本国穷人稳定地脱贫致富之可能性。有鉴于此，我希望改进人们对长期经济发展、劳动生产率提高以及生活标准改善等问题的理解。虽然失业问题尚未彻底解决，但自第二次世界大战以来，至少已成功地避免了60年前那种全球经济的极度衰退。

对我来说，这是一项极好的选题，或至少是一个机会颇佳的选择。1956—1958年间，我找到了一种理解国家经济长期增长的方法。照此方法，可将劳动、资本、自然资源、技术同时纳入一个统一的框架之内。应当说，该框架能解释经济发展的大部分事实。直至50年后的今天，它仍被全世界的经济学家所使用，当然也在众多研究者的修正下更加完善了。

上述方法从就业率、机械化及其他相关资源入手，提出了一种分析国家经济增长历史数据的新路径。稍后，得出了一个颇为惊人的结论。我发现：人均产值和收入的提高并非如以往认为的那样主要来自机器、厂房等物质资本的增量，而是来自技术革新以及新技术劳动力所受教育水平的提高。这一发现甚至也适用于农业生产领域。事实上，引入新型机械设备的意义在于它是一种新技术的转化和应用，就是把图纸和计算机屏幕上的新设想引入实际生产过程中。在此，技术创新也包括生产组织方面的改进。以上所有结论均适用于那些正在走向工业化的国家；即使就相对贫穷的国家而言，用机械化代替繁重的体力劳动也是一项极为重要的任务。

关于长期经济增长的研究远未结束，也许永远都不会结束。这也体现了经济学（以及其他社会科学）与自然科学之间的差异。随着社会的发展、技术的进步，许多隐含的因果关系在不断改变着，因而经济学家的预测能力总是有限的。在此意义上，经济学本身必须不断反思其基本思想与假设。

人的生命都是有限的。在这有限的时光里，我们依然需要尽力理解就业、经济衰退和通货膨胀等问题。欧洲的失业率以往较美国低2~3个百分点，如今却高出美国2~3个百分点。当然，欧洲内部各国的状况也不尽相同。为什么会这样？包括我在内的许多经济学家都试图找到答案，并已就有关的基本事实及其意蕴达成了共识。然而，年年都有新证据，几年便会出现一些新思想；若干年后，总会有更完善的理论被提出。

E. C. G. Sudarshan

苏 达 山
美国得克萨斯大学

我对理论物理的贡献

我上初中时便讶异于几何学的美妙，上高中后很快掌握了解析几何学，之后又惊奇地发现，物理还可用数学来描述。我学会了计算单摆的周期和透镜的焦距，大学物理进而使我明白：数学能被用来理解物理学的各个方面。

数学之广泛应用成就了科学研究的种种有效手段。我的第一次研究是使用宇宙射线在摄影乳胶中的轨迹模型，并分析影响这些测量的随机噪声，来确定宇宙射线粒子的质量（我们确实做到了）。统计模型还被用来确定来自反质子湮灭的介子数量。

我对粒子物理学的第一次重大贡献是精确确定了 β 放射的形式。β 放射是一个过程，其中一个原子核的电荷增加了一个单位，同时会发射一个电子和一个中微子。尽管 α、β、γ 放射在二十世纪初就已为人所知，但正是我的博士研究在 1957 年确立了精确的定律（矢量-轴矢量形式），这无疑是那个十年中最重要的发现。当时我还不到 25 岁。

量子力学通常是针对孤立系统进行表述的。当系统受到外界干扰时，我们就会遇到随机过程的类似情况。1961 年，我给出了随机量子力学的表述。如今，这一理论与量子计算密切相关。有趣的是，这些结果自 1961 年以来已经被多次重新发现。

考察基本粒子的产生和消亡时，量子场论是一种典型而有效的数学模型。此模型与光的吸收和释放也有极密切的关系。不过更多时候，量子场论数学模型主要用于描述普通的波动光学。我在 1963 年的研究表明："光学等效理论"在大多数实际情况下具有严格的对应性。这项发现如今是量子力学的标准提法。我与克劳德（J. Klauder）合作，出版了一部关于量子光学的著作。

（经典的）放射性衰变定律是严格的指数型衰变。但在量子理论中，在极短时间内，衰变率本身会消失；因此，如果持续非常频繁地观察不稳定物体，它根本不会衰变！这一效应是由米斯拉（B. Misra）和我发现的，现在称作量子芝诺效应，它后来得到了实验验证。

量子态可以像普通波那样叠加。但当我们考虑双粒子态时，这种叠加可能会导致非局域关联，称为量子纠缠，由薛定谔首先提出，并由爱因斯坦、波多尔斯基和罗森重新发现。这些关联表现得好像信息可以瞬时传输，从而引发了现在所称的"量子隐形传态"（quantum teleportation）。我们一直在开发检测这种纠缠的方法，适用于各种类型的量子态。我们使用量子层析技术（quantum tomography），这是一种医学层析技术的改编版本。这个工作是与一位俄罗斯物理学家（V. I. Man'ko）和两位意大利物理学家（G. Marmo 和 F. Zaccaria）共同完成的。

回顾我的研究历程，令我感受至深的是物理世界能够通过数学模型来表述，凭借数学模型能够导出可被实验验证的推论。从投身科学起，我始终为数学和物理学的这种神奇关系所吸引和鼓舞。

Gerardus 't Hooft

特·胡夫特
荷兰乌得勒支大学

自然界的奇妙逻辑

  驾驭物理规律是我儿时的梦想。汽车、自行车、无线电都是深谙自然界运行机制的人发明的，他们为何做得到？我以为，要有所创造发明，必须练就一双洞悉自然奥秘的慧眼。就说轮子吧，它算得上一大奇迹。借助轮子，人能够减少在平面上运输重物的许多阻力，使移动变得更加容易。轮子多半是由某位不知名的创造者发明的，我真羡煞这位先贤！同时也很想知道，他是怎样做到这点的？要是轮子还没发明出来，凭我的聪明足以发明它吗？想来想去，觉得还是不太可能。

  诸如此类的想法不时在我年少的头脑中涌现，令我怦然心动。我想，世上还有许多未被发现、发明的事物，留给我的机会肯定少不了。比方说，并非所有的疾病都找到了治疗方法；引力无法被消除；

还没有人登上月球；原子内部据说存在着极大的相互作用力，但与此相关的众多"最小的粒子"尚未被很好了解；地球上曾生活过一些叫作恐龙的巨型怪兽。毫无疑问，还有很多未解之谜等待着我们去探索，而可能的话，我全都想发现。涉及自然规律的事情有个优点，那便是它们都崇尚客观公正。自然规律面前人人平等，任何权力都无法改变。这与人类社会的习惯、规则颇为不同，如说话要有礼貌，吃饭要用刀叉，为人要守规矩，而且应当上学，必须刷牙等等。凡此种种的社会规范，可能在没有任何征兆的情况下，一夜之间便遭更改乃至颠覆；自然规律却不然，它的客观性固有天成。再则，自然规律合乎逻辑，彼此间不会自相矛盾，这也是社会规范不能企及的。

年少时最值得庆幸的是遇上了几位好老师，他们引领我进入数学的殿堂。若要描述自然规律的话，数学无疑是最好的语言。与日常使用的语言相比，数学的特点和优点是显而易见的。数学描述确实之事，如 $\frac{1}{2}+\frac{1}{3}=\frac{5}{6}$，任何人无法改变。运用数学还可以描述数和几何图形的许多性质。构造一个三边之比为 3∶4∶5 的三角形，则其中必有一个角为直角，数学的重要作用在此不言而喻。我渴望揭示自然奥秘，因此必须学好数学。

我中学的许多朋友似乎不太关心这档子事，但我并没有任何动摇，我的数学成绩一直非常好。进入大学时，我自认为已掌握了不少物理知识，不过实际上仍有许多东西需要学习。借助于数学，运用起简单的机械运动定律来远比过去得心应手。关于原子，要学习的知识也很多。有一门反映微小粒子运动规律的课程叫"量子力学"，它所依赖的是更为复杂的数学。自然界庄严的逻辑深深地隐藏于数学化的物理中，其所蕴蓄的自然之美远超出我曾想象的程度。

确实，自然界有极多的奥秘等待我们去追寻，甚至直到今天仍有众多未解之谜召唤着每一位立志献身科学的研究者去探索。这是一项长期而艰巨的任务，需要动员最广泛的力量，不能仅仅依靠少数天才的灵感和聪明。

科学发现能令人衣带渐宽而终无悔意，它会使你乐此不疲、欲罢不能。科学发现无论大小，每一项都自有其迷人之处，有时甚至让你不敢相信自己的眼睛。例如，我通过数月研究提出了一个方程，它最终被认为能精确描述自然界中的几种基本相互作用，那可是我梦寐以求却不敢奢望的意外结果！事实上，当时我还没有彻底了解那一方程的逻辑含义。有时我会想，这么简单的一个表达式竟能如此完善地描述实在世界？现在我们知道，情况的确如此。

狄拉克也有类似经历。他使用纯逻辑的方法推导出一个关于电子的方程，却发现：根据他的方程，应当有反粒子存在，即存在着带正电荷而非负电荷的电子。从这一简单方程出发，狄拉克似乎不敢肯定地预言自然界有这样一种粒子，因此他认为，这可能是质子。然而，其特性与质子的性质又不符。于是狄拉克觉得，也许自己还没有完全理解相关的问题。可是后来在实验中确实找到了这种电子的反粒子，与狄拉克描述的完全一样。谈起此事时，狄拉克不无幽默地说："这个方程比他的提出者更聪明。"

我深知自己得助于机缘：有幸出生在一个重视好奇心、鼓励探索的环境中，而最幸运的是，曾有一批优秀的教师点拨我，又给我以种种机会。

当今世界已经发生了天翻地覆的巨变，其中绝大多数改变都源自新的科学发现。人们已登上月球，对构成原子的基本粒子及相关的作用力也了解得更多。然而，仍有许许多多的原理和规律等待着人们去发现。我们还无法上火星旅行，暂时也还无法光顾别的行星及其卫星。原子中的基本粒子还被我们迄今尚未完全知晓的更小物质控制着，它们兴许是弦、膜或其他更基本的单元。我们还不知道引力平方反比律与这些粒子是否有关。生物学家正在破解人类 DNA 密码，但仍有许多疾病无法治愈。同时，人类也还不能通过改良 DNA 密码或"改写"生物密码而创造目前尚不存在的微生物。我们的计算机内存芯片充其量不过才达到了该领域"石器时代"的水平。

聪明的年轻人将在未来解决上述问题。与遥远未来的智慧生物相比，我们目前几乎还处于"恐龙时代"。如果今天的孩子立志投身充满机遇的科学事业，完全可能成就一项项伟大的发现与创举。科学犹如跟自然界博弈，但规则并非由人制订。在探索自然奥秘的竞争中，只有最聪明者才可能赢得第一。仅仅数十年前，来自贫穷国家或家庭的孩子还被厚厚的"铁幕"及历史所阻隔，因此在发现的竞争中处于极其不利的地位。今天，这种状况已大为改观。几乎所有需要的东西都能在互联网上检索到。即使身处穷乡僻壤，只要有网络，你便可能获得众多世界一流研究机构的最新知识与数据。

Charles H. Townes

汤　　斯

美国加州大学伯克利分校

回眸激光诞生之初

人类从目睹第一道阳光起，一直习惯于把光看成自然之产物。即便如白炽灯也仍是发光源随机发射的结果。与此不同，激光是一种受激发射，其原理是：分子或原子系统释放的能量，其场分布和频率与激发辐射完全一致，从而与之保持同步的相位。该类型的电磁辐射具有若干特征。例如，大多数激光所产生的狭窄光束，可在经过了遥远的距离之后仍保持原有的强度和宽度。出于这一原因，狭窄的相干光束有着极广泛的应用。事实上，激光是经过受激辐射放大的，几乎能达到所需的任何强度。激光已广泛用于工业切割、金属和其他材料的焊接，以及高精度光学设备等方面。在医学上，激光作为手术"工具"，能够完成不少用其他方法无法实现的手术。又如，全息照相也与激光密切相关，所依据的原理为：通过捕捉激光照射下物体的波前图案，并对其进行重建，可以生成该物体的三维图像。此外，激光还为科学研究开辟了诸多全新的路径和应用领域。例如，各种各样的精密测量仪器，对晶体、化学反应和燃烧的研究，等离子物理学，以及超低温、通信等方面的研究。单束激光能在极短时间内产生比现今地球上所有电力都大的功率。激光束极其纤细、精密，因而能够丝毫无损地"抓住"和"移动"单个细胞。下面，借此机会对我自己在激光发明中所起的作用进行简要的介绍，并顺便谈谈对科学本身的认识和思考。

我做学生时兴趣颇为广泛，喜欢自然史、生物学、游泳、报纸编辑，还有足球；其他许多就不一一列举了。初次接触物理学后便为之倾倒，对物理的兴趣很快超过了其他爱好。后来，在加州理工学院获得物理博士学位，继而主要从事同位素分离和核自旋研究。

第二次世界大战期间，我作为贝尔实验室的研究人员从事过种种工作，如雷达导航和轰炸系统等相关研究。大约在此期间，我的兴趣转向了将雷达中的微波技术应用于光谱学方面的探索。我当时意识到，微波技术可能会成为探索原子和分子结构的新型有力工具，并可能成为掌控电磁波的新基础。这是一种自然而然的推理和联系。

后来，在哥伦比亚大学作为物理教授继续我的工作，特别关注的是微波与分子间的相互作用，还用微波谱分析过分子、原子及原子核的结构。1951 年，我提出了一个利用受激发射放大并产生电磁波的思路。数月后，我和助手开始研制一种以氨气作为活性介质的装置。三年以后，第一台装置圆满试制成功。我与学生把它命名为 maser，即"微波激射器"，由"受激辐射驱动的微波放大"（Microwave Amplification by Stimulated Emission of Radiation）的词首字母组合而成。1958 年，妻弟肖洛（A. Schawlow）和我从理论上证明：maser 能够扩展至可见光和红外谱段工作，并提出了在特定系统中实现这一可能性的思路。以上研究导致我们在一篇合写的论文中讨论了光学和红外激射器之可能性，此激射器或称 laser（Light Amplification by Stimulated Emission of Radiation，激光）。随后的故事想必许多人已知晓。

我对量子电子学和天文学的兴趣在麻省理工学院以及后来在加州大学伯克利分校任教期间得以继续。这些领域的问题至今仍是我研究的重要内容。科研活动令我深深感到，某一重要发现的意义往往广泛而深远，激光之发明及应用即一明证。今天，激光的用途之广、意义之大无疑是发明者和当时许多人未曾预料到的。事实上，科学的大规模发展乃是一种社会现象，取决于一大批科学家的相互协作和艰苦工作，同时也跟社会整体环境状况关系密切。我还一直认为，科学家的确是站在巨人肩上攻关。如果没有众多科学家广泛合作并在相互间慷慨地共享成果，个人之成就与力量便不可能融入科学事业的"大海"。科学家个人离开了整个人类知识的海洋与宝库，亦将孤掌难鸣、寸步难行。并且，为确保人类崇高目标的实现和维持科学的客观性，我们需要更加认真地对待非科学领域。在这些领域，即使犯了错误也难得有清晰明了的实验结果来帮助我们明辨是非。与此相比，科学殿堂的建设则向世人昭示了一种积跬步以致千里、踏实不懈求真知的成功历程。

激光也展示了科学发现与发明的另一面。诚然，激光的许多应用已广泛地造福于人类，但其负面作用不可掩盖。我们必须直面科学被滥用作毁灭人类工具的可能性。如果对这些问题视而不见、避而不谈，那就意味着漠视人类生命的丰富而深远的意义，也意味着放弃了寻求解除人类痛苦的努力。只要人有好奇心，就会继续作出新的发现和发明。无疑，人类的进步有赖于我们解决好诸如上述的问题。

Daniel C. Tsui

崔 琦

美国普林斯顿大学

好奇心成就了我

我的生活充满了旅行。童年是在中国河南的一个偏僻山村度过的，主要帮父亲照看庄稼。父母从未有机会学习读写；要是我继续留在家乡的话，多半也会步他们的后尘。为了能有机会念好书，我11岁时跟着一位远亲几经辗转到了香港。

在香港上的培正学校有许多杰出的老师，尤其教自然科学的那几位，是我最初的科学启蒙者。他们本该当上大学教授，可战争使他们背井离乡、流落香港，那时能在香港的中学谋份差使已经很不易了。让人钦佩的是，这些老师仍保持着令人称道的学术精神。社会的氛围极端商业化，老师们依然超越功利的诱惑，以增进人类知识为己任。不用刻意灌输，他们的言传身教便时时向学生展示着献身科学的崇高与乐趣。

我那时立志做一名医生，但考入台湾大学医学院后，发现无法得到全额奖学金，于是只好转入我受洗牧师的母校——美国奥古斯塔纳学院，主修数学。

杨振宁和李政道在1957年荣获诺贝尔奖，他们的突破令我深受鼓舞。两人当时都在芝加哥大学，我便选择了去芝加哥大学研究生院做实验物理方面的研究。年富力强的实验固体物理学家斯塔克（R. Stark）同意了我攻读博士的申请，我倍感兴奋。在斯塔克教授指导下，我接受了许多最基础的训练以及能力的培养——从工程绘图、焊接、机加工，到研制实验设备。

1968年离开芝加哥大学进入新泽西贝尔实验室从事固体物理研究，在这里，我开始了又一次"旅行"：离开我所熟悉的金属物理而进入当时颇为新奇的一个领域——如今称作半导体低温电子物理学。我在另外的作品里把这次专业转移描述为"游荡着进入了科学前沿"。至少对我来说，"科学发现"意味着：反复地做各种实验，跟贝尔实验室的同行讨论，一遍遍地思考相关理论，汲取各种新技术的长处，同他人合作研究。只有在实验证实了既有猜想并提供了更多信息的时候，我的研究思路和发现才会变得明晰可靠。

1998年，因为自己与施特默（H. Störmer）在1982年"发现了与强磁场作用的电子能够形成某些分数电荷的新型粒子"而获诺贝尔物理学奖。诺贝尔奖委员会对该项成果的描述为："他们发现了具有分数电荷激元的一种新型量子流体"。1982年，我们两人与理论家劳克林（R. Laughlin）分享了这一出乎意料又激动人心的结果。更值得高兴的是，拉夫林仅在一年后便提出了解释该现象的方程，因此他与我们同享诺贝尔奖的荣誉。

可以说，我的童年没有什么吸引人的科学故事，也没有灵感顿生的时刻。是好奇心成就了我！好奇心把我领进新的知识疆域。在科学的广阔天地里，我靠物理学实验不断理解新现象、作出新发现。如今我已在普林斯顿大学从教 20 年，也指导了不少学生。我始终认为，在仍有众多发现等待人去做的科学界，敏锐的洞察力和技术的进步无疑是成就事业的重要保证与前提。

Harold E. Varmus

瓦 默 斯
美国斯隆-凯特林癌症中心

战胜癌症的希望

与大多数有着成功科学生涯者不同，上中学时，我既没有为实验室生活所吸引，也没有更多地被令人惊叹的奥秘所打动。作为生长在纽约郊区小镇的孩子，我与周围年龄相仿的伙伴没有太大差别，无非是在校好好学习各门功课，喜欢运动和聚会。虽说是爱好运动，其实也并无特别的运动天分。另外还喜欢文学和政治学，显得好像比高中同学"更有学问些"。父亲是位很敬业的内科医生。或许是受他的影响，我也进入医学院学习。大学期间最令我激动的课程是英国文学，后来又一直担任院报编辑，因而从医学院毕业后，我改读文学方面的研究生。

念研究生期间开始重新审视自己以往对科学的看法，并对科学由观测自然现象得出结论进而应用于解决实际问题和改善公众生活的力量，有了更全面的认识。所以，我又转而回归医学。早先已学完了医科的前期课程，继续在医学上深造并非难事。其后我在纽约学医，通过实习培训对新的诊疗前景产生了浓厚兴趣，希望在细胞、分子和基因的水平上，弄懂癌症、感染性疾病、血液疾病等等。这些应归功于分子生物学的兴起和发展。于是，在美国国立卫生研究院开始了自己第一项真正的研究。与其他同行相比，我直至28岁才步入科学研究的殿堂，也可算"实迷途其未远，觉今是而昨非"。需要讲清楚的是，我未尝希望大家都以如此曲折的道路进入科学；只是想说明，闻道既晚，来者可追，大器未尝不可晚成。

在美国国立卫生研究院的实验研究中，探讨了葡萄糖、环AMP等小化学物如何改变控制细菌细胞新陈代谢的基因表达。由此，我从一名治病救人的内科医生迅速转向了在分子水平上研究生物系统的科学家。这是一次激动人心的转变，进而又使我满怀信心地完成了另一次转移：以相似的方法，探索正常细胞的癌变或病毒在动物细胞中的生长情况。

为此我进入加州大学旧金山分校医学院的一个实验室，主要研究病毒与癌症。我开始了一项历时廿多年的系列实验，探索一种致癌病毒（逆转录病毒）的繁殖，以及某些逆转录病毒如何改变细胞行为进而感染细胞和形成肿瘤的机制。按照这一思路，我和同事们发现：一种具有致癌性质的单一病毒基因来自正常动物细胞中的基因，并且这种源基因对于动物的正常发育至关重要。此发现是一个突破。后来，其他人以及我的进一步研究表明：不少人所称的"癌基因"的确存在，其中的许多与人类癌症有直接关系，即便在人体尚未遭受病毒侵袭的情况下也是这样。关于癌基因的诸多发现如今正深刻地影响着癌症的诊治和分类。同时，人们也找到了一些抑制癌基因产物的新疗法。可以说，当今人们对于在不远的将来战胜癌症所抱有的信心，很大程度上正是以我们关于癌症起源的最初研究为依据的。目前有些人开办了研究癌症、治疗癌症患者的中心，我对这些变化感到非常兴奋和欣慰。他们的工作再一次证明，我当初离开文学研究实属明智之举，尽管阅读小说和欣赏莎士比亚戏剧仍然带给我极大的快乐！

Rafael Vicuña

比库尼亚
智利天主教大学

回报丰厚的科学生活

我 1949 年春季生于智利的圣地亚哥。我的家庭在当地颇有声望，家族中曾有人担任过重要的政治、商业职务，也有亲戚在天主教会任职。在我之前，家族中没有出过科学家，所以能肯定地说：在献身科学研究这件事上，我没有受到过亲戚们的任何影响。也是为此缘故，我常常被视作家族里的"另类"。我对科学的热爱并非来自高中科学教师的激励，因为早在上高中前，我已立志要从事科学研究。只能说，我从记事以来就一直痴迷科学。如今，我还保留着儿时父亲在生日和圣诞节送给我的许多科学书籍。

我在智利最初学习的是生物化学，曾跟随科里（O. Cori）教授接受了初步的实验室训练。在学习科学的早期岁月，科里博士崇尚科学、严谨求实的人生观对我影响甚深。1974 年，我到纽约爱因斯坦学院从事博士研究，并分别于 1976 年和 1978 年获硕士和博士学位。在博士论文导师赫维茨（J. Hurwitz）教导下，我逐渐走上了从事科学所需的"批判理性"之路。1978 年 8 月，我受聘进入智利天主教大学生命科学系继续自己的研究。最初与一些 DNA 复制的研究者合作，在同我博士论文有关的课题上开展工作。我这一时期的主要贡献是：识别和表征了两种蛋白因子，这两种因子选择性地抑制来自 fX174 噬菌体的病毒 DNA 的复制机制，使之不能利用 fd、M13 等其他单链 DNA 噬菌体。此后又完善了自己在嗜热菌领域的研究，并与研究小组的同事们一道，表征了嗜热菌属限制修饰系统的酶，也探讨了这些细菌中的质粒。所探讨的若干质粒后来被相关研究者用作嗜热菌 DNA 转化系统的载体。在早期的研究中，我们还进一步分离和表征了嗜热菌的 DNA 聚合酶。随着 PCR 技术的不断进步，我们的相关论文广为同行们所引用。

1986 年得到了古根海姆奖学金，于是我有四个月的时间到威斯康星大学麦迪逊分校的基尔克博士小组"林业产品实验室"访问进修。柯克（K. Kirk）博士是木质素生物降解方面的国际权威，他的实验室研究令我大开眼界，也成为了我新研究计划的良好开端。该领域在当时还是块未开垦的处女地。一返回圣地亚哥，我便迫不及待地开始研究木质素相关芳香族化合物的细菌代谢。我在该领域的主要成就是：分类、鉴别和表征了能够代谢木质素之典型化合物的天然菌株；阐明了涉及新型代谢中间体的代谢途径；对安息香醛裂解酶进行了克隆、测序，并有所发现。到 20 世纪 90 年代初，我又决定转向真菌类研究，因为它们是自然界中最有效的木质素分解微生物。鉴于该领域的大多数研究小组都在探索真菌类的黄孢原毛平革菌，于是我选择了一种长在树上的担子菌类——白腐菌——作为研究对象。之后的研究表明：白腐菌的木质素降解系统由锰依赖的 MnP 和某种称作虫漆酶的含铜的苯酚氧化酶所组成。我们还找出了白腐菌降解木质素跟 MnP 和虫漆酶产物之间的关系。根据随真菌生长条件而不同的等电聚焦电泳模式，可将两种酶解释为同一个异构物家族的成员。基于各种 MnP 同功酶之氨基端测序，我们提出：白腐菌中存在着不止一种可编码此酶的基因。该假设后来为实验所证明。事实上，我们已经对编码 MnP 的四个基因以及编码虫漆酶的一个基因进行了测序。结果发现，这些基因的表达受金属调节。相关研究还表明：来自白腐菌的 MnP 对于 Mn（Ⅱ）并无严格要求。我们还证明，尽管白腐菌并不产生木质素过氧化物酶（Lip），但这种真菌中存在着 Lip 样基因。最终我们描述了该系统产生细胞外过氧化氢的一种新机制，它要求以 MnP 作为底物。其他真菌为这一目的分泌各种氧化酶，但在白腐菌培养基中，MnP 通过白腐菌所产生的氧化有机酸来生成过氧化物。MnP 在此反应中所遵循的机制既涉及以氧和碳为中心的基团之产生，也涉及过氧化物阴离子的生成。

  我的科学生涯得到了丰厚的回报。它使我无拘无束地践行着一个科学家探究自然奥秘的天职，也使我有机会跟杰出的同事和优秀的学生互动与交流。我曾在北美、欧洲和亚洲间频繁地旅行和访问。目前我有幸担任智利科学院名誉院长、罗马教皇科学院院士、拉丁美洲科学院院士，以及第三世界科学院院士。我闲暇时打高尔夫球，还对科学史和科学哲学研究情有独钟。

Klaus von Klitzing

冯·克利青
德国马克斯·普朗克固体物理研究所

超越自我的科学家

我生于二战行将结束的1943年，因而对那段严酷的岁月并无切身体验。之后的岁月正赶上经济高速发展、生活水平不断改善和提高的好时光。那同时也是一个国家及政治障碍逐步消除、国家关系日渐透明、联合国等国际组织有效地保障人权的时代。借助互联网，我们今天拥有了快捷、完善的全球信息系统和知识传播网络。作为一名科学家，我对人类的未来充满信心——只要我们能够抑制各国生活差距的扩大，改进全球教育体制，并使公众意愿得到自由表达。我认为，科学家对此负有崇高的责任与使命，因为科学的基本规律是普遍适用的，其逻辑结果没有给意识形态解释留下任何余地。萨拉姆创立的国际理论物理中心（ICTP）是科学国际化之美妙例证。我深信，只要有世界性的科学网络存在，全球范围内科学家的成长和国家的友好共存便充满着希望。

我的科学生涯可以说始于 7 岁那年，当时我通过帮父亲做一些简单的加法计算，挣到了一小笔零花钱。刚上学时，我被分在一个复式班，四个年龄组的孩子同在一间教室上课。这种通常认为不大合理的编班方式却给了我学习高年级课程的极好机会。老师发现了我在数学方面的才能后，常让我给年龄比我大的高年级同学讲解习题。

我起初幻想着上大学学习数学，但后来发现，物理学是应用数学解决实际问题的最理想科目。时至今日，我从未对自己的选择有过丝毫后悔，物理学一直是我最热爱的事业。读大学期间，激光研究方兴未艾，半导体行业已成了一个激动人心的新领域。利用假期，我在位于不伦瑞克的德国国家计量研究所下属的物理技术局找到了一份工作，那可是学习新物理与贴补读书开销一举两得的好机会。高精度测量是计量科学的主要特征之一；我经过实际锻炼，学会了许多严格的测量方法，例如金的熔点测定、晶体中原子间距的测定，以及高精度电阻校验方法。不过当时并未想到，打工经历对我后来发现量子霍尔效应会有极大帮助，而正是这项发现使我获得了 1985 年的诺贝尔物理学奖。在物理技术局的工作实践使我深刻意识到：电阻并非一成不变的恒定值，它会随导线温度及导线微观结构的差异而有所不同。长期以来，人们都试图找到一个不因地点、时间而异的恒定电阻值作为普遍适用的参照标准，但这一想法始终未能实现；而我在一次夜间实验中，却真的找到了。1980 年 2 月，一个偶然的现象导致了一种新型电阻的发现，这种电阻的阻值只取决于像电子电荷和普朗克常量之类最基本的物理学常量。经测定，该电阻值恒为 2 518.807 欧姆，如今被称作克利青常量。所发现的现象普遍存在于计算机的"硅场效应晶体管"之中。作为一名科学家，我能有机会为拓展人类知识略尽绵薄之力，真的感到是件非常幸运的事情。因为，知识是超越个人生命而永恒存在的！

Steven Weinberg

温 伯 格

美国得克萨斯大学

红色科迈罗轿车

1764年10月5日，大历史学家吉本在罗马主神殿的废墟中聆听赤脚僧人的薄暮颂祷时，心头涌起了描绘罗马帝国衰亡的设想。虽不敢说自己萌生物理学思想也如吉本那般灵光浮现，但我确是在马萨诸塞州（后文称"麻省"）的剑桥驾驶着红色科迈罗轿车驰向麻省理工学院物理系办公室的途中想到的。

那段日子感到非常疲倦。为方便妻子在哈佛法学院的学习，我已有一年未正常履行在加州大学伯克利分校的教授职责了。我们刚从剑桥一处租来的房子辗转到另一处，同时我不得不承担接送女儿上幼儿园，陪她散步、玩耍以及干各种家务活的"重任"。当然更重要的是，还得努力坚持做一名合格的理论物理学家。

同其他理论家一样，我用纸和笔对复杂现象给出简明扼要的解释，而将检验结论的工作留给实验物理学家。理论物理学让人有机会凭借数学不拘一格地解释自然，这使我一开始便为之吸引。前两年在理解把基本粒子束缚于原子核内的所谓强相互作用方面取得了进展，并且其中一些结论已被实验所验证，但如今它的某些内容显得有点不着边际。根据前年秋天设想的新的强力理论，存在着某种质量为零的高能粒子，可是实验上，这种粒子实际上相当重。显然，作出与已知事实相悖的预测是很难让同行信服的。

每当一筹莫展之际，坐在桌前不断地重复计算多半于事无补——你可能会沿着原有的思路一遍遍绕圈子。明智的做法是暂时把难题扔进脑后的"慢火炉"里，出去走走看看。也许当你坐在公园的长椅上，或看着女儿玩沙滩玩具时，"慢火炉"会顿生"火花"，使问题显露谜底。

上述问题在我头脑中"煎熬"了数周之后，在返回麻省理工学院的路上（以能够回忆的情形看，不晚于1967年10月2日），我突然意识到：我的那个理论根本没有错——答案是对的，却选错了所研究的问题！我用数学描述的并非强相互作用，而是与此颇为不同的弱相互作用——那是弱相互作用的漂亮表达式！弱相互作用或称弱力，见于太阳热核反应的最初阶段。自己的处理跟以往种种关于弱力的描述都不同，我突然看到了解决问题的光明之途。仔细思考后发现：曾使我极为困惑的无质量粒子与所测定的强相互作用重粒子毫无关系。无质量粒子乃是光子。此种组成光的粒子能够解释电磁力，且其质量的确为零。我意识到：自己思虑许久的设想不仅可用以理解弱相互作用，还能将弱相互作用与电磁相互作用统一为通常所言的"电弱相互作用理论"。确实，那就是当时物理学家期冀作出的发现——将貌似不同的事物视作某一共同现象，并在其中找出共同的成因。弱力与电磁力的统一似乎还未在医学或技术上找到实际应用；如果实现这种应用的话，将使人类数个世纪以来寻求以简单有效的定律描述自然界之努力迈出一大步。

不知怎地，就在为自己的发现心醉神迷的同时，居然还安全地驾车到达了办公室。我立刻开始分析该理论的各个细节。以前无从下手、反复兜圈子的地方如今豁然开朗，变得很容易处理了。两周后，向《物理评论快报》寄出了一篇论及电弱理论的短文。

1971 年，该理论的自洽性得到了证明；由该理论预言的新效应又在 1973 年得到了实验室证实。到 1978 年，弥足珍贵的是：对有关效应的测量与理论预言完全一致。1979 年，我与格拉肖（S. Glashow）、萨拉姆（A. Salam）因各自独立地在电弱理论方面的贡献而分享了诺贝尔奖。另外还得悉，自己写于 1967 年 10 月的那篇论文已成为基本粒子物理学史上被引用最多的论文之一。

我一直保留着那辆红色科迈罗轿车，它经历了麻省许多年的风霜雨雪。回想起来，它从未带我"走"得像发现电弱理论时"那么远"！

Mariana Weissmann

韦 斯 曼
阿根廷国家原子能委员会

一位拉美女物理学家的回忆

回忆往事，我最想说的是：能够凭借自己所热爱的工作谋生，实乃人生之一大幸事！这份幸运首先来自我的祖国和家庭：阿根廷的大学从不歧视女性，我又生在一个崇尚教育的中产阶级家庭。接下来的好运是进入了正值鼎盛时期的布宜诺斯艾利斯大学。事实上，20世纪60年代的众多发展中国家对于通过教育和科学来提升国力及人民生活水平寄予厚望。或许正是这种世界性的期待，促使萨拉姆（A. Salam）创建了国际理论物理中心（ICTP），以便为发达国家与发展中国家的物理学家提供一个交流的平台。

我选择以科学为业或许是因为我喜欢抽象思维。从中学时代起，我就一直擅长理论思考，并充满好奇心。然而，我从未想过自己的这种兴趣会持续多久，也没打算以后做一名理论物理学家。只是在许多年之后才意识到：物理学一直是我生活中不可或缺的重要部分。在今天即将退休之际，我发现周遭的一切——小说、电影和戏剧，等等——都时时会将我的思绪带回从前，带回那难忘的过去。兴许这是某种"似曾相识效应"吧！不过，如今的物理学期刊时常会提出一些令人惊异的新思想，讨论的都是我闻所未闻的事情。

拉美科学家的生活充实而丰富，往往都有些传奇故事。他们中许多人经常从一个国家转移到另一个国家。一些人选择居留于美国或西欧，在那里找到了永久性工作；但大多数人仍然留在了拉美地区，并在拉美的若干个国家生活过——有时是为了躲避政治迫害，但多数时候与执政者的胡作非为有关。过去30年间，很少有执政者能真正理解科学研究的价值。他们不明白创立一个研究小组需要长时间的努力，而破坏它则是顷刻间的事情。萨拉姆看到了这一问题的重要性，而且在许多地点和场合反复呼吁，但往往知音甚少。

我个人的游历过程亦颇不平坦。先是受布宜诺斯艾利斯大学奖学金资助，到加州理工学院做研究生，归国后向该大学提交了博士学位论文，之后在该校成立的气象学系任助理教授。我讲授大气物理课程，并与云层催化实验小组合作，以减少葡萄酒产区降冰雹的概率。我的研究工作侧重于理论分析，包括水、冰以及碘化银溶液性质的探寻，为此使用了拉丁美洲最早配置的"水星"计算机。这台机子是英国生产的庞然大物，由许许多多阀门组成，我们称之为"小柑橘"，仅预热就需要整整一上午，因此只能在下午和晚上使用。学校的教授和研究生挨次序等候上机，他们都为能用上这么现代化的装备而自豪。

1966年，军事政变波及大学，约有一千多名教师被解雇，其中包括许多科学家。快乐的日子倏然离去，留下的是一片惘然。拉丁美洲曾拥有的计算机科学领先地位自此丧失殆尽，直到今天仍未恢复元气。我接受了到美国做博士后研究的邀请,后来又去世界最南端的智利大学任职。接下来的四年内一直生活在圣地亚哥,直至皮诺切特军事政变的前一年,即1972年才离开。我与智利同行建立了良好的合作关系和真诚的友谊,至今都彼此保持着密切的接触和联系。在智利那段时期,我们从来自莫斯科的托尔马乔夫(V. Tolmachev)教授那里学到了很多新东西,正是他教会了我们使用费曼图研究原子物理和固体物理。我们在那个年代培养的学生如今已有许多成了智利杰出的物理学家。

返回布宜诺斯艾利斯之后,受聘担任国家研究委员会的研究员,自那时起一直在布宜诺斯艾利斯原子能委员会实验室工作。只是在1979—1981年间,因赴委内瑞拉的玻利瓦尔大学讲学而离开过一段时间。我过去30年的研究主要涉及材料性质中的无序与非周期性。具体而言,所研究的问题包括:无定形和不相容固体、表面、分子簇和大分子,同时也研究某些特定的材料,如半导体、高温超导体、磁性多层材料以及富勒烯。先是与我的导师科安(N. Cohan)教授合作,1985年后与布宜诺斯艾利斯大学的不少博士生合作开展研究。他们各人的探索重点有所不同,或开发计算机代码,或借助近年来的标准代码。我为自己的学生倍感骄傲和自豪。他们每一个人如今都活跃在阿根廷或欧洲,都是有所成就的物理学家,而且我们至今联系紧密。

ICTP在我的科学生涯中曾发挥过重要作用,我先担任该中心研究员,后来担任高级研究员。在这里,我有机会与许多更有经验的同行切磋交流,同时也能更好地把握学科的前沿和走向,从而更有效地指导研究生。马奇(N. March)教授主持固体物理小组讨论时的情景我至今记忆犹新。当陈述物理问题时,他总是非常耐心地倾听我们每一个人的讲话。ICTP还是一个广交朋友,学习和了解物理学在不同国度中之相似与不同的场所。我由衷地感谢和钦佩萨拉姆教授创立该中心的良苦用心和博大情怀。ICTP 从未强迫其成员参加任何活动，每一位参加者可以自由地选择感兴趣的东西。我还清楚地记得，一些人刚到中心时只是帮他们的图书馆复印资料，但后来他们逐渐投入到了有意义的研究工作之中，以后又源源不断地将其学生送到 ICTP 进修。

庆祝这样一个慷慨崇高机构的 40 周年生日，无疑是一件令人欣喜的事情。事实上，ICTP 如今的作用丝毫不亚于其成立之初。全球化只是增加了发达国家与发展中国家的距离，因此我真诚地希望 ICTP 在未来的岁月里秉承其创立时的宗旨，再创新的丰功伟绩。

Frank Wilczek

维尔切克
美国麻省理工学院

享受科学的美妙自由

我与科学共同体的接触远在正式从事科学研究之前，或许有些事情似乎在出生之前便已发生。

我父母的双亲都是一战结束后从欧洲到美国的，当时他们都还只是十来岁的孩子。祖父母来自波兰的华沙附近，外祖父母来自意大利那不勒斯旁边的一个地方。祖辈们赤手空拳来到美国，当时连英语都不会说。我祖父是木匠，外祖父是泥瓦匠，父母于1926年生在长岛，后来一直居住在那里。我生于1950年，在一个叫作"橡树谷"的地方长大。这地方位于皇后区的西北角，几乎已属纽约市的地界。

我喜欢各种各样的猜谜、游戏和稀奇事情。儿时的记忆包括上小学前自己经常会"研究"一些问题。刚刚认识钞票时，花了许多时间反复尝试着交换不同面值的钱币，如便士、镍币和一角硬币，希望找到某些规律性的东西。还有一项游戏是在有限步骤内得到一个非常大的数。我发现了一种简单的求幂和递归公式，借此能找到一些很大的数。这种计算使我感到极为有趣，同时也切身体会了数学的力量。

意识到自己的天性后，我想自己无论如何应当从事某种"智力性"工作，而一些特定的环境因素进一步加强了我献身于理论物理的信心和决心。

父母的青少年时代是在经济大萧条中度过的，他们各自的家庭始终都在为生存苦苦挣扎。那番经历对他们待人接物、思考问题的方式影响甚深，也很明显地表现在对我的期望和培养上。他们极其重视我的教育，而且很明白技术训练对于谋生的重要性。听说我在学校做得很好，他们会由衷地兴奋和快乐。父母希望我成为医生或工程师。就在我逐渐长大的同时，在一家电子公司工作的父亲也在上夜校。因此，我们小小的住房中到处堆放着老式收音机、电视机和他的学习用书。此时正值冷战，空间探索是一项令人向往的新事业，核战争的威胁则使人惊惧，两个话题频繁出现于报纸、电影和电视上。在学校，我们还定期参加防空演习。所有这一切都给我留下了深刻印象。我感到，似乎存在某种秘密的知识，人们一旦掌握之，便可让思维以神奇的方式控制世界。

影响我思想的另一个重要因素是宗教。我生长在一个天主教家庭中。我也喜欢这样的说法，即世界的存在有赖于某种伟大而隐秘的设计。之后由于罗素作品的影响以及对科学更深入的理解，我对传统宗教失去了兴趣。我后来所从事的物理学研究在一定意义上不妨看作是为了重新找回失去的目标和人生意义。

进入公立皇后中学后，幸运地遇到了几位优秀的老师。我所在的学校学生很多，于是他们有机会承担一些"提高班"的教学。高中时，学校设立了多个20人左右的重点教学班，这些班级间既相互竞争，又相互支持。重点班的学生至少有一半后来成了科学家和医生。

带着与同学们相似的宏伟理想,我踌躇满志地进入了芝加哥大学。起初对脑科学有些兴趣,却很快发现,脑科学的核心问题不大需要数学知识;我则擅长数学,却缺乏实验方面的技巧。我有些"贪心"地选修了许多课程,但主要兴趣仍在数学上,因为能从数学中感受到一种前所未有的真正自由。在芝加哥大学的最后一学期选听了弗罗因德(P. Freund)关于物理学中对称性和群论的课程。他是一位热情而富于启发力的老师,我对他所讲的内容有一种本能的共鸣。之后进入普林斯顿大学数学系做研究生,同时依然密切关注着物理学的进展。我意识到,数学对称性的深刻思想正成为物理学的前沿阵地,特别是在电弱相互作用的规范理论和威尔逊相变理论的标度对称性方面。我开始与一位名叫格罗斯(D. Gross)的年轻教授讨论交流。在一定意义上,也可以说我的物理学研究生涯由此起步了。

我物理生涯的早期成果是提出有关强相互作用的方程。强相互作用或称强力,是把原子核结合在一起的力。我的方程定义了如今称作量子色动力学的理论,并由此预言了某些新型粒子存在的可能性。例如,所预言的胶子后来便被实验证明确实存在。量子色动力学依据的是规范对称原理,我们使用标度对称性求解其方程。我当时的兴奋可想而知。作为一名研究生,提出了一种可能对基础物理学产生重大影响的精确理论,那是何等的幸运!我继续研究和推广了这一思想,并深信它有着光辉的发展前景。

Edward Witten

威　滕
美国普林斯顿高等研究院

我的回忆

记得很小的时候，自己最感兴趣的是算术，此后不久又喜欢上了天文学。我7岁时，苏联发射了第一颗人造地球卫星。那个年代，周围所有的人都在激动地谈论着太空探索。在此氛围下，我的理想是做一名天文学家。然而当长大以后，却害怕天文学家要在太空工作，又不能肯定这是否安全。回想起来，我实在是杞人忧天！40年后的今天，天文卫星早已广泛应用于科学研究，但几乎所有的天文学家都依然安全地在地球上做着他们的研究。

9岁时父母送了我一架望远镜（三英寸的反射镜），有一次我用这架望远镜真的看见了土星环——当然，也仅仅那么一次。孩提时代对用望远镜很难观察土星颇觉奇怪。事实上，当土星高悬天空之际（每年总有几个月会如此），好的望远镜还是能够穿过光怪陆离的夜空，让我们略窥其"芳容"。

11岁时接触到了微积分，一下子就喜欢上了这门激动人心的学科。后来很长一段时间，我梦想着成为一名数学家。由于当时的教育理念反对儿童过早涉及太深奥的知识，因此若干年后我才真正开始学习高等数学。受此风气影响，我曾天真地以为数学不过尔尔，并因其缺乏挑战性而一度影响了学习热情。

就这样，我的科学兴趣几经变易；从一个10来岁的娃娃直至21岁献身物理学，我考虑过许多学科，其中包括大学时读的历史、语言学以及经济学。我觉得，或许只有物理学和数学的挑战性才能激发我的热情，充分发挥我的天赋。

另一方面，促使我最终选择物理学而非数学，多少有点出之偶然。有一次在图书馆借了一些物理学、数学方面的书籍，阅读过程中发现物理书写得比数学书更具有可读性，便决定学习物理。回想起来，这一选择颇为明智。

我时常在想，要是我生长在别的环境中，情况又会如何？无论怎样，我有幸得到了学习数学和科学的极好机会，从中收获了丰硕的果实；其间纵然也经历过一些曲折，但同另外许多年轻人相比，我无疑是极其幸运的。此番幸运应当归功于美国灵活务实的教育制度——它使我直至21岁时仍然可能选择做一名科学家。就此而论，虽然一些国家能够提供优越的数学、科学教育，可是相对僵硬的体制多半会使如我这样到21岁才决定献身物理者失去选择的可能。当然，如果我生长于那些国家的话，也许一开始就会被纳入数学或物理学专业，而无须像在美国这般周折。不过，缺乏主动的选择，未必是一件好事。

1973年，我进入普林斯顿大学研究生院学习应用数学。由于课程设置灵活宽松，因而我在集中学习数学的同时，还广泛涉猎了科学的各个领域。一年后转入物理系，主修粒子物理学。当时，描述粒子相互作用的标准模型刚刚问世，我还很难理解它。1974 年秋季发现的 J/ψ 共振，可谓建立标准模型的里程碑。若标准模型不曾出现，也许我会成为一名粒子唯象学家，借助实验证据来解释物理现象。很大程度上，我便是如此开始自己物理学生涯的。我的博士论文就是针对深度非弹性光子-光子散射展开的。

由于标准模型的出现，当时还是一名年轻学生的我便开始思考另一颇为不同的问题，它要求理解量子色动力学，并解释其中诸如"夸克禁闭"之类令人惊异的性质。很遗憾，虽然人们似乎已洞悉其神奇——并且我也有所贡献，但在很大程度上许多问题依然扑朔迷离。之后，人们进行了拓展规范场论的各种尝试，形成了不少富于启发性的思路。我逐渐迷上了规范场论，并对相关问题产生了浓厚兴趣。起初我跟其他物理学家一样，没有意识到规范场论与微分几何的密切关系。不久，我注意到了这种联系。我发现，两者联系的某些内容可应用于量子色动力学等物理学理论，另一些内容本身便蕴含着深刻而令人惊异的数学意义。在哈佛大学做博士后期间，研究出现了重大转折。科尔曼（S. Coleman）向我介绍了施瓦茨（A. Schwarz）应用阿蒂亚-辛格指标定理（此前我从不知晓该定理）阐释狄拉克算子的工作。如大家所知，狄拉克算子在特·胡夫特（G. 't Hooft）关于量子色动力学 U(1) 问题的工作中占据重要地位。

在量子色动力学研究过程中还得知：存在着某种被称作弦理论的物理体系。大约在 1975 年初，我的导师格罗斯（D. Gross）建议我阅读特·胡夫特关于强相互作用平面图展开的一篇论文。特·胡夫特以某种全新的方式指出：有着 N 种"色"的量子色动力学，等效于具有 1/N 弦耦合常数的弦理论。从那时起，越来越多的迹象表明：这一思路是正确的，但至今仍未有满意的结论。可以说，规范场论的 1/N 展开成了我后来思考的主要问题——虽然回报有限，但一直在坚持。事实上，我的选择并非心血来潮，而是随着对弦理论不断深入的理解逐渐坚定信心的。当施瓦茨和格林复活了弦理论，并获得巨大成功以后，我的目标也更加明确——统一粒子相互作用的弦理论。这是一次雄心勃勃而又充满希望的探索之旅。

大约 20 年前，我所崇敬的一位资深物理学家告诉我：功成名就且年事已高的科学家要保持科学活力，关键在于能够毫不矜持地研究别人提出的问题。他还给我举出了一些在这方面做得较好和不好的例证。如今我也 50 岁了，也到了需要心平气和地听取别人意见的时候了。

Shing-Tung Yau

丘成桐
美国哈佛大学

我学习数学的经历

我上小学并未显示出超乎常人的数学天赋，并且常常得去做一些不大感兴趣的事情。在 13 岁那年，情况发生了改变。平面几何的简洁优雅令我怦然心动：从简单的公理可以推导出美妙而复杂的定理。于是，我兴致勃勃地开始自己推导几何定理，还尝试着提出一些有趣的结论，试图根据基本公理证明之。

那些年通过"站书店"看了不少书，因为当时图书馆的藏书都很有限。广泛的阅读使我获得了许多同学甚至老师都不知晓的信息，让我感到非常自豪，欣喜自己掌握了朋友们都没有的"秘密武器"——更多的新知识。

我至今还记得当年的一道尺规作图题。用了半年多时间寻找可能的做法，但都失败了。一直自以为擅长解决此类问题，这次却迟迟找不到答案，所以颇感沮丧。最后，从一位日本数学家的著作中得知：仅用尺规，该问题无解。而由于这一论述并非关于三等分角不可能性的标准表述，因此我的老师对此并不了解。不过，这类问题的代数解很容易求得。由此我对于用代数解决传统平面几何难题之"威力"感受甚深。

以上经历也让我尝到了阅读课外参考书的甜头。其实我所上高中的数学师资力量很强，但超越课本的大量阅读对我日后的发展起到了更重要的作用。面对一些很难懂的数学书，我总是锲而不舍地反复阅读，从中获益匪浅。当然，完全凭自学掌握课堂之外的广泛知识并非易事，许多书我至少要读三遍以上才能理解个大概。代价虽大，所学的知识却非常有用。

我逐渐能有效地消化所学内容了。更觉欣喜的是，当后来需要运用某些概念去理解新问题时，以往所学常会蓦然浮现，令人茅塞顿开。在以后的研究生涯中，这种感觉曾经一而再、再而三地重现过。

上述经历也使我明白了一个道理：长期沉浸于自己钟爱的领域，虽然未必会有立竿见影的回报，但那种润物无声的渗透与潜移默化的熏陶，无时不在影响着科学研究。另一方面，因为以往一直认为数学是极严格的学科，故而当发现并非一切数学皆有平面几何那样高的公理化程度后，曾经心灰意冷。进入大学后，我知道了"戴德金分割"和其他相关的构造规则，并逐渐懂得欣赏数学系统之美。

我从未对数学的逻辑性感到惊奇，但数学优美无比的简约与强韧却令我动容。正因为如此，我将自己一生毫无保留地奉献给了数学研究。实际上，寻求科学中令人心醉的美妙感受，恰恰是许多研究者最真实的驱动力。我想，真正优秀的学生一定会感受到科学独具的魅力。

在香港读书期间，我缺乏第一流数学家的指导。1969 年进入加州大学伯克利分校后，情况发生了根本改变。在这里，我的"数学品味"实现了质的飞跃。诚所谓"近朱者赤、近墨者黑"，科学家的素质和见识亦与周遭之人的影响息息相关。譬如鱼之于水：鱼在沟渠抑或江海，其眼界、其景象自然大异。因此我深信，与伟大的科学家相识相知是年轻才俊跻身一流的重要保证。或许也有例外，但多数时候是"大科学家造就了大科学家"。对我而言，只要有机会，总是尽可能去听第一流科学家的演讲。

以上是我个人的一些经历和感悟。想说的是，虽然我的智力与大多数学生相仿，但我找到了一条能够成就自己的幸运之路。

James A. Yorke

约　　克
美国马里兰大学

阅读是最好的老师

多少有点令人惊奇，某些思想会紧紧抓住人们的注意力，影响人们一生。生活中常有这样的情形：一些貌似平常的事可能导致重大的生活转折。我以为，人的智力活动也存在着类似的情况。以下是我个人的一点切身感受。

小时候，我们全家约莫每年都要去一趟纽约。在我印象中，那是一座建筑物都呈烟灰色的城市。9岁那年，一家人参观了地处纽约的美国自然历史博物馆。在恢宏的展览大厅里陈列着巨型恐龙骨架、奇异的化石，以及反映古代人类文化的各种展品。我对这些东西都很感兴趣，而最神往的是展示太阳系运行的天文馆。馆内安放着一块巨大的小行星样本，表面如玻璃般透明，却又布满了与大气高速摩擦"烧"出来的点点斑驳。在馆内的另一处展区可以称量自己在不同星球上的体重。比如，一个在地球上体重 100 磅的男孩，在木星上 200 磅，在火星上 38 磅，而在月球表面只有 16 磅。模拟太阳系运行的模型则显示绕日运转的外层行星较内层行星的速度要慢许多，而绕行星运转的卫星速度则要快些。

  回想起来，那些描述宇宙太空的作品叫我内心震撼，天文学一度成了我最喜爱的学科。读光了手头的相关书籍之后，便开始利用业余时间到图书馆查询和阅读有关太阳系及行星的作品。我学到了许多知识，例如知道了关于火星的许多事实：一火星年有多少天；火星的黑夜非常寒冷；火星表面几乎不存在任何空气；火星的一天比地球的一日长 37 分钟；火星有两个"小月亮"；火星的自转轴线倾斜 24°，几乎与地球相同。我也知道：木星自转速度很快（一天仅有 10 小时），因此过木星赤道的直径较过极轴的直径要大 10%；木星厚厚的大气层几乎全是氢和氦；等等。我对这些数据的熟悉程度就像其他孩子如数家珍般谈论他们喜爱的球队一样。许多阅读内容至今依然记忆犹新。平心而论，一个 9 岁孩子对天文学的热爱大致也只能走这么远了。当时甚至还没学过开普勒定理，不懂得行星的一年正比于它和太阳距离的 $\frac{3}{2}$ 次方。

  随着岁月的流逝，对诸多天文学现象的认识也日益加深。我知道书本上的那些照片要用帕洛马山上 200 英寸反射式望远镜进行长期追踪拍摄，而自己完全没有兴趣用小型望远镜去观察恒星、行星。甚至在许多年后上高中时，我也很少有兴趣做那些采用过分简陋仪器设备的实验，因为它们事实上很难称作严格意义上的科学实验。我的同龄人则不然，他们觉得这类实验非常有趣。可在我看，那种演示性实验不过是隔靴搔痒式的"花拳绣腿"。类似的种种经历表明，可能我生来便注定成不了实验家。

直到 1951 年，关于太阳系的事实足够多了以后，我的兴趣才又发生转移。我 10 岁时喜欢上了科幻小说，并跟随书中人物遨游太空，感受时空转移之神奇。太空英雄布拉德舰长及其机组成员与可恶的太空海盗展开殊死搏战。另一些书中描述了爆发的超新星和被奴役压迫的行星。我阅读的许多类似作品都有一定科学依据，不过其中大多数故事都违反光速极限的宇宙规则，即世间万物均不可能以超光速运行。不管怎么说，科幻作品向我们展示的激动人心的探险历程和带给我们的充满刺激的娱乐，体现了人类对太空的向往，以及对"新文明"的渴望与洞察。

受那些书籍的濡染，我对天文学至今仍"一往情深"。另外一些非技术性的作品则对我更深刻地理解科学和数学产生了重要影响。可以说，阅读对我思维的影响远胜于课堂。在高中毕业进入大学以及后来念研究生的一系列经历中，这点得到了反复、充分的验证。事实上，阅读的快慢可以自己控制，听课却必须跟上老师的节奏，否则便会被抛在教学进度之后。老师写在黑板上的内容再详细，也不过是对既有事物的理解，缺乏个性化的把握和说明。因此，我一直喜欢真正好的作品。

平心而论，我的导师并非现实中活生生的老师或者所遇见的其他什么人。我学习和研究的真正指导者是优秀作品的作者或其中的重要人物。贝尔（E. T. Bell）在《数学大师》一书中介绍了众多杰出数学家的成就与思想。像介绍爱因斯坦思想的书籍便是我最喜欢的"导师"之一，我时常为爱因斯坦推翻牛顿物理学的勇气所鼓舞。我极为折服：他把关于光的波动性的反思作为他"科学革命"的切入点和基本前提。大约同一年（1905 年），他在论述光电效应的著作中指出，光在一定意义上可被视作离散粒子。爱因斯坦因此获得了诺贝尔奖，他的成果后来成了量子力学的重要基础。同时，他对其他领域的热心和关注同样应成为我效法的榜样。（不过，我的水平显然无法与爱因斯坦比拟。）

高中时，我特别崇拜数学家维纳（N. Wiener），阅读了他撰写的所有非专业书籍，其中包括两卷本的自传以及关于控制论和热力学的通俗作品。特别要提一提，他描述的能够逆转熵的"麦克斯韦妖"让我眼界大开并深受启发。19 世纪后期，麦克斯韦设想：有一小妖站在连通两个气室的小门处观察分子的进出情况。当从左面过来一个运动较快的分子时，小妖开门让其进入右侧气室；当从右面过来一个运动较慢的分子时，小妖开门让其进入左侧气室。如此反复，右侧气室的温度将逐渐高于左侧气室。此过程能够实现的话，便可在不消耗更多能量的情况下产生可资利用的能量。而事实上，小妖通过阻隔分子所获得的能量必然同它观察分子时所消耗的能量一样多。量子力学诞生前，试图理解小妖为何不能创造可用的能量是个极其复杂的问题。

进入大学前的那个夏天，一位教授对我说，如果能事先读完他推荐的两本数学书，其中包括由豪尔莫什（P. Halmos）撰写的《有限维矢量空间》，我便可在入学后直接修读高级课程。于是在每天往返于住地和打工的肺结核医院的通勤车上抓紧时间学习，读了整整一个夏天！虽然颇为辛苦，我却心无旁骛、乐此不疲。我发现，阅读专业书籍可以培养一种与时俱进的学习能力。奇怪的是，我们在课堂上不遗余力地强调科学学习，却不培养良好的阅读习惯。其实，学生毕业后不通过进一步自学继续提升水平，便很难确保知识和智力的持续增长。在此意义上，书籍是我们的终生伴侣。

Ahmed H. Zewail

泽 韦 尔
美国加州理工学院

一切皆有可能

我生于尼罗河支流罗塞塔河畔的达曼胡尔，该地是传说中的古埃及太阳神之城，距亚历山大城仅60公里。能在这两个神圣之城的腹地度过童年时光，想来真是件非常幸运的事情——在罗塞塔有著名的石碑遗迹，而亚历山大城是古代学术的家园。我家共有姐弟四人，我是唯一的男孩。我父母和蔼可亲，一家人其乐融融。父亲热爱生活、乐于助人，深受当地人热爱和尊敬。他为政府工作，同时也有自己的产业。母亲性格平和、知足常乐，具有良好的教养和修养。她把一生都用在了照顾家庭和孩子上面，特别是为我操劳甚多。母亲以其聪慧和奉献哺育了我，使我能够健康成长。因而，我们的家庭虽不大，但"泽韦尔一家"在达曼胡尔颇为知名。

长辈们都希望我在国外念大学、读博士，然后回国当大学教授。

小的时候，我书房门上便贴着"博士"的字样，尽管那时离博士还甚为遥远。父亲在有生之年看到了我荣归故里，但伯伯却未能等到这一天。里兹卡伯伯对我童年的生活、学习以及志向的形成影响至深。我从他那里学习了一种批判性分析的思考方式。他教会我欣赏音乐，还特别注重培养我的综合素质和人文情怀。里兹卡以其渊博的学识、高尚的人格、良好的经济状况和严谨自律的作风，赢得了广泛尊重。在文化方面，我的兴趣逐渐转向阅读、音乐、运动和玩双陆棋等方面。当年最伟大的歌唱家库勒苏姆（Um Kulthum，其真名是埃拉萨阿卡——一位东方超级明星）对我欣赏音乐起过很大作用。不论过去还是现在，阅读一直是我真正的快乐源泉。

同许多男孩子一样，我更喜欢物理科学，并从数学、力学和化学中获得了极大的满足和乐趣。社会科学不大能吸引我，因为它的许多课程似乎更强调"死记硬背"，我则喜欢不断地追问"为什么"和"怎么样"。可以说，这是从小养成的一种习惯。直至今天还清楚地记得十多岁时解题带给我的惊喜，而汽车上下坡时的奇妙力学问题也常让我"流连忘返"。尽管化学也需要记忆，我却被"化学中的数学"所深深吸引。我发现，化学提供了某种我想要知道和能够理解的实验现象与思考路径。在卧室里，我用母亲煮阿拉伯咖啡的炉子和几根玻璃管，研究木材如何变为可燃的气态、液态物。当时的情景至今历历在目，不仅由于那是我最早的科学实验，而且因为那次尝试差点儿把我家的房子烧成灰烬。我一直有些不明白的是，小小年纪的我当初何以那般迷恋科学。

高中毕业后，我申请进入大学深造。埃及当时的选拔机制是：申请者首先向相应的政府部门提出申请，然后根据所填志愿和中学成绩被分配到不同的大学就读。在20世纪60年代，最热门的专业主要分布于工程、医学、制药和科学领域。我虽未在填报志愿方面多费心思，但还是如愿进了亚历山大大学科学系。事实上，当时如果分配我去其他系，我想自己也会服从的。

我的科学激情在伯伯陪我第一次走进玛哈雷姆贝克校园时一下子迸发了出来。在切身体验到大学的伟大与神圣气氛后，我突然热泪盈眶、激动不已，大学四年的优异成绩正是这种情感的最好证明。之后，我以学校的最高荣誉——优等成绩奖获得者的身份——顺利地毕业。此项奖励使我每月可获得13埃及镑的生活补贴，而当时研究生每月的津贴也才17埃及镑。

获得科学学士学位后，我受聘留校任助教，任务是帮助硕士、博士们开展科学研究，后来还为大学生讲课。尽管助教只是由院系自行聘任的临时职位，我仍然努力为教授做好辅助教学工作，帮助学生更好地"消化"教授讲课的内容。这些活动使我充分感受到以简洁明了的方式阐释科学原理的乐趣。我先后教过500多名学生，他们的积极评价更令我感受到教学工作的美好。作为一名21岁的助教，我深信每一现象的背后一定存在着简洁美妙的规律。可以说，这一信念始终贯穿于我的整个科学生涯。就研究而言，我用了约八个月的时间完成了科学硕士教育，并准备到国外攻读博士学位。然而，去美国的申请一再节外生枝。首先，我没有任何海外关系；其次，当时1967年中东战争刚刚结束，美国在埃及的形象极其恶劣，大多数出国求学的人都前往苏联等友好国家。于是，我只能直接向美国大学申请奖学金。在与十多所大学联系之后，宾夕法尼亚等几所大学同意向我提供奖学金，以解决学费和其他开支（大约300美元）。经济问题虽已解决，但我的美国之行依然面临不少阻力。费尽九牛二虎之力后，总算通过了官僚制度的人为障碍和各种查核审检。

进入美国大学以后，我感到自己仿佛被抛入了知识、文化和机遇的海洋之中。眼前的选择也很明确：不是学会游泳，就是溺毙其中。

不过，尽管身处陌生的文化环境，面对语言交流的困难，年轻的我却极其兴奋昂扬。我的英语写作能力和口头表达能力很差，对西方文明特别是美国文化也知之甚少。作为一名出现在宾夕法尼亚大学的埃及人，只是在我不断得到高分之后，才真正开始被老师和同学所关注。与此同时，我的科学研究也逐渐走上正轨，发表论文的清单开始迅速延伸。更重要的是，我的化学、物理学以及其他相应知识也日新月异地增长着。当时，我几乎夜以继日地学习和工作，经常同时从事好几项研究。回首往事，我简直不能想象当年自己竟有那般充沛的精力和执着的追求。其时，中东又开始了新的战争。

博士毕业后，回国当大学教授的强烈激情支配着我。虽然对从前离开埃及时所受的种种刁难耿耿于怀，对官僚体制的办事方式极其失望，但在离开祖国这么长时间以后，儿时的快乐、梦想和对祖国的感激与思念仿佛时时在呼唤着我。对我来说，回到祖国很重要，不过我也深知，埃及无法提供美国这样的研究条件和学术氛围。在美国多待几年，会使我和我的家庭更有收获。首先，可以涉足另外一些新领域，那些领域要求非常专业的知识；其次，会拿到更多的薪水，也能买得起更大的美国轿车。对于亚历山大大学的一名年轻教师来说，如此条件几乎是不能企及的。考虑再三，我寄出了五份求职申请：三份寄往美国，一份到德国，另一份至荷兰。所有这些机构都拥有世界一流的教授。不久之后，我收到了五份邀请书，并最终决定去加州大学伯克利分校。

1974年初，带着新的梦想和憧憬，我们到了伯克利。在文化上，从费城到伯克利的迁徙所引起的震撼，丝毫不亚于当年从亚历山大城到费城——伯克利是一个全新的世界！我第一次看见了"电报大道"，它也许是费城和伯克利本质性不同的象征。在伯克利，我遇到了许多无论在亚历山大城还是在费城都未曾遇到的操不同语言、习惯各异的研究生。当然,我在此面临的困难要比当初刚到宾夕法尼亚大学时小多了,因为此时无论在文化还是科学方面,我的"装备"都已提升了许多。伯克利是科学的重镇,并被视作大科学的发源地。我将主要研究方向确定了下来,并且很快看出了主要概念之间的相关性。我决定解决有关问题——在极短时间内得到一个崭新而严格的理论框架。这一"转移"对我后来的研究至关重要。随后写了两篇论文,一篇理论的,一篇实验的,都发表在《物理评论》上。两篇论文随后被其他研究所支持和补充,还将一致性概念推广到了多维系统之中。此外还发表了第一篇独立撰写的论文,又与另一些研究生合作发表了数篇论文。

在伯克利期间,许多一流大学都在招募人才。周围的人也鼓励我去应聘。后来,我向12家单位提交了申请。经过多次面谈和愉快的访问,哈佛大学、加州理工学院、芝加哥大学、莱斯大学及西北大学等都承诺向我提供助理教授职位。在加州理工学院的面谈非常顺利。短短几天的行程中,我用一个小时分别与该校化学系、化工系负责人面谈。访问的气氛很好,令人难忘,甚至得到了令人受之有愧的赞赏。一次交流中,我谈到了FVH相干图,F代表费曼,他是加州理工学院的著名教授、诺贝尔奖得主。我走到黑板前准备写下费曼的名字,但突然间忘了如何拼写。写到一半时,我转向听众说,你们知道"费曼"如何拼写吗?人们大笑起来,他们以为我在开玩笑,而我可真是一下子想不起来了!接受了加州理工学院的职位后,我得到两年的聘期,于是很快组建了研究小组。这是一次意义重大的转移,我从未后悔过这一抉择。

在加州理工学院工作多年后,我的"科学家族"里已包括了来自世界各地的成员,他们有不同的文化背景和能力。我所营造的这样一个充满多样性的世界,使我们的研究环境格外鼓舞人。研究小组拥有近200名研究生、博士后研究人员和访问学者。他们中的许多人如今已是学术、产业、教育和政府机构的中坚力量。能够与我们"科学村"的如此众多年轻才俊一起工作，是我得到的最丰厚回报。我要说，加州理工学院真的是最适合我的地方！

我生物学意义上的孩子全都是"美国制造"。我有两个引以为荣的女儿。玛哈从加州理工学院本科毕业，并获得克萨斯大学的博士学位。阿玛尼从加州大学伯克利分校毕业，如今在芝加哥大学念硕士。我妻子从大马士革大学获硕士学位，并在加州大学洛杉矶分校公共卫生中心获硕士学位。我们还有两个活泼淘气的小儿子纳贝尔和汉尼，他们带给家人无穷的乐趣！

从埃及到美国的旅程充满了惊奇。当我还是一名助教的时候，并未意识到诺贝尔奖在西方的巨大影响力。那时我们经常在电视和报纸上看到总统嘉奖埃及著名科学家与作家的情景，我和朋友们每每为此激动不已，并渴望自己也能因科学、文学的成就而站在领奖台上。数十年后，当穆巴拉克总统授予我"杰出勋章"和代表国家最高荣誉的"尼罗河大勋章"时，我心潮起伏，童年的往事梦幻般浮现在眼前。我从未想过自己的画像会与金字塔一起印在邮票上；更没有想到，小时候就读的学校和通往罗塞塔的路，如今会以我的名字命名；说实话，我甚至也没有想过自己有朝一日能荣获诺贝尔奖。总而言之，我要真诚地告诉你：当人类不再以种族和出身衡量科学成就时，"一切皆有可能！"

作者名录

> **中文版注**：本书英文版编撰于 2004 年，书中每篇文章前的作者单位为当时作者所属机构。为方便读者更好地了解作者，中文版依据最新信息对此处的"作者名录"内容进行了更新，主要是简述作者所在的领域和所取得的声誉，而关于作者的科学之路，请阅读书中每位作者的自述。

萨拉姆（Abdus Salam）

巴基斯坦理论物理学家，诺贝尔物理学奖获得者。他不仅是世界闻名的物理学家，在基本粒子和量子场论领域作出了重要贡献，还是受人尊敬的科学教育家，毕生致力于改善发展中国家的科学和教育。

阿克里沃斯（Andreas Acrivos）

美国流体力学家，美国国家工程院院士，纽约市立大学-城市学院阿尔伯特·爱因斯坦讲席教授，列维奇研究所主任，曾获得美国国家科学奖章等荣誉。

阿德勒（Stephen L. Adler）

美国理论物理学家，普林斯顿高等研究院教授。他是量子场论中 ABJ 反常（Adler-Bell-Jackiw anomaly）的发现者之一，曾获得狄拉克奖、樱井奖等荣誉。

阿洛蒂（Francis K. A. Allotey）

加纳数学物理学家。他是加纳最早的数学博士之一，也是加纳首位数学教授。

他还是非洲科学院的创始院士之一。

奥尔特曼（Sidney Altman）
美国分子生物学家，诺贝尔化学奖获得者。他是美国国家科学院、美国艺术与科学院等学术机构的院士。

阿蒂亚（Michael F. Atiyah）
英国数学家，菲尔兹奖获得者，阿贝尔奖获得者。他在数学的许多领域都作出了开创性贡献，对数学和理论物理学的发展产生了重要影响。以其名字命名的数学定理和概念有阿蒂亚-辛格指标定理、阿蒂亚-鲍特不动点定理、阿蒂亚-希策布鲁赫谱序列等。

巴伦布拉特（Grigory I. Barenblatt）
俄罗斯流体力学家。曾任剑桥大学、加州大学伯克利分校教授。他是欧洲科学院、美国艺术与科学院等学术机构的院士或外籍院士。

贝里（Michael Berry）
英国理论物理学家，狄拉克奖获得者，沃尔夫物理学奖获得者。以其名字命名的物理学概念有贝里相位、贝里联络、贝里曲率等。

布隆伯根（Nicolaas Bloembergen）
美国物理学家，诺贝尔物理学奖获得者。从事激光光谱学、非线性光学方向的研究，其工作对认识物质结构产生了深远影响。他是美国国家科学院、美国艺术与科学院等学术机构的院士。

邦奇内利（Edoardo Boncinelli）
意大利遗传学家、物理学家。他与合作者共同发现了一类被称为"同源基因"的基因。他是欧洲科学院院士。

布拉德肖（Peter Bradshaw）

英国流体力学家、航空工程师，曾任英国帝国理工学院和美国斯坦福大学教授。他是英国皇家学会会士，曾荣获美国航空航天学会颁发的流体动力学奖。

布雷赞（Édouard Brézin）

法国理论物理学家，狄拉克奖获得者。他是法国科学院、欧洲科学院、美国国家科学院、美国艺术与科学院等学术机构的院士或外籍院士。

布罗姆利（D. Allan Bromley）

美国物理学家，美国国家科学奖章获得者。他是美国国家科学院、美国艺术与科学院的院士。

卡勒松（Lennart A. E. Carleson）

瑞典数学家，沃尔夫数学奖获得者，阿贝尔奖获得者。他在调和分析领域作出杰出贡献，卡勒松测度、卡勒松定理、卡勒松-雅各布斯定理等以其名字命名。

科恩-塔诺季（Claude Cohen-Tannoudji）

法国物理学家，诺贝尔物理学奖获得者。在激光冷却和捕获原子方面，他做出了重要贡献。他是法国科学院、美国国家科学院、俄罗斯科学院、欧洲科学院等学术机构的院士或外籍院士。

克罗宁（James W. Cronin）

美国物理学家，诺贝尔物理学奖获得者。在实验粒子物理方面，他做出了重要贡献，特别是发现中性 K 介子衰变时存在对称破坏。他是美国国家科学院、意大利猞猁之眼国家科学院、俄罗斯科学院等学术机构的院士或外籍院士。

克鲁岑（Paul J. Crutzen）

荷兰气象学家、大气化学家，诺贝尔化学奖获得者。在大气化学，特别是臭氧的形成与分解方面，他做出了重要贡献。他是荷兰皇家艺术与科学院、俄罗斯科学院等学术机构的院士或外籍院士。

达斯古普塔（Partha Dasgupta）

英国印度裔经济学家，剑桥大学荣休教授。其研究领域包括：福利与发展经济学，技术变革经济学，人口、环境和资源经济学，社会资本，博弈论以及生态经济学。他是欧洲科学院、瑞典皇家科学院、美国国家科学院等学术机构的院士或外籍院士。

德迪韦（Christian de Duve）

比利时细胞学家、生物化学家，诺贝尔生理学或医学奖获得者。在细胞结构和功能方面，他做出了重要贡献，特别是发现了两种细胞器——过氧化物酶体和溶酶体。他是比利时皇家科学与艺术院、比利时皇家医学院、法国科学院、美国艺术与科学院等学术机构的院士或外籍院士。

德热纳（Pierre-Gilles de Gennes）

法国物理学家，诺贝尔物理学奖、沃尔夫物理学奖获得者。在液晶和高分子领域，他做出了重要贡献，是软物质物理的开创者。他是法国科学院、荷兰艺术与科学院、美国艺术与科学院、美国国家科学院等学术机构的院士或外籍院士。

德雷斯尔豪斯（Mildred S. Dresselhaus）

美国物理学家、材料科学家，曾担任美国物理学会会长、美国科学促进会主席。她因在石墨、石墨插层化合物、富勒烯、碳纳米管及低维热电材料领域的杰出研究工作而闻名，被称作"碳科学女王"。她曾荣获美国国家科学奖章、费米奖、卡夫利奖、范内瓦·布什奖等。

戴森（Freeman J. Dyson）

美国理论物理学家、数学家，沃尔夫物理学奖获得者。他研究兴趣广泛，在量子场论、天体物理学、随机矩阵、量子力学的数学表述、凝聚态物理学、核物理学和工程学等领域都有重要贡献。他取得的其他荣誉还有海涅曼数学物理奖、洛伦兹奖章、普朗克奖章、费米奖、庞加莱奖等。

爱德华兹（Sam Edwards）

英国物理学家，狄拉克奖获得者。在流体力学、高分子科学、表面物理和统计力学领域，他做出了开创性贡献。他取得的其他荣誉还有麦克斯韦奖、玻尔兹曼奖章、戴维奖章等。

芬恩（John B. Fenn）

美国化学家，诺贝尔化学奖获得者。在质谱学方面，他做出了开创性贡献。他是美国国家科学院、美国艺术与科学院等学术机构的院士。

弗里德曼（Daniel Z. Freedman）

美国理论物理学家，研究方向包括量子场论、量子引力和超弦理论。他是美国国家科学院院士。

金兹堡（Vitaly L. Ginzburg）

俄罗斯物理学家，诺贝尔物理学奖获得者，沃尔夫物理学奖获得者。在超导和超流领域，他做出了开创性贡献。他取得的其他荣誉还有列宁奖、英国皇家天文学会金质奖章等。

戈德哈贝尔（Maurice Goldhaber）

美国物理学家，沃尔夫物理学奖获得者。在粒子物理领域，他做出了开创性贡献。他是美国国家科学院、美国艺术与科学院等学术机构的院士。他取得的其他荣誉还有美国国家科学奖章、费米奖等。

格林（Michael B. Green）

英国物理学家，弦理论开创者之一，狄拉克奖获得者。2009 年，他接替斯蒂芬·霍金担任剑桥大学卢卡斯讲席教授。他取得的其他荣誉还有基础物理学突破奖、海涅曼数学物理奖、麦克斯韦奖等。

格林菲尔德（Susan Greenfield）

英国科学家、上议院议员。她的研究主要集中在帕金森病和阿尔茨海默病的治疗上。

格里菲思（Phillip A. Griffiths）

美国数学家，沃尔夫数学奖获得者。在几何学，特别是代数几何领域，他做出了开创性贡献。他取得的其他荣誉还有陈省身奖、斯蒂尔终身成就奖、布劳威尔奖章等。

希策布鲁赫（Friedrich E. P. Hirzebruch）

德国数学家，沃尔夫数学奖获得者。在拓扑学、复流形和代数几何领域，他做出了开创性贡献，被认为是"战后德国最重要的数学家"。他取得的其他荣誉还有康托尔奖章、爱因斯坦奖章等。

霍普菲尔德（John J. Hopfield）

美国物理学家，诺贝尔物理学奖获得者。他提出了著名的"霍普菲尔德神经网络"，对神经科学、计算机科学产生重要影响。他取得的其他荣誉还有狄拉克奖、玻尔兹曼奖章、富兰克林奖章、巴克利奖等。

亨特（Julian C. R. Hunt）

英国气象学家。他是英国皇家学院院士，曾任英国气象局局长。

约瑟夫（Daniel D. Joseph）

美国机械工程师，因在流体力学领域的研究而闻名。他是美国国家工程院、美国国家科学院、美国艺术与科学院的院士。

卡达诺夫（Leo P. Kadanoff）

美国物理学家，沃尔夫物理学奖获得者。在统计物理、混沌理论和凝聚态物理领域，他做出了开创性贡献。他取得的其他荣誉还有牛顿奖章、洛伦兹奖章、拉斯·昂萨格奖等。

卡斯图里兰甘（Krishnaswamy Kasturirangan）

印度空间科学家。他曾任印度空间研究组织主任以及印度多所大学的校长。他还曾是印度议会上院成员以及印度国家计划委员会（现已撤销）成员。

凯利斯-博罗克（Vladimir I. Keilis-Borok）

俄罗斯地球物理学家、地震学家。他是美国艺术与科学院、奥地利科学院、美国国家科学院、俄罗斯科学院、欧洲科学院等学术机构的院士或外籍院士。

凯勒（Joseph B. Keller）

美国数学家，沃尔夫数学奖获得者。在电磁波、声波的传播，以及流体力学、固体力学、量子力学和统计力学方面，他做出了重要贡献。他取得的其他荣誉还有冯·诺依曼奖、内默斯数学奖、美国国家科学奖章等。另外，他还两次荣获"搞笑诺贝尔奖"。

哈拉特尼科夫（Isaak M. Khalatnikov）

俄罗斯理论物理学家。他在广义相对论、量子场论以及量子液体理论等多个理论物理领域做出了重要贡献。他曾荣获马塞尔·格罗斯曼奖、洪堡奖等。

科恩（Walter Kohn）

美国理论物理学家、理论化学家，诺贝尔化学奖获得者。他提出和发展了密度泛函理论，这成为材料科学、凝聚态物理以及化学物理领域的重要工具。他取得的其他荣誉还有美国国家科学奖章、巴克利奖等。

兰（Serge Lang）

美国数学家、社会活动家，布尔巴基学派小组成员。他因在数论方面的工作以及所撰写的数学教材而闻名。他曾荣获科尔奖、斯蒂尔数学阐述奖等。

拉克斯（Peter D. Lax）

美国数学家，沃尔夫数学奖获得者，阿贝尔奖获得者。他在可积系统、流体力学、孤子物理、双曲守恒律以及科学计算等多个领域做出了重要贡献。他取得的其他荣誉还有美国国家科学奖章、冯·诺依曼奖等。

莱博维茨（Joel L. Lebowitz）

美国数学物理学家，狄拉克奖获得者。他在统计物理、统计力学等领域做出了重要贡献。他取得的其他荣誉还有玻尔兹曼奖章、庞加莱奖、普朗克奖章、海涅曼数学物理奖等。

莱德曼（Leon M. Lederman）

美国物理学家，诺贝尔物理学奖获得者，沃尔夫物理学奖获得者。在粒子物理，特别是中微子、夸克和轻子领域，他做出了重要贡献。他取得的其他荣誉还有美国国家科学奖章、范内瓦·布什奖等。

莱格特（Anthony J. Leggett）

美国物理学家，诺贝尔物理学奖获得者，沃尔夫物理学奖获得者。在理论物理，特别是超流、量子力学基础检验等领域，他做出了重要贡献。他取得的其他荣誉还有狄拉克奖、麦克斯韦奖等。

莱恩（Jean–Marie P. Lehn）

法国化学家，诺贝尔化学奖获得者。在合成化学、超分子化学领域，他做出了重要贡献。他取得的其他荣誉还有戴维奖、CNRS 金奖等。

勒韦·森格斯（Johanna M. H. Levelt Sengers）

荷兰物理学家，因在流体临界状态方面的贡献而著称。她是美国国家工程院、美国国家科学院院士。

莱文（Simon A. Levin）

美国生态学家，专长于运用数学建模和实证研究来理解生态系统和生物多样性的宏观模式。他取得的荣誉有京都奖、美国国家科学奖章、泰勒环境成就奖等。

真锅淑郎（Syukuro Manabe）

日裔美国物理学家、气象学家和气候学家，诺贝尔物理学奖获得者。在地球气候的物理建模、气候变化的量化分析及预测方面，他做出了重要贡献。他取得的其他荣誉还有克拉福德奖、沃尔沃环境奖等。

芒德布罗（Benoit B. Mandelbrot）

波兰出生的法裔美国数学家、博学家，沃尔夫物理学奖获得者，被认为是"分形几何之父"。他取得的其他荣誉还有富兰克林奖章、哈维奖等。

梅农（Mambillikalathil G. K. Menon）

印度物理学家和政策制定者。在 40 多年里，他在印度科学和技术的发展中发挥了重要作用。

莫法特（Keith Moffatt）

英国数学家。在流体力学，特别是磁流体动力学和湍流理论方面，他做出了重要贡献。他取得的荣誉有休斯奖章、高级怀特海奖等。

莫申斯基（Marcos Moshinsky）

出生于乌克兰的犹太裔墨西哥物理学家。在粒子物理领域，他做出了重要贡献，获得的荣誉有联合国教科文组织科学奖、阿斯图里亚斯亲王科学与技术研究奖等。

芒福德（David B. Mumford）

美国数学家，菲尔兹奖获得者，沃尔夫数学奖获得者。在代数几何领域，他做出了重要贡献。他取得的其他荣誉还有邵逸夫奖、美国国家科学奖章、斯蒂尔数学阐述奖等。

南部阳一郎（Yoichiro Nambu）

日裔美国物理学家，诺贝尔物理学奖获得者，沃尔夫物理学奖获得者。在理论物理、粒子物理领域，他做出了重要贡献。他取得的其他荣誉还有狄拉克奖、普朗克奖章、海涅曼数学物理奖、美国国家科学奖章、富兰克林奖章等。

纳拉辛哈（Roddam Narasimha）

印度航空航天科学家和流体动力学家。他是美国国家工程院、美国国家科学院的外籍院士。

纳尔利卡尔（Jayant V. Narlikar）

印度天体物理学家。他与弗雷德·霍伊尔共同发展了被称作"霍伊尔－纳尔利卡尔理论"的共形引力理论。

诺维科夫（Sergey P. Novikov）

俄罗斯数学家，菲尔兹奖获得者，沃尔夫数学奖获得者。在代数拓扑和孤子理论领域，他做出了重要贡献。他取得的其他荣誉还有列宁奖、罗巴切夫斯基奖、罗蒙诺索夫金质奖章等。

纳斯（Paul M. Nurse）

英国遗传学家，诺贝尔生理学或医学奖获得者。他与合作者共同发现了周期蛋白依赖性激酶对细胞周期的关键调控机制。他取得的其他荣誉还有拉斯克奖、科普利奖、爱因斯坦科学奖等。

奥谢罗夫（Douglas D. Osheroff）

美国物理学家，诺贝尔物理学奖获得者。在凝聚态物理领域，他做出了重要贡献，特别是关于氦-3超流性的工作。他还获得了巴克利奖等荣誉。

帕利（Jacob Palis）

巴西数学家，专长于动力系统和微分方程。在理论物理、粒子物理领域，他做出了重要贡献。他取得的荣誉有巴尔赞奖、萨拉姆奖章等。

珀尔（Martin L. Perl）

美国化学工程师、物理学家，诺贝尔物理学奖获得者。在粒子物理领域，他做出了重要贡献，特别是发现了 τ 子。

菲利普斯（William D. Phillips）

美国物理学家，诺贝尔物理学奖获得者。在激光冷却和捕获原子方面，他做出了重要贡献。

波利亚科夫（Alexander M. Polyakov）

俄罗斯物理学家，基础物理学突破奖获得者。在量子场论领域，他做出了重要贡献。他取得的其他荣誉还有狄拉克奖、普朗克奖章、海涅曼数学物理奖、洛伦兹奖章、拉斯·昂萨格奖、哈维奖、克莱因奖等。

奎因（Helen R. Quinn）

美国粒子物理学家和教育家，狄拉克奖获得者。在物理学方面，她和合作者提出了佩切伊-奎因理论；在教育方面，作为美国国家科学院科学教育委员会主席，她领导制定了《K-12科学教育框架：实践、交叉概念和核心思想》。她取得的其他荣誉还有富兰克林奖章、哈维奖、克莱因奖等。

拉奥（Chintamani N. R. Rao）

印度化学家，主要从事固态与结构化学研究。他取得的荣誉有埃尼奖、萨拉姆奖章、休斯奖章等。

里斯（Martin Rees）

英国宇宙学家和天体物理学家，沃尔夫物理学奖获得者。在高能天体物理学、星系结构形成以及宇宙学方面，他做出了重要贡献。他取得的其他荣誉还有克拉福德奖、科普利奖、格鲁伯宇宙学奖、牛顿奖章、法拉第奖、巴尔赞奖等。

雷杰（Tullio E. Regge）

意大利物理学家，因提出雷杰极点而闻名。他取得的荣誉有海涅曼数学物理奖、爱因斯坦奖章等。

鲁宾（Vera C. Rubin）

美国天文学家，因在星系旋转速率方面的开创性工作而闻名，其工作被认为是暗物质存在的证据。他取得的荣誉有美国国家科学奖章、布鲁斯奖、迪克森科学奖等。

吕埃勒（David Ruelle）

法国数学物理学家，狄拉克奖获得者。在统计力学、动力系统领域，他做出了重要贡献。他取得的其他荣誉还有玻尔兹曼奖章、庞加莱奖、普朗克奖章、海涅曼数学物理奖等。

萨拉希克（Myriam P. Sarachik）

美国实验物理学家，专长于低温固体物理学，因通过实验确认近藤效应而闻名。

施瓦茨（John H. Schwarz）

美国物理学家，基础物理学突破奖获得者。他被认为是弦论的开创者之一。他取得的其他荣誉还有狄拉克奖、海涅曼数学物理奖等。

西奈（Yakov G. Sinai）

俄裔美国数学家，沃尔夫数学奖获得者，阿贝尔奖获得者。在动力系统、数学物理和概率论领域，他做出了重要贡献。他取得的其他荣誉还有马塞尔·格罗斯曼奖、狄拉克奖、庞加莱奖、玻尔兹曼奖章、拉格朗日奖、斯蒂尔终身成就奖等。

辛格（Maxine F. Singer）

美国分子生物学家，因在破解遗传密码中的贡献以及参与 DNA 技术相关的伦理和法规辩论而闻名。

斯梅尔（Stephen Smale）

美国数学家，菲尔兹奖获得者，沃尔夫数学奖获得者。在拓扑学、动力系统和数理经济学领域，他做出了重要贡献。他取得的其他荣誉还有美国国家科学奖章、维布伦几何奖等。

所罗门（Susan Solomon）

美国大气化学家。她与合作者首次提出了氯氟化碳自由基反应机制，该机制是导致南极臭氧空洞的根本原因。

索洛（Robert M. Solow）

美国经济学家，诺贝尔经济学奖获得者。在经济增长领域，他做出了重要贡献，特别是提出了著名的索洛模型。他取得的其他荣誉还有克拉克奖、美国国家科学奖章、总统自由勋章等。

苏达山（E. C. G. Sudarshan）

印度裔美国物理学家，狄拉克奖获得者。在理论物理领域，他做出了重要贡献。他取得的其他荣誉还有马约拉纳奖、玻色奖、拉曼奖章等。

特·胡夫特（Gerardus 't Hooft）

荷兰物理学家，诺贝尔物理学奖获得者，沃尔夫物理学奖获得者。在规范理论、黑洞、量子引力以及量子力学基础等领域，他做出了重要贡献。他取得的其他荣誉还有海涅曼数学物理奖、斯宾诺莎奖、洛伦兹奖章、富兰克林奖章等。

汤斯（Charles H. Townes）

美国物理学家，诺贝尔物理学奖获得者。在量子电子学领域，他做出了重要贡献，特别是关于激光和微波激射器的工作。他取得的其他荣誉还有美国国家科学奖章、范内瓦·布什奖等。

崔琦（Daniel C. Tsui）

华裔美国物理学家，诺贝尔物理学奖获得者，因发现分数量子霍尔效应而闻名。他取得的其他荣誉还有富兰克林奖章、巴克利奖等。

瓦默斯（Harold E. Varmus）

美国医学家，诺贝尔生理学或医学奖获得者。在生命科学领域，他做出了重要贡献，特别是发现了逆转录病毒致癌基因的细胞来源。他取得的其他荣誉还有拉斯克奖、范内瓦·布什奖等。

比库尼亚（Rafael Vicuña）
智利生物化学家，专长于核酸生物化学、微生物降解领域的研究。

冯·克利青（Klaus von Klitzing）
德国物理学家，诺贝尔物理学奖获得者，因发现整数量子霍尔效应而闻名。

温伯格（Steven Weinberg）
美国物理学家，诺贝尔物理学奖获得者。在理论物理、粒子物理和物理宇宙学领域，他做出了重要贡献。他取得的其他荣誉还有基础物理学突破奖、海涅曼数学物理奖、美国国家科学奖章等。

韦斯曼（Mariana Weissmann）
阿根廷物理学家，专长于凝聚态物理、计算物理领域的研究。

维尔切克（Frank Wilczek）
美国物理学家，诺贝尔物理学奖获得者。在理论物理、粒子物理领域，他做出了重要贡献。他取得的其他荣誉还有狄拉克奖、洛伦兹奖章、樱井奖等。

威滕（Edward Witten）
美国物理学家，菲尔兹奖获得者，基础物理学突破奖获得者。在弦论、拓扑量子场论以及数学物理的多个领域，他做出了重要贡献。他取得的其他荣誉还有狄拉克奖、克拉福德奖、海涅曼数学物理奖、庞加莱奖、洛伦兹奖章、美国国家科学奖章、京都奖、沃特曼奖等。

丘成桐（Shing-Tung Yau）
国际著名数学家，菲尔兹奖获得者，沃尔夫数学奖获得者。在微分几何和几何分析领域，他做出了重要贡献，特别是解决了卡拉比猜想、正质量猜想。他取得的其他荣誉还有克拉福德奖、邵逸夫奖、美国国家科学奖章、维布伦几何奖等。

约克（James A. Yorke）

美国数学家、物理学家，专长于混沌理论和基因组学的研究。

泽韦尔（Ahmed H. Zewail）

埃及裔美国化学家，诺贝尔化学奖获得者，沃尔夫化学奖获得者。在飞秒化学领域，他做出了重要贡献，被称为"飞秒化学之父"。他取得的其他荣誉还有富兰克林奖章、戴维奖、爱因斯坦科学奖、尼罗河大勋章等。

译者的话

王佳编辑邮件联系我，告知在纪念国际理论物理中心（ICTP）成立60周年之际，上海科学技术出版社拟再争取本书出版授权并重版中译本。二十年弹指一挥间，却也是祖国日新月异，走向民族伟大复兴至关重要的一段。回想起当年译介该书时迫切想与青少年朋友分享书中故事的冲动，如今犹未忘怀自己那时的感动与年轻。少年强则中国强，今天电视上航空航天发射大厅里的青春面庞，正是走向世界的少年中国的模样。

基础研究是科学体系的源头，基础研究的突破性成果往往导致颠覆性创新，从而极大地改变人类对世界的认知方式与作用方式。书中那些热爱科学、热衷探索自然奥秘的少年走向科学巅峰的反思和絮语，无疑对有志于科学的青少年理解基础研究大有裨益，也将有助于决策者、管理者远瞩前瞻，为基础研究的进步创造更好的条件与环境。

ICTP现任主任达博尔卡（Atish Dabholkar）撰写了新序，本书发起人、原版序作者、时任ICTP主任的斯里尼瓦什（Katepalli R. Sreenivasan）也为本书20周年纪念版撰写了新序。于渌院士为本书撰写的题为"我如何走上科学之路"的代序，不仅让我们了解了ICTP与中国的渊源与合作，更以亲身经历讲述了自己少年求索，历经艰辛而矢志不渝投身科学并取得杰出科学成就的历程。于院士的代序感人至深，相信新时代的年轻学人阅读后会有历史、科学和情怀的多重收获。

衷心感谢王佳编辑对本书译稿严谨细致的审校和编辑加工。这也使我在时隔多年后与上海科学技术出版社的再次合作中，深切感受到了出版社优良传统和科学风范的始终如一和绵绵传承。

赵乐静

2024 年 12 月于昆明

附 2006 年中文版译后记

当段韬编辑向我推荐本文集时，我立刻为其独特的书名和激动人心的内容所深深打动。作为国际理论物理中心（ICTP）创立 40 周年的纪念文集，组织者邀请了近百位著名科学家、数学家撰文诠释科学活动，可谓用心良苦而富有说服力。其中诸多精英对自己为何"成为科学家"缘由的回顾与讲述，堪称宝贵的历史财富。的确，无论就科学家的成长经历还是科学发现的个中甘苦而言，本书的各位作者无疑是很有发言权的。

阅读此书，时而如醍醐灌顶，仿佛忽然间找到了心中长久困惑的症结；时而如清风扑面，感受着"真科学家"的聪颖与率真。书中令译者深受启发教益的思想和事例比比皆是、层出不穷。如温伯格（S. Weinberg）将自己本拟解释强相互作用的公式戏剧性地转变为电弱理论的发现，便颇能体现科学发现的曲折和韵味。他写道："我突然意识到，我的那个理论根本没有错——答案是对的，却选错了研究的问题！我用数学描述的并非强相互作用，而是与此颇为不同的弱相互作用——那是弱相互作用的漂亮表达式！"施瓦茨（J. H. Schwarz）等人则在经历了近乎绝望的思考之后，将原本为说明强核力而创立的弦理论，改造成了统一场论的"最后圣杯"。此外，书中多位科学家对母亲的赞颂，也在相当程度上印证了"一个民族的希望在于母亲"的思想。多名印度科学家对其民族英雄般的科学泰斗拉曼（C. V. Raman）的回忆，则昭示了伟大科学家的巨大示范作用和感召力。

纵览全书，放眼我国当今之科学事业，有三个问题令译者感受至深。

其一，多名作者都提到了父母师长对后辈好奇心、创造精神的珍视与呵护。例如，勒韦·森格斯（J. Levelt Sengers）认为自己的"科学研究可以说是青少年时期兴趣的自然延伸"。诺贝尔化学奖得主芬恩（J. B. Fenn）则回忆说，当年的老师朱利安"是那种真正能使课程'活'起来的教师"，他任教的课程"远比照本宣科式的教学更有吸引力和说服力"，而"如今许多大学的类似课程，非但没有起到激发思维火花的作用，还反而成了扼杀专业兴趣的'帮凶'"。

其二，不少作者以切身的感受说明了教学与科研的相互支撑作用。例如诺贝尔物理学奖得主科恩-塔诺季（C. Cohen-Tannoudji）指出："我酷爱讲课，并认为研究与教学两者不可分离。如果一位教师只教学而不研究，那他很快便会脱离学术前沿而落在日新月异的科技进步之后。另一方面，讲课对提升我们的研究能力同样不可或缺，因为当研究者以简洁明了的方式阐述概念时，他往往会由此获得激发研究的物理洞察力和思维火花。"

其三，众多作者几乎不约而同地表达了对自由探索的向往和对当前"为经费而研究"取向的担忧，并批评了科学界急功近利的浮躁心态。菲尔兹奖获得者芒福德（D. B. Mumford）举例说，最终证明了费马大定理的怀尔斯（A. Wiles），在书斋中一待就是十年，其间几乎没有发表任何研究论文；而这样的自由，特别是研究者选择问题与支配时间的自由，在当今社会实在是太少、太宝贵了。因为，如今政治家、管理者在提供研究经费的同时，往往也将严格的"任务期限"强加给受资助的科学家，从而彻底改变了科学作为自由探索事业的性质。同时，这种追逐经费的欲望，还导致了一些自律较差的科学家"为那些缺乏实际意义的项目争取巨额经费而巧舌如簧"，丧失应有的科学精神。

在此，特别要感谢于渌院士为本书中文版的出版所付出的努力。于先生曾负责ICTP凝聚态物理部的工作，并早在1990年就当选为第三世界科学院院士。

本书的翻译历时颇长。文本录入蒙妻子李玉云、妻妹李汇的鼎力相助。我刚参加完高考的儿子赵无忌最早阅读了译稿，并很兴奋地谈了他的感想。段韬女士对本书的热情和对译者的鼓励令人难忘，编辑细腻的工作使人肃然起敬、感动异常。

由于译者水平有限，不当之处敬请批评指正。

赵乐静

2006年9月于昆明

《科学的边界:关于不可能性的故事》

[英]约翰·巴罗(John D. Barrow)著;李新洲 徐建军 瞿向华 译

2024 年 7 月出版

叙述成功的科学故事是容易的,但本书要说的是另一个故事。一个关于未知而非已知的故事,一个关于不可能性的故事,一个关于不可逾越的极限与障碍的故事。本书令人信服地论证了人类认知的极限,指出存在一些最终无法知晓、无法实现的事物。而正是这些"不可能",界定了什么是科学。

《创世之辩:伽莫夫、霍伊尔和宇宙大爆炸》

[美]保罗·哈尔彭(Paul Halpern)著;水兄 译

2024 年 8 月出版

宇宙是如何形成的?这个问题是 20 世纪最激烈的科学辩论之一。这场辩论的中心人物是乔治·伽莫夫和弗雷德·霍伊尔。本书同步叙述两人的生平和成就,并着重介绍他们在研究中的"互动"。另外,本书还提及了多位与他们相关的学者,并用浅显的语言介绍有关的背景知识,回顾了科学界在宇宙起源问题上,由众说纷纭到形成共识的历史。

《成为科学家的 100 个理由(20 周年纪念版)》

[意]国际理论物理中心 编;赵乐静 译

2025 年 1 月出版

这是一部近百位世界顶尖科学家畅谈学术人生的文集,其中包括

30位诺贝尔奖得主、6位菲尔兹奖得主以及23位沃尔夫奖得主。他们讲述自己成长的经历,倾吐对科学、对知识的热爱与追求,也向年轻一代道出了殷切的期盼。从收录的近百篇文章中,能够领略他们睿智的科学见解,品味他们多角度的人生心得,还可一瞥他们平凡而又充实的生活。